中华人民共和国
民法典侵权责任编

注释本

法律出版社法规中心　编

法律出版社
LAW PRESS CHINA
·北　京·

图书在版编目（CIP）数据

中华人民共和国民法典侵权责任编注释本 / 法律出版社法规中心编. -- 2 版. -- 北京 : 法律出版社, 2024
（法律单行本注释本系列）
ISBN 978 - 7 - 5197 - 8983 - 1

Ⅰ. ①中… Ⅱ. ①法… Ⅲ. ①侵权法 - 法律解释 - 中国 Ⅳ. ①D923.75

中国国家版本馆 CIP 数据核字（2024）第 065666 号

中华人民共和国民法典侵权责任编注释本
ZHONGHUA RENMIN GONGHEGUO MINFADIAN QINQUAN ZERENBIAN ZHUSHIBEN

法律出版社法规中心 编

责任编辑 李 群 陈 熙
装帧设计 李 瞻

出版发行 法律出版社
编辑统筹 法规出版分社
责任校对 张红蕊
责任印制 耿润瑜
经　　销 新华书店

开本 850 毫米 × 1168 毫米 1/32
印张 7.875 **字数** 219 千
版本 2024 年 11 月第 2 版
印次 2024 年 11 月第 1 次印刷
印刷 三河市龙大印装有限公司

地址：北京市丰台区莲花池西里 7 号（100073）
网址：www.lawpress.com.cn
投稿邮箱：info@lawpress.com.cn
举报盗版邮箱：jbwq@lawpress.com.cn

销售电话：010 - 83938349
客服电话：010 - 83938350
咨询电话：010 - 63939796

书号：ISBN 978 - 7 - 5197 - 8983 - 1　　**定价**：25.00 元

凡购买本社图书，如有印装错误，我社负责退换。电话：010 - 83938349

编辑出版说明

现代社会是法治社会，社会发展离不开法治护航，百姓福祉少不了法律保障。遇到问题依法解决，已经成为人们处理矛盾、解决纠纷的不二之选。然而，面对纷繁复杂的法律问题，如何精准、高效地找到法律依据，如何完整、准确地理解和运用法律，日益成为人们“学法、用法”的关键所在。

为了帮助读者快速准确地掌握“学法、用法”的本领，我社开创性地推出了“法律单行本注释本系列”丛书。本丛书自首次出版至今已十余年，历经多次修订完善，现已出版近百个品种，涵盖了社会生活的重要领域，已经成为广大读者学习法律、应用法律之必选图书。

本丛书具有以下特点：

1. 出版机构权威。成立于1954年的法律出版社，是全国首家法律专业出版机构，始终秉承“为人民传播法律”的宗旨，完整记录了中国法治建设发展的全过程，享有“社会科学类全国一级出版社”“全国百佳图书出版单位”等荣誉称号。

2. 编写人员专业。本丛书皆由相关法律领域内的专业人士编写，并引入匿名审稿评估制度，确保图书内容始终紧跟法治进程，反映最新立法动态，体现条文本义内涵。

3. 法律文本标准。作为专业的法律出版机构，多年来，我社始终使用全国人民代表大会常务委员会公报刊登的法律文本，积淀了丰富的标准法律文本资源，并根据立法进度及时更新相关内容。

4. 条文注解精准。本丛书以立法机关的解读为蓝本，对每个条文提炼出条文主旨，并对重点条文进行注释，使读者能精准掌握立法意图，轻松理解条文内容。

5. 配套附录实用。书末"附录"部分收录的均为重要的相关法律、法规和司法解释，使读者在使用中更为便捷，使全书更为实用。

需要说明的是，本丛书中"适用提要""条文主旨""条文注释"等内容皆是编者为方便读者阅读、理解而编写，不同于国家正式通过、颁布的法律文本，不具有法律效力。本丛书不足之处，恳请读者批评指正。

我们用心打磨本丛书，以期为法律相关专业的学生释法解疑，致力于帮助每个公民撑起法律的保护伞。

法律出版社法规中心

2024年10月

目　录

附　　则

附录　相关法规及司法解释

《中华人民共和国民法典》侵权责任编适用提要

侵权责任是民事主体侵害他人权益应当承担的法律后果。2009年12月26日第十一届全国人大常委会第十二次会议通过了《侵权责任法》[1],自2010年7月1日起施行。《侵权责任法》施行以来,在保护民事主体的合法权益、预防和制裁侵权行为方面发挥了重要作用。

2020年5月28日第十三届全国人民代表大会第三次会议通过了《民法典》,自2021年1月1日起施行。《侵权责任法》等相关法律于《民法典》施行时废止。《民法典》侵权责任编在总结实践经验的基础上,针对侵权领域出现的新情况,吸收借鉴司法解释的有关规定,对侵权责任制度作了必要的补充和完善。侵权责任编共10章、95条,主要内容如下。

一、一般规定

侵权责任编第1章规定了侵权责任的归责原则、多数人侵权的责任承担、侵权责任的减轻或者免除等一般规则。

在《侵权责任法》的基础上,侵权责任编从以下两个方面对相关规定进行了完善:第一,确立"自甘风险"规则,规定自愿参加具有一定风险的文体活动,因其他参加者的行为受到损害的,受害人

---

① 为方便阅读,本书中的法律名称均使用简称。

不得请求没有故意或者重大过失的其他参加者承担侵权责任（第1176条第1款）。第二，规定"自助行为"制度，明确合法权益受到侵害，情况紧迫且不能及时获得国家机关保护，不立即采取措施将使其合法权益受到难以弥补的损害的，受害人可以在保护自己合法权益的必要范围内采取扣留侵权人的财物等合理措施，但是应当立即请求有关国家机关处理。受害人采取的措施不当造成他人损害的，应当承担侵权责任（第1177条）。

二、损害赔偿

侵权责任编第2章规定了侵害人身权益和财产权益的赔偿规则、精神损害赔偿规则等。

在《侵权责任法》的基础上，侵权责任编从以下两个方面对相关规定进行了完善：第一，完善精神损害赔偿制度，规定因故意或者重大过失侵害自然人具有人身意义的特定物造成严重精神损害的，被侵权人有权请求精神损害赔偿（第1183条第2款）。第二，为加强对知识产权的保护，提高侵权违法成本，规定故意侵害他人知识产权，情节严重的，被侵权人有权请求相应的惩罚性赔偿（第1185条）。

三、责任主体的特殊规定

侵权责任编第3章规定了无民事行为能力人、限制民事行为能力人及其监护人的侵权责任，用人单位的侵权责任，网络侵权责任，公共场所的安全保障义务等。

在《侵权责任法》的基础上，侵权责任编从以下两个方面对相关规定进行了完善：第一，增加规定委托监护的侵权责任（第1189条）。第二，完善网络侵权责任制度。为了更好地保护权利人的利益，平衡好网络用户和网络服务提供者之间的利益，规定了网络侵权责任的"通知与取下"制度和"反通知"制度（第1195条、第1196条）。

四、各种具体侵权责任

侵权责任编的其他各章分别对产品生产销售、机动车交通事故、医疗、环境污染和生态破坏、高度危险、饲养动物、建筑物和物件等领域的侵权责任规则作出了具体规定。

在《侵权责任法》的基础上，侵权责任编从以下六个方面对相关规定进行了完善:第一,完善生产者、销售者召回缺陷产品的责任,规定依照相关规定采取召回措施的,生产者、销售者应当负担被侵权人因此支出的必要费用(第1206条第2款)。第二,明确交通事故损害赔偿的顺序,即先由机动车强制保险理赔,不足部分由机动车商业保险理赔,仍不足或未投保机动车商业保险的由侵权人赔偿(第1213条)。第三,进一步保障患者的知情同意权,明确医务人员的相关说明义务,加强医疗机构及其医务人员对患者隐私和个人信息的保护(第1219条、第1226条)。第四,增加规定生态环境损害的惩罚性赔偿制度,并明确规定了生态环境损害的修复和赔偿规则(第1232条、第1234条、第1235条)。第五,加强生物安全管理,完善高度危险责任,明确占有或者使用高致病性等高度危险物造成他人损害的,占有人或者使用人应当承担侵权责任(第1239条)。第六,完善高空抛物治理规则,规定禁止从建筑物中抛掷物品,同时强调有关机关应当依法及时调查,查清责任人,并规定物业服务企业等建筑物管理人应当采取必要的安全保障措施防止此类行为的发生(第1254条)。

第七编　侵 权 责 任

第一章　一 般 规 定

第一千一百六十四条　【侵权责任编的调整范围】[①]本编调整因侵害民事权益产生的民事关系。

条文注释[②]

理解本条有以下三点需要注意：第一，侵权责任编的保护对象为“民事权益”。侵权责任编的保护对象的范围宽泛。第二，在保护程度和侵权构成要件上，侵权责任编对民事权利和民事利益没有作区分。第三，侵权责任编不调整违约责任问题。合同债权也是一种民事权益，但它原则上不属于侵权责任编的保护范围。本条规定的“侵害民事权益”不涉及违约责任问题，违约责任由合同编调整。

第一千一百六十五条　【过错责任与过错推定责任原则】行为人因过错侵害他人民事权益造成损害的，应当承担侵权责任。

依照法律规定推定行为人有过错，其不能证明自己没有过错的，应当承担侵权责任。

条文注释

过错责任是指造成损害并不必然承担侵权责任，还要看行为人是否有过错。有过错有责任，无过错无责任。根据本条第 1 款的规定，只要同时满足以下条件，行为人就应承担侵权责任：

---

①② 条文主旨、条文注释为编者所加，仅供参考，下同。——编者注

(1)行为人实施了某一行为。若无行为人的行为,就不会产生侵权责任。这里的行为包括作为和不作为。在多数情况下,行为人是因为对他人的民事权益实施了积极的加害行为而承担侵权责任。但在一些情况下,行为人不作为也有可能产生侵权责任,即在特定情形下行为人还负有积极保护他人的义务。例如,本法第1198条第1款规定,宾馆、商场、银行、车站、机场、体育场馆、娱乐场所等经营场所、公共场所的经营者、管理者或者群众性活动的组织者,未尽到安全保障义务,造成他人损害的,应当承担侵权责任。不作为侵权是因行为人应当履行某种法定作为义务而未履行该义务而产生的,若没有法定作为义务,行为人的不作为并不构成侵权。这种法定作为义务可能是某一法律明确规定的,可能是基于某人先前的危险行为而产生的,还可能是基于当事人约定而产生的,等等。

(2)行为人行为时有过错。在过错责任原则中,过错是确定行为人是否承担侵权责任的核心要件,也是人民法院审理侵权案件的主要考虑因素。过错仅适用于过错责任原则制度下的侵权责任,对于一些法律明确规定的特殊侵权责任,过错并非必要条件,如无过错责任原则、公平分担损失原则。需要强调的是,无过错责任原则和公平分担损失原则的适用范围是法律特别规定的情形,需要有法律的明确规定才能适用。只要法律没有明确规定不以过错为要件,过错仍是行为人承担侵权责任的要件。

过错分为故意和过失。故意是指行为人预见到自己的行为会导致某一损害后果而希望或者放任该后果发生的一种主观心理状态。过失是指行为人因疏忽或者轻信而未履行应尽的注意义务的一种心理状态,其是侵权责任中最常见的过错形态。故意与过失的主要区别是,故意表现为行为人对损害后果的追求、放任心态,而过失表现为行为人不希望、不追求、不放任损害后果的心态。故意是一种典型的应当受到制裁的心理状态,但它必须通过一定的行为表现出来。在实践中,通过对行为人行为的调查可以认定行为人是否具有故意的心理状态。判断某个人是否具有过失时,主要依据以下客观标准:第一,行为人是否违反了法律、行政法规明确规定的义务。

例如,法律对某一特定领域规定了行为标准,行为人若违反了这些标准,就具有过失。第二,行为人是否违反了一个合理人的注意义务。"合理人的注意义务",即多数人在特定情况下应当达到的注意程度。根据该标准,判断行为人是否有过失,主要看一般人在行为人所处的情况下会怎么行为,若一般人会与行为人做出同样的行为,行为人就没有过失;反之,则有过失。客观判断标准有两种特殊情形:第一,专业人员的行为标准。"合理人的注意义务"是主要针对一般人的过失判断标准,但在现实生活中,还存在许多有特殊技能和知识的人,如医生、律师、会计师、建筑师等。这些专业人员的行为标准就应当比一般人的行为标准高一些,这类行为人的行为应当符合自己领域内公认的活动标准。判断某一专业人员是否有过失,要看其是否履行了本领域内一个合格专业人员的注意义务。第二,无民事行为能力人或者限制民事行为能力人的行为标准。这类人主要包括未成年人、精神病人。专业人员的行为标准通常高于一般人的行为标准,而无民事行为能力人或者限制民事行为能力人的行为标准通常低于一般人的行为标准。在判断这类人是否履行合理注意义务时,应当考虑其年龄、智力和生理状况等因素。无民事行为能力人或者限制民事行为能力人造成他人损害的,原则上由其监护人承担侵权责任。

(3)受害人的民事权益受到损害,即产生了损害后果。损害是指行为人的行为对受害人的民事权益造成的不利后果,通常表现为财产减少、生命丧失、身体残疾、名誉受损、精神痛苦等。需要强调的是,这里的"损害"是一个范围比较广的概念,不但包括已经现实存在的"现实损害",还包括构成现实威胁的"不利后果"。

(4)行为人的行为与受害人的损害之间有因果关系。因果关系是指行为人的行为作为原因,损害事实作为结果,在二者之间存在的前者导致后者发生的客观联系。因果关系是侵权责任的重要构成要件,在行为与损害事实之间确定存在因果关系的,就有可能构成侵权责任,没有因果关系就必然地不构成侵权责任。在侵权责任中,一般由原告承担证明被告的行为与损害之间存在因果关系的责任，但在特定情形下，则由被告负责证明自己的行为与损害结果之间没有因果关系。适用这种特殊举证责任需要法律明确规定，法律没有明确规定的，原则上不能适用这样的证明规则。

在过错责任原则中，通常由受害人证明行为人具有过错，但在一些情况下也适用过错推定。所谓过错推定，是指根据法律规定推定行为人有过错，行为人不能证明自己没有过错的，应当承担侵权责任。本条第 2 款强调，依照法律规定推定行为人有过错，其不能证明自己没有过错的，应当承担侵权责任，免除了受害人对过错的举证责任。法律没有规定过错推定的，仍应由受害一方承担过错的证明责任。

关联法规

《最高人民法院关于适用〈中华人民共和国民法典〉侵权责任编的解释（一）》第 1、18 条

第一千一百六十六条 【无过错责任原则】行为人造成他人民事权益损害，不论行为人有无过错，法律规定应当承担侵权责任的，依照其规定。

条文注释

无过错责任是指不以行为人的过错为要件，只要其活动或者所管理的人、物损害了他人的民事权益，除非有法定的免责事由，否则行为人就要承担侵权责任，也称严格责任。在法律规定适用无过错责任原则的案件中，法官判断被告应否承担侵权责任时，不考虑被告有无过错，不要求原告证明被告有过错，也不允许被告主张自己无过错而请求免责。只要审理查明，被告的行为与原告的损害之间存在因果关系，即可判决被告承担侵权责任。

根据本条规定，无过错责任的构成要件有四个：一是行为；二是受害人的损害；三是行为与损害之间具有因果关系；四是法律规定应当承担侵权责任，即不存在法定的免责情形。

理解本条还需要注意以下四点：

一是无过错责任并不是绝对责任，在适用无过错责任原则的案

件中,行为人可以向法官主张法定的不承担责任或者减轻责任的事由。法律根据行为的危险程度,对适用无过错责任原则的不同侵权类型规定了不同的不承担责任或者减轻责任的事由。

二是在适用无过错责任原则的侵权案件中,只是不考虑行为人过错,并非不考虑受害人过错。如果受害人对损害的发生也有过错,则在某些情况下可减轻甚至免除行为人的侵权责任。

三是本条的规定只是为了表明无过错责任原则在我国是与过错责任原则并列的归责原则,其并不能直接作为裁判根据。要对某一案件适用无过错责任,必须是《民法典》或者其他法律明确规定该类案件不以过错为承担责任的条件。适用无过错责任原则的案件,其裁判根据应为本法或者其他法律关于无过错责任的具体规定。本法或者其他法律未明确规定适用无过错责任原则的案件,均属于过错责任原则的适用范围。法院不能在法律没有明确规定适用无过错责任原则的情况下,擅自适用该原则。

四是适用无过错责任原则在赔偿数额上可能存在限制。例如,本法第1244条规定,承担高度危险责任,法律规定赔偿限额的,依照其规定,但是行为人有故意或者重大过失的除外。基于特定行业的风险性和保护该行业发展的需要,我国在航空、海运等方面的特别法规往往规定了最高赔偿数额。

第一千一百六十七条　【危及他人人身、财产安全的责任承担方式】侵权行为危及他人人身、财产安全的,被侵权人有权请求侵权人承担停止侵害、排除妨碍、消除危险等侵权责任。

条文注释

理解本条规定的"危及"应注意以下三点:(1)侵权行为正在实施和持续而非已经结束。(2)侵权行为已经危及被侵权人的人身、财产安全而非不可能危及。(3)侵权行为系侵权人所为而非自然原因造成。对正在危及其人身、财产安全的侵权行为,被侵权人有请求侵权人承担停止侵害、排除妨碍、消除危险等侵权责任的权利:一是停止侵害。当侵权人正在实施侵权行为时,被侵权人可依法请求其停止侵害。停止侵害适用于各种正在进行的侵权行为,对于已经终止和尚未实施的侵权行为不适用停止侵害的民事责任承担方式。二是排除妨碍。这是指侵权行为人实施某种行为妨碍他人正常行使权利或者妨碍他人合法利益的,被侵权人请求人民法院排除侵权人的侵权行为。三是消除危险。这是指在负有责任的人支配下的物,对他人人身和财产安全构成威胁,或者存在侵害他人人身或者财产现实可能性的情况下,受到威胁的人有权请求法院责令该责任人采取有效措施消除侵害他人人身或者财产的威胁和现实可能性的民事责任承担方式。请求消除危险,又称请求防止侵害,是指在侵害虽未发生,但其人身、财产面临遭受侵害的可能时,对于这种可能发生的侵害,可能被侵权的人有权请求相对人为一定行为或者不为一定行为,防止侵害,消除既存的危险,以避免侵害的发生。

关联法规

《著作权法》第 56 条;《专利法》第 72 条;《商标法》第 65 条;《最高人民法院关于适用〈中华人民共和国民法典〉侵权责任编的解释(一)》第 5 条

第一千一百六十八条 【共同侵权】二人以上共同实施侵权行为,造成他人损害的,应当承担连带责任。

条文注释

共同侵权,是指数人共同不法侵害他人权益造成损害的行为。在数人侵权情形下,如果构成一般侵权,则数个行为人分别根据各自行为造成损害后果的可能性承担按份责任。如果构成共同侵权,则数个行为人对受害人承担连带责任,受害人可以要求任一行为人承担全部侵权责任,法律后果更重。

根据本条规定,构成共同侵权行为需要满足以下几个要件:

(1)主体复数。共同侵权行为的主体必须是两人或者两人以上,行为人可以是自然人,也可以是法人。

(2)共同实施侵权行为。这一要件中的“共同”主要包括三层含义:第一,共同故意。数个行为人基于共同故意侵害他人合法权益的,应当成立共同侵权行为。第二,共同过失。“共同过失”主要是数个行为人共同从事某种行为,基于共同的疏忽大意,造成他人损害。第三,故意行为与过失行为相结合。需要特别强调的是,上述三种形态均可以构成本条所说的“共同实施”。

(3)侵权行为与损害后果之间具有因果关系。在共同侵权行为中,有时各个侵权行为与损害后果间关系的紧密程度有所不同,但必须存在法律上的因果关系,如果某个行为人的行为与损害后果之间没有因果关系,则不应与其他行为人构成共同侵权。

(4)受害人具有损害。这是受害人请求加害人承担侵权责任的一个基本要件。无损害,则无救济,如果没有损害,根本不可能成立侵权责任。

根据本条规定,一旦满足上述构成要件,成立共同侵权行为,数个行为人就必须对外承担连带责任,被侵权人有权请求部分或者全部行为人承担全部责任。需要说明的是,在我国,共同侵权与连带责任的适用范围并不完全重合,两者并不是一一对应关系。根据本法第178条第3款的规定,连带责任,由法律规定或者当事人约定。

关联法规

《最高人民法院关于审理人身损害赔偿案件适用法律若干问题的解释》第3条;《最高人民法院关于审理生态环境侵权责任纠纷案件适用法律若干问题的解释》第7条;《最高人民法院关于审理食品药品纠纷案件适用法律若干问题的规定》第12、13条

第一千一百六十九条　【教唆侵权、帮助侵权】教唆、帮助他人实施侵权行为的,应当与行为人承担连带责任。

教唆、帮助无民事行为能力人、限制民事行为能力人实施侵权行为的,应当承担侵权责任;该无民事行为能力人、限制民事行为能力人的监护人未尽到监护职责的,应当承担相应的责任。

条文注释

教唆和帮助行为属于法定的共同侵权行为中的一种类型。

1. 教唆、帮助完全民事行为能力人实施侵权行为

本条第1款中的"他人"指的是完全民事行为能力人。教唆、帮助完全民事行为能力人实施侵权行为需要满足以下构成要件:

(1)教唆人、帮助人实施了教唆、帮助行为。教唆行为,是指对他人进行开导、说服,或通过刺激、利诱、怂恿等方法使该他人从事侵权行为。教唆行为只能以积极的作为方式作出,消极的不作为不能成立教唆行为。教唆行为可以通过口头、书面或者其他形式加以表达,可以公开进行也可以秘密进行,可以当面教唆也可以通过别人传信的方式间接教唆。帮助行为,是指给予他人帮助,如提供工具或者指导方法,以便该他人易于实施侵权行为。帮助行为通常以积极的作为方式作出,但具有作为义务的人故意不作为时也可能构成帮助行为。帮助的内容可以是物质上的,也可以是精神上的;帮助行为的发生可以在行为人实施侵权行为前,也可以在实施过程中。

(2)教唆人、帮助人具有教唆、帮助的主观意图。一般来说,教唆行为与帮助行为都是教唆人、帮助人故意作出的,教唆人、帮助人能够意识到其教唆、帮助行为可能造成的损害后果。在帮助侵权中,被帮助人不知道帮助行为存在,不影响帮助行为的成立。

(3)被教唆人、被帮助人实施了相应的侵权行为。这一要件要求教唆行为、帮助行为与被教唆人、被帮助人实施的侵权行为之间具有内在的联系。如果被教唆人、被帮助人实施的侵权行为与教唆行为、帮助行为之间没有任何联系,而是行为人另外实施的,那么,就该行为所造成的损害不应要求教唆人、帮助人承担侵权责任。

根据本款规定,教唆人、帮助人实施教唆、帮助行为的法律后果是,教唆人、帮助人与行为人承担连带责任。受害人可以请求教唆人、帮助人或者行为人中的一人或者数人赔偿全部损失。

2. 教唆、帮助无民事行为能力人、限制民事行为能力人实施侵权行为

本条第2款是针对被教唆、被帮助对象是无民事行为能力人或者限制民事行为能力人的情况作出的特别规定。需要注意本款与第1款的如下区别:

(1)教唆人、帮助人明知被教唆人、被帮助人为无民事行为能力人或者限制民事行为能力人,仍然实施教唆、帮助行为的,应当承担侵权责任。

(2)被教唆、被帮助的无民事行为能力人或者限制民事行为能力人的监护人未尽到监护责任的,应当承担相应的责任。监护,是为保护无民事行为能力人和限制民事行为能力人的人身和财产权利而由特定公民或组织对其予以监督、管理和保护的制度。如果监护人未尽到教育和照顾被监护人的职责,疏于履行监护责任,则应当对被监护人给他人造成的损害承担侵权责任。

关联法规

《最高人民法院关于审理侵害信息网络传播权民事纠纷案件适用法律若干问题的规定》第7条;《最高人民法院关于适用〈中华人民共和国民法典〉侵权责任编的解释(一)》第11~13条

第一千一百七十条　【共同危险行为】二人以上实施危及他人人身、财产安全的行为,其中一人或者数人的行为造成他人损害,能够确定具体侵权人的,由侵权人承担责任;不能确定具体侵权人的,行为人承担连带责任。

条文注释

共同危险行为,是指数人的危险行为对他人的合法权益造成了某种危险,但是无法查明实际造成的损害具体是由何人所为,法律为保护被侵权人的利益,将该数个行为人视为侵权行为人。根据本条的规定,构成共同危险行为应当满足下列几个要件:

(1)二人以上实施危及他人人身、财产安全的行为。行为主体是复数,这是最基本的条件,否则不会出现无法确定具体加害人的情形。

(2)其中一人或者数人的行为造成他人损害。虽然实施危及他人人身、财产安全行为的是数人,但真正导致损害后果发生的只是其中一个人或者几个人的行为。

(3)不能确定具体加害人。一般而言,受害人只能请求加害人就其侵权行为所造成的损失予以赔偿，加害人也仅对其侵权行为所造成的损失进行赔偿。但在共同危险行为制度中，数个行为人实施的危及行为存在偶合性，事实上只有部分行为人的行为造成了损害后果。但是，由于受害人无法掌握所有行为人的行为动机、行为方式等证据，无法准确判断哪个行为人的行为才是真正的加害行为，为了保护受害人的合法权益，降低受害人的举证难度，避免其因不能指认真正加害人而无法行使请求权，同时由于每个行为人都实施了危及行为，在道德上具有可责难性，所以法律规定由所有实施危及行为的人承担连带责任是合理的。如果受害人能够指认或者法院能够查明具体加害人，那就是普通的侵权行为，由具体加害人承担侵权责任。

根据本条的规定，适用共同危险行为制度的法律后果是，数个行为人对受害人承担连带责任。共同危险行为不仅在一般过错责任中适用，在过错推定责任、无过错责任中也有适用余地。本条中规定，不能确定具体侵权人的，行为人承担连带责任。换言之，只有在确定具体加害人的情形下，其他行为人才可以免除责任。

关联法规

《最高人民法院关于审理人身损害赔偿案件适用法律若干问题的解释》第2条；《最高人民法院关于审理道路交通事故损害赔偿案件适用法律若干问题的解释》第10条

第一千一百七十一条　【分别侵权承担连带责任】二人以上分别实施侵权行为造成同一损害，每个人的侵权行为都足以造成全部损害的，行为人承担连带责任。

条文注释

适用本条规定需要符合以下构成要件：

(1)二人以上分别实施侵权行为。行为主体的复数性是最基本的条件，每个人的行为都必须是侵权行为。相比本法第1168条规定的共同侵权行为，本条要求数个侵权行为之间相互独立。本条中的“分别”是指实施侵权行为的数个行为人之间不具有主观上的关联性，各个侵权行为都是相互独立的。每个行为人在实施侵权行为之前以及实施侵权行为过程中，与其他行为人没有意思联络，也没有意识到还有其他人也在实施类似的侵权行为，这就是所谓的“无意思联络”。如果行为人在主观上具有关联性，存在共同故意或者共同过失，则应当适用本法第1168条关于共同侵权行为的规定。

(2)造成同一损害后果。“同一损害”指数个侵权行为所造成的损害的性质是相同的，都是身体伤害或者财产损失，并且损害内容具有关联性。本条强调损害的同一性。

(3)每个人的侵权行为都足以造成全部损害。判断每个侵权行为是否足以造成全部损害是适用本条的关键。本条中的“足以”并不是指每个侵权行为都实际上造成了全部损害，而是指在没有其他侵权行为的共同作用的情况下，独立的单个侵权行为也有可能造成全部损害。

根据本条的规定，一旦满足上述三个构成要件，数个行为人必须对造成的损害承担连带责任。

关联法规

《最高人民法院关于审理环境侵权责任纠纷案件适用法律若干问题的解释》第5条；《最高人民法院关于审理道路交通事故损害赔偿案件适用法律若干问题的解释》第10条

第一千一百七十二条　【分别侵权承担按份责任】二人以上分别实施侵权行为造成同一损害，能够确定责任大小的，各自承担相应的责任；难以确定责任大小的，平均承担责任。

条文注释

适用本条规定应当符合下列构成要件：

(1)二人以上分别实施侵权行为。这一要件与本法第1171条中“二人以上分别实施侵权行为”的含义相同，要求数个侵权行为相互之间是独立的，不存在应当适用本法第1168条共同侵权制度的情形。

(2)造成同一损害后果。这一要件与本法第1171条中“造成同一损害”的含义一样。如果数个侵权行为造成的损害后果不同，可以明显区分，则应当适用本法第1165条或者第1166条的规定。本条与本法第1171条同属分别侵权制度，但在构成要件上有所不同，第1171条的构成要件更加严格，要求“每个人的侵权行为都足以造成全部损害”。

在法律后果上，本条数个行为人的责任与本法第1171条有本质区别，后者要求各个行为人承担连带责任，更为严厉。本条对于各个行为人应当承担的责任，分两个层次作出了规定：

一是能够确定责任大小的。虽然数个侵权行为结合造成了同一损害，但是在大部分案件中，可以根据各个侵权行为对造成损害后果的可能性（盖然性）来确定责任份额。判断这种可能性时，可以综合考量各个行为人的过错程度、各个侵权行为与损害后果间因果关系的紧密程度、公平原则以及政策考量等因素。

二是难以确定责任大小的。推定所有人的责任相同，由各个行为人平均承担责任。

应注意的是，在处理数人实施侵权行为的具体案件时，首先需要分析是否满足本法第1168条共同侵权制度规定的构成要件；不符合的，分析其是否满足本法第1171条的构成要件；还不符合的，再分析能否适用本条规定。

关联法规

《最高人民法院关于审理环境侵权责任纠纷案件适用法律若干问题的解释》第5条；《最高人民法院关于审理道路交通事故损害赔偿案件适用法律若干问题的解释》第10条；《最高人民法院关于审理食品药品纠纷案件适用法律若干问题的规定》第12、13条

第一千一百七十三条 【与有过错】被侵权人对同一损害的发生或者扩大有过错的，可以减轻侵权人的责任。

条文注释

《侵权责任法》第26条规定：“被侵权人对损害的发生也有过错的，可以减轻侵权人的责任。”本条与《侵权责任法》第26条相比，主

要变化有两点:一是对损害作了限定,必须是“同一”损害才能适用本条。对“同一”的理解,在一部法律中是一脉相承的,指对性质相同的损害结果的发生,侵权人与被侵权人均有责任。二是增加了损害的“扩大”。《侵权责任法》第26条“被侵权人对损害的发生”的表述中,发生是包含扩大的含义的,扩大是后续的损害,是新发生的损害,也是损害的一种形态。《民法典》侵权责任编将“扩大”从“损害的发生”中独立出来了。侵权人造成了损害,被侵权人因为自己的原因,致使同一损害扩大,对扩大的部分,可以减轻侵权人的责任。

关联法规

《道路交通安全法》第76条;《最高人民法院关于适用〈中华人民共和国民法典〉侵权责任编的解释(一)》第23条

第一千一百七十四条　【受害人故意】损害是因受害人故意造成的,行为人不承担责任。

条文注释

受害人故意造成损害,是指受害人明知自己的行为会发生损害自己的后果,而希望或者放任此种结果的发生。受害人故意分为直接故意和间接故意。直接故意是指受害人从主观上追求损害自己的结果发生;间接故意是指受害人已经预见到自己的行为可能发生损害自己的结果,但也不停止该行为,而是放任损害结果的发生。

本条中的“损害是因受害人故意造成的”,是指损害完全是因为受害人的故意造成的,即受害人故意的行为是其损害发生的唯一原因。本条规定适用于过错责任自不待言,从现有法律规定来看,本条也适用于无过错责任,本法第1238条的规定即是无过错责任的一例。此外,本编第8章“高度危险责任”中的很多条文都规定了受害人故意造成损害的,行为人免责。

关联法规

《道路交通安全法》第76条;《最高人民法院关于适用〈中华人民共和国民法典〉侵权责任编的解释(一)》第23条

第一千一百七十五条 【第三人过错】损害是因第三人造成的，第三人应当承担侵权责任。

条文注释

本条在适用上应把握以下两点：

1. 第三人过错是造成损害的唯一原因

(1)在过错责任和过错推定责任范围内，被告能够证明损害完全是由于第三人的过错行为造成的，应免除被告的责任，由第三人对原告承担侵权责任。

(2)在无过错责任范围内，情况比较复杂。在某些无过错责任情形中，即使完全由第三人过错造成的损害，也应先由被告承担责任，即被告不能以第三人造成损害为由，对原告进行抗辩。在某些无过错责任情形中，因第三人的过错造成损害的，被侵权人可以选择行为人或者第三人之一承担责任。例如，本法第1233条规定，因第三人的过错污染环境、破坏生态的，被侵权人可以向侵权人请求赔偿，也可以向第三人请求赔偿。侵权人赔偿后，有权向第三人追偿。在某些无过错责任情形中，完全由第三人造成的损害，由第三人承担责任，即被告可以以“第三人过错”造成损害为由，对原告进行抗辩。例如，《电力法》第60条第3款规定：“因用户或者第三人的过错给电力企业或者其他用户造成损害的，该用户或者第三人应当依法承担赔偿责任。”

2. 第三人过错是造成损害的部分原因

在这一情形中，应当注意以下几个问题：

一是与本法第1168条共同侵权行为的关系。构成共同侵权行为的，应当适用本法第1168条的规定，由侵权人承担连带责任，即被侵权人有权要求侵权人中的一人承担全部责任，而不能适用第三人过错免责。

二是与本法第1170条共同危险行为的关系。依照本法第1170条的规定，构成共同危险行为的，在不能确定具体侵权人的情况下，行为人承担连带责任，其中一方不能以第三人的行为为由，对受害人进行抗辩,要求第三人分担受害人的损失,免除或者减轻自己的责任。当然,其在承担连带责任后,可以起诉第三人,以进一步分清二者的责任,但那是另一个法律关系。

三是与本法第1171条无意思联络承担连带责任的侵权行为的关系。依照该条的规定,行为人应承担连带责任。其中一方以第三人侵权行为造成损害为由的抗辩不能成立。

四是与本法第1172条无意思联络承担按份责任的侵权行为的关系。本条规定"损害是因第三人造成的,第三人应当承担侵权责任",这种情况下,被告是否仍然要承担部分责任,法律对此没有明确规定。这就需要法官在司法实践中结合个案进行仔细分析,在"被告的过错"与"第三人的过错"分别构成同一损害的原因的情况下,被告可以造成损害的还有"第三人的过错"为由,向原告行使抗辩权,要求减轻自己的责任。

第一千一百七十六条　【自甘风险】自愿参加具有一定风险的文体活动,因其他参加者的行为受到损害的,受害人不得请求其他参加者承担侵权责任;但是,其他参加者对损害的发生有故意或者重大过失的除外。

活动组织者的责任适用本法第一千一百九十八条至第一千二百零一条的规定。

条文注释

自甘风险又称自愿承受危险,是指受害人自愿承担可能发生的损害而将自己置于危险环境或场合的,行为人对造成的损害不承担责任。其构成要件是:第一,受害人作出了自愿承受危险的意思表示,通常是将自己置于可能发生危险的状况之下;第二,这种潜在的危险不是法律、法规所禁止的,也不是社会公序良俗所反对的,且此种危险通常被社会所认可是存在或者难以避免的。

应注意自甘风险与自愿承担损害的区别。自愿承担损害又称受害人同意,是指受害人自愿同意他人对其人身或财产施加某种损害。自愿承担损害的构成要件是:第一,受害人明确作出了同意他人对其实施加害的意思表示，知道或者应当知道他人对其实施加害行为的法律后果；第二，同意加害的内容不违反法律和公序良俗，且不超出受害人同意的范围。

本条在适用中应把握以下三个问题：

一是受害人必须意识到所参加的文体活动的风险。这种风险必然存在，但是否会产生损害结果则不确定。本条仅规定了“自愿参加具有一定风险的文体活动”的才能适用自甘风险制度，这类活动是指对自身条件有一定要求、对抗性较强的文体活动。

二是在正常情况下，受害人因其他参加者的行为受到损害的，其他参加者不承担侵权责任。具有一定风险的文体活动的参加者在了解风险的前提下，仍自愿参加，在文体活动中受到损害的，其他参加者不承担侵权责任，也就是说，法律规定这种情况下其他参加者直接免责。但是，其他参加者对损害的发生有故意或者重大过失的，这种由于行为人的侵权行为造成的损害已经超过受害人自甘风险的范围，法律规定了除外条款，对此应当根据双方的过错程度，确定损害责任的承担。

三是对于活动组织者的责任承担，法律规定适用安全保障义务的规定。但是应当明确，一些文体活动需要组织者详细明确告知参加者各种风险；另一些活动按照经验不需要组织者告知参加者风险，因为这些活动的固有危险已经为社会一般人所知晓，更为参加者所熟知。在确定文体活动组织者责任时，应当予以考虑。但是，对于固有风险之外的意外损害，应当由组织者承担责任。此外，在整个活动过程中，组织者是否尽到了必要的安全保障义务、采用了足够安全的措施、设计了突发情况的预案、在损害发生后及时采取了合理措施等，是判断活动组织者是否尽到了责任的考虑因素。当然，还要考虑受害人是否有过错以及过错程度。

第一千一百七十七条　【自助行为】合法权益受到侵害，情况紧迫且不能及时获得国家机关保护，不立即采取措施将使其合法权益受到难以弥补的损害的，受害人可以在保护自己合法权益的必要范围内采取扣留侵权人的财物等合理措施;但是,应当立即请求有关国家机关处理。

受害人采取的措施不当造成他人损害的,应当承担侵权责任。

条文注释

对本条的理解和适用应注意以下问题:一是情况紧迫且不能及时获得国家机关保护,这是前提条件。二是不立即采取措施将使其合法权益受到难以弥补的损害,这是必要条件。三是在保护自己合法权益的必要范围内采取扣留侵权人的财物等合理措施,这是范围条件。“保护自己合法权益”揭示了自助行为的目的,实施自助行为不能超越保护自己合法权益这个范围;“必要范围”“合理措施”,主要是指通过自助行为扣留的财物应当与所保护的利益在价值上大体相当。四是应当立即请求有关国家机关处理,这是合法条件。自助行为结束后,行为人必须及时寻求公权力机关救济。若行为人怠于寻求公权力机关救济,或被公权力机关驳回,或被公权力机关认定行为超出必要限度,则不排除其行为的不法性,仍应依侵权行为承担相应后果。“立即请求”指自助行为完成后,“情况紧迫”的阻却事由消失,受害人应当立刻、无迟延地向有关国家机关报告自己实施了自力救济的事实,由公权力及时介入处理。只有这样,自力救济才具有正当性,成为民法上的免责事由。

同时本条第 2 款明确规定,受害人采取的措施不当造成他人损害的,就突破了自力救济的必要范围,应当承担侵权责任。

第一千一百七十八条 【优先适用特别规定】本法和其他法律对不承担责任或者减轻责任的情形另有规定的,依照其规定。

第二章　损害赔偿

第一千一百七十九条　【人身损害赔偿范围】侵害他人造成人身损害的，应当赔偿医疗费、护理费、交通费、营养费、住院伙食补助费等为治疗和康复支出的合理费用，以及因误工减少的收入。造成残疾的，还应当赔偿辅助器具费和残疾赔偿金；造成死亡的，还应当赔偿丧葬费和死亡赔偿金。

条文注释

人身损害赔偿是指行为人侵犯他人的生命健康权益造成伤害、残疾、死亡等后果的，应当承担金钱赔偿责任的一种民事法律救济制度。

1. 造成人身损害的一般赔偿范围

本条所列举的一般赔偿范围内的赔偿项目仅是几种比较典型的费用支出，实践中并不仅限于这些赔偿项目，只要是因治疗和康复而支出的合理费用，都可以纳入一般赔偿的范围，但前提是合理的费用才能予以赔偿。

(1)医疗费包括挂号费、检查费、药费、治疗费、康复费等费用。在审判实践中，一般根据医疗机构出具的药费、治疗费等收费凭证，结合病历和诊断证明等相关证据来确定医疗费的具体数额。赔偿义务人对治疗的合理性和必要性有异议的，应当承担相应的举证责任。医疗费的具体数额一般按一审法庭辩论终结前实际发生的费用数额来确定。根据医疗证明或者鉴定意见确定在将来必然发生的医疗费，可以与已经发生的医疗费一并予以计算和赔偿，即本条所指的医疗费既包括已经发生的医疗费，也包括将来确定要产生的医疗费。

(2)护理费是指受害人因受到损害导致生活不能自理，需要有人进行护理而产生的费用支出。赔偿护理费的前提是，受害人受到损害,生活不能自理或者不能完全自理,需要有人进行护理。这种情况应当有医疗单位或法医的证明:证明需要护理的,予以赔偿;没有必要护理的,则不予赔偿。在审判实践中,护理费一般根据护理人员的收入状况和护理人数、护理期限确定。护理人员有收入的,原则上参照其因误工而减少的收入计算;没有收入或雇用专门护工的,原则上参照当地护工从事同等级别护理的劳务报酬标准计算。护理期限原则上应计算至受害人恢复自理能力时止。受害人因残疾不能恢复自理能力的,可以根据其年龄、健康状况等因素确定合理的护理期限。

(3)交通费是指受害人及其必要的陪护人员因就医或者转院所实际发生的用于交通的费用。赔偿交通费应当根据实际支出确定,以正式交通费的票证收据为准,票证收据记载的时间、地点、人数要与实际救治的时间、地点、人数相一致。

(4)营养费是指受害人因通过平常饮食的摄入尚不能满足受损害身体的需求,以平常饮食以外的营养品作为对身体需求的补充而支出的费用,是为辅助治疗而支出的费用。营养费的赔偿数额,应当根据受害人伤残情况参照医疗机构的意见确定,既要有利于受害人身体的恢复,也要坚持必要性原则。

(5)住院伙食补助费是指受害人由于遭受人身损害,在医院治疗期间支出的伙食费用。《最高人民法院关于审理人身损害赔偿案件适用法律若干问题的解释》第10条规定,住院伙食补助费可以参照当地国家机关一般工作人员的出差伙食补助标准予以确定。受害人确有必要到外地治疗,因客观原因不能住院,受害人本人及其陪护人员实际发生的住宿费和伙食费,其合理部分应予赔偿。

(6)因误工减少的收入是指受害人由于受到伤害,无法从事正常工作或者劳动而失去或者减少的工作、劳动收入。因误工减少的收入的基本计算方法是:单位时间的实际收入乘以误工时间。

2. 造成残疾的赔偿范围

《民法典》侵权责任编在造成残疾的赔偿范围上,与《侵权责任法》保持一致,只是将“残疾生活辅助具费”的表述修改为“辅助器具费”。

(1)辅助器具费是指受害人因残疾而造成身体功能全部或者部分丧失后需要配制补偿功能的残疾辅助器具的费用。残疾生活辅助器具主要包括假肢及其零部件、假眼、助听器、盲人阅读器、助视器、矫形器等。

(2)残疾赔偿金是受害人残疾后特有的一个赔偿项目。目前我国的司法实践主要采用的是“劳动能力丧失说”,即受害人因残疾导致部分或者全部劳动能力丧失本身就是一种损害,无论受害人残疾后其实际收入是否减少,行为人都应对受害人劳动能力的丧失进行赔偿。

3. 造成死亡的赔偿范围

人身损害死亡赔偿制度是指自然人因生命权受侵害而死亡的,侵权人应承担金钱赔偿责任的一种民事法律救济制度。

综合来看,残疾赔偿金、死亡赔偿金的问题十分复杂。对于这一问题,无论是《侵权责任法》还是《民法典》侵权责任编,都无法简单规定一个“放之全国而皆准”的标准,宜由法官在处理具体案件时,根据个案的特殊情况,运用自由裁量权进行裁判。因此,《民法典》也没有规定残疾赔偿金和死亡赔偿金的计算标准。残疾赔偿金和死亡赔偿金,宜由法官在司法实践中,根据案件的具体情况,综合考虑各种因素后确定数额;也可以由最高人民法院结合近年来的司法经验,修改目前适用的司法解释来确定。此外,为了便于解决纠纷,使受害人及时有效地获得赔偿,对因同一侵权行为造成多人死亡的情况,法律规定可以以相同数额确定死亡赔偿金。

关联法规

《最高人民法院关于审理人身损害赔偿案件适用法律若干问题的解释》第15、16、18、20条;《最高人民法院关于适用〈中华人民共和国民法典〉侵权责任编的解释(一)》第3条

第一千一百八十条　【以相同数额确定死亡赔偿金】因同一侵权行为造成多人死亡的,可以以相同数额确定死亡赔偿金。

条文注释

本条在适用中需要注意以下几点：一是以相同数额确定死亡赔偿金并非确定死亡赔偿金的一般方式，若分别计算死亡赔偿金较为容易，则可以不采用这种方式。二是根据本法的规定，以相同数额确定死亡赔偿金原则上仅适用于因同一侵权行为造成多人死亡的案件。三是本条特别强调，对因同一侵权行为造成多人死亡的，只是“可以”以相同数额确定死亡赔偿金，而不是任何因同一侵权行为造成多人死亡的案件都“必须”或者“应当”以相同数额确定死亡赔偿金。至于什么情况下可以，什么情况下不可以，法院可以根据具体案情，综合考虑各种因素后决定。实践中，原告的态度也是一个重要的考虑因素，多数原告主动请求以相同数额确定死亡赔偿金的，可以适用这种方式；原告没有主动请求，但多数原告对法院提出的以相同数额确定死亡赔偿金的方案没有异议的，也可以适用这种方式。四是以相同数额确定死亡赔偿金的，原则上不考虑受害人的年龄、收入状况等个人因素。

第一千一百八十一条　【被侵权人死亡后请求权主体的确定】被侵权人死亡的，其近亲属有权请求侵权人承担侵权责任。被侵权人为组织，该组织分立、合并的，承继权利的组织有权请求侵权人承担侵权责任。

被侵权人死亡的，支付被侵权人医疗费、丧葬费等合理费用的人有权请求侵权人赔偿费用，但是侵权人已经支付该费用的除外。

条文注释

根据本条第1款的规定，被侵权人死亡的，其近亲属有权请求侵权人承担侵权责任。近亲属的范围根据本法第1045条第2款确定，即包括配偶、父母、子女、兄弟姐妹、祖父母、外祖父母、孙子女、外孙子女。

根据本条第2款的规定，被侵权人死亡的，支付被侵权人医疗费、丧葬费等合理费用的人有权请求侵权人赔偿费用，但是侵权人已经支付该费用的除外。在司法实践中，支付被侵权人死亡前的医疗费等合理费用的，不一定是被侵权人本人，而可能是其亲属、朋友或者其他人；对于丧葬费，由于受害人已经死亡，只能是其亲属、朋友或者其他人支付。若支付这些费用的是被侵权人的近亲属，这些近亲属当然可以依据本条第1款的规定请求侵权人赔偿这些费用，若支付这些费用的并非其近亲属，而是其朋友、其他人或者某一组织，则实际支付费用的主体也可以作为独立的请求权人请求侵权人赔偿这些费用，但侵权人已将这些费用赔偿给被侵权人近亲属的，实际支付这些费用的主体就不能再向侵权人请求赔偿，而只能要求获得赔偿的近亲属返还这些费用。

关联法规

《最高人民法院关于审理人身损害赔偿案件适用法律若干问题的解释》第1条；《最高人民法院关于确定民事侵权精神损害赔偿责任若干问题的解释》第3条；《最高人民法院关于适用〈中华人民共和国民法典〉侵权责任编的解释（一）》第3条

第一千一百八十二条　【侵害他人人身权益造成财产损失的赔偿】侵害他人人身权益造成财产损失的，按照被侵权人因此受到的损失或者侵权人因此获得的利益赔偿；被侵权人因此受到的损失以及侵权人因此获得的利益难以确定，被侵权人和侵权人就赔偿数额协商不一致，向人民法院提起诉讼的，由人民法院根据实际情况确定赔偿数额。

条文注释

本条在《侵权责任法》第20条的基础上，增加了被侵权人的选择，对于侵害他人人身权益如何计算财产损失作了较为具体的规定。

1. 按照被侵权人受到的损失赔偿

根据侵害行为及侵害人身权益内容的不同，侵害他人的人身权益造成财产损失的赔偿范围也不尽相同。这主要包括以下两种情形：

（1）侵害他人生命、健康、身体等权益造成的财产损失的赔偿范围，一般包括积极的财产损失和可得利益的损失。依照本法第1179条的规定，侵害他人造成人身损害的，应当赔偿医疗费、护理费、交通费、营养费、住院伙食补助费等为治疗和康复支出的合理费用，以及因误工减少的收入。造成残疾的，还应当赔偿辅助器具费和残疾赔偿金；造成死亡的，还应当赔偿丧葬费和死亡赔偿金。其中，因治疗而支出的医疗费、护理费、交通费、营养费、住院伙食补助费等为治疗和康复实际支出的费用；被侵权人残疾所需要的辅助器具费等因侵权行为导致被侵权人实际支出的费用；被侵权人死亡所支付的丧葬费以及办理丧葬事宜所支出的交通、住宿等其他合理费用，即为积极的财产损失。被侵权人因误工而减少的收入以及受害人死亡其亲属因办理丧事而误工所减少的收入；被侵权人因全部或者部分丧失劳动能力而减少的预期收入；被侵权人死亡的，其因死亡而不能获得的未来一定期限内的预期收入等，为可得利益的损失，即因侵权行为的发生导致被侵权人本应获得而无法获得的可得利益损失。

(2)侵害他人名誉权、荣誉权、姓名权、肖像权和隐私权等人身权益造成的财产损失。侵害非物质性人身权益的财产损失，可以根据不同的侵权行为和相关证据具体判断处理：有实际财产损失的，按照实际损失赔偿；没有实际损失的，可以根据法律的相关规定给予救济。

2. 按照侵权人因此获得的利益赔偿

一些侵害人身权益的行为，被侵权人的财产损失难以确定，尤其是在被侵权人的名誉受损、知识产权被侵害等情况下，很难确定财产损失。《最高人民法院关于确定民事侵权精神损害赔偿责任若干问题的解释》第5条规定的精神损害的赔偿数额确定的因素中，将“侵权人的获利情况”作为其中之一。由此，在侵害他人人身权益的情况下，可将侵权人的获利情况作为司法实践中确定赔偿数额的重要考虑因素。

3. 由人民法院根据实际情况确定赔偿数额

该规定主要针对损人不利己等获利难以计算的情况。这项规定表达了三层含义：一是在侵权人损人没有获利或者获利难以计算的情况下，当事人可以就赔偿数额进行协商；二是赋予被侵权人获得赔偿的请求权，侵权人不能因为没有获利或者获利难以计算就不负赔偿责任；三是赔偿数额由法院根据侵权人的过错程度、具体侵权行为和方式、造成的后果和影响等确定。

关联法规

《最高人民法院关于审理利用信息网络侵害人身权益民事纠纷案件适用法律若干问题的规定》第11、12条

第一千一百八十三条　【精神损害赔偿】侵害自然人人身权益造成严重精神损害的，被侵权人有权请求精神损害赔偿。

因故意或者重大过失侵害自然人具有人身意义的特定物造成严重精神损害的，被侵权人有权请求精神损害赔偿。

条文注释

精神损害赔偿是受害人因人格利益或身份利益受到损害或者遭受精神痛苦而获得的金钱赔偿。

根据本条第1款的规定，侵害自然人人身权益造成严重精神损害的，被侵权人有权请求精神损害赔偿。第一，精神损害赔偿的适用范围是侵害人身权益，侵害财产权益不在精神损害赔偿的适用范围之内。第二，需要造成严重精神损害。并非只要侵害他人人身权益，被侵权人就可以获得精神损害赔偿，偶尔的痛苦和不高兴不能被视为严重精神损害。对“严重”的解释，应当采取容忍限度理论，即超出了社会一般人的容忍限度，就认为是“严重”。第三，被侵权人有权请求精神损害赔偿。

根据本条第2款的规定，因故意或者重大过失侵害自然人具有人身意义的特定物造成严重精神损害的，被侵权人有权请求精神损害赔偿。(1)本条第2款规定了侵害行为的主观要件，即故意或者重大过失。(2)“具有人身意义的特定物”的范围，在实践中主要涉及的物品类型为：一是与近亲属死者相关的特定纪念物品，如遗像、墓碑、骨灰盒、遗物等；二是与结婚礼仪相关的特定纪念物品，如录像、照片等；三是与家族祖先相关的特定纪念物品，如祖坟、族谱、祠

堂等。这些物品对被侵权人具有人身意义。

精神损害本身无法用金钱数额进行衡量，但是精神损害赔偿的数额应该与精神损害的严重程度相一致。侵权人的过错程度、侵害手段、场合、行为方式、侵权行为所造成的后果是衡量被侵权人精神损害程度的重要因素。越是以故意甚至恶意的主观状态、在更为公开的场合、以更为恶劣的加害手段侵害被侵权人，对被侵权人造成越为严重的后果，则被侵权人所受精神损害的程度就越深，侵权人应承担的赔偿数额也就越高。侵权人的获利情况、侵权人承担责任的经济能力与司法政策、法官结合具体案件所作的自由裁量密不可分，因此精神损害赔偿的数额，宜在具体案件中，结合个案情况灵活处理。

关联法规

《消费者权益保护法》第51条；《最高人民法院关于确定民事侵权精神损害赔偿责任若干问题的解释》第1条；《最高人民法院关于适用〈中华人民共和国民法典〉侵权责任编的解释（一）》第2条

第一千一百八十四条　【财产损失计算方式】侵害他人财产的，财产损失按照损失发生时的市场价格或者其他合理方式计算。

条文注释

财产权益是民事权益中的重要组成部分，包括物权、知识产权、股权和其他投资性权利、网络虚拟财产等具有财产性质的权益。因侵权行为导致的财产损失，一般按照财产损失发生时的市场价格计算。也就是以财产损失发生的那个时间，该财产在市场上的价格为计算标准，完全毁损、灭失的，要按照该物在市场上所对应的标准全价计算；如果该物已经使用多年，则其全价应当是在市场上相应的折旧价格。

第一千一百八十五条　【侵害知识产权的惩罚性赔偿】故意侵害他人知识产权，情节严重的，被侵权人有权请求相应的惩罚性赔偿。

条文注释

惩罚性赔偿也称惩戒性赔偿，是侵权人给予被侵权人超过其实际受损害数额的一种金钱赔偿。

目前，我国知识产权法律主要是《著作权法》、《专利法》和《商标法》。此外，国务院颁布的《商标法实施条例》、《集成电路布图设计保护条例》和《植物新品种保护条例》分别对地理标志、集成电路布图和植物新品种的保护作出规定。《商标法》规定了1倍以上5倍以下的惩罚性赔偿数额。地理标志、集成电路布图和植物新品种规定在国务院行政法规中，因行政法规不宜规定惩罚性赔偿，对这三种知识产权的保护可以适用本条的规定。

第一千一百八十六条　【公平责任原则】受害人和行为人对损害的发生都没有过错的，依照法律的规定由双方分担损失。

条文注释

公平分担损失的规定是侵权责任编根据实际情况作出的特别规定，与过错责任原则和无过错责任原则均有不同。与过错责任的区别主要有：(1)过错责任原则以行为人的过错为承担责任的前提，而公平分担损失的行为人并没有过错。(2)承担过错责任以填补受害人全部损失为原则，公平分担损失只是根据实际情况适当给受害人以补偿。与无过错责任的区别主要有：(1)无过错责任不问行为人是否有过错，其适用以法律的特殊规定为根据。也就是说，承担无过错责任，行为人可能有过错，也可能无过错。公平分担损失，行为人没有过错，也不属于法律规定的适用无过错责任的情形。(2)无过错责任适用于法律明确规定的几种情形，而公平分担损失只是原则规定适用条件，没有具体界定所适用的案件类型。(3)承担无过错责任，有的是填补受害人的全部损失，有的是法律规定了最高责任限额。公平分担损失只是分担损失的一部分，没有最高额限制。

公平分担损失适用于行为人和受害人对损害的发生均无过错的情况。如果损害由受害人过错造成，则应当由受害人自己负责；如果损害由行为人或者第三人过错造成，则应当由行为人或者第三人负责；如果行为人和受害人对损害的发生都有过错，则应当根据他们的过错程度和原因力分配责任。也就是说，只要有过错责任人，就不适用本条规定。

本条中的“法律的规定”可以是本法的规定。例如，本法第182条中规定，因紧急避险造成损害的，由引起险情发生的人承担民事责任。危险由自然原因引起的，紧急避险人不承担民事责任，可以给予适当补偿。本法第1190条第1款规定，完全民事行为能力人对自己的行为暂时没有意识或者失去控制造成他人损害有过错的，应当承担侵权责任；没有过错的，根据行为人的经济状况对受害人适当补偿。除了本法外，“法律的规定”还可以是其他法律根据实践需要作出的相应规定。

第一千一百八十七条 【赔偿费用支付方式】损害发生后，当事人可以协商赔偿费用的支付方式。协商不一致的，赔偿费用应当一次性支付；一次性支付确有困难的，可以分期支付，但是被侵权人有权请求提供相应的担保。

条文注释

本条对赔偿费用的支付方式作了以下三个层面的规定：

1. 由当事人协商确定赔偿费用的支付方式

当事人对赔偿费用支付方式的协商可以包括：是一次性支付还是分期支付；如果是分期支付，分几期、每次付多少、要不要考虑物价变化因素、要不要支付利息、利息如何计算等。当事人可以根据赔偿数额的多少、受害人对赔偿费用的需求程度、侵权人的支付能力等实际情况对赔偿费用的支付进行协商。

当事人协商确定支付方式后，侵权行为人应当按照约定的方式支付赔偿费用，不能将协商作为拖延给付赔偿费用的手段。如果侵权行为人以合法形式掩盖非法目的，违反约定到期不履行支付赔偿费用的义务，则受害人有权请求人民法院宣告该约定无效，强制侵权人履行赔偿义务。

2. 协商不一致的，一次性支付

侵权行为发生后，受害人的损失应当得到全面和及时的弥补。因此，如果当事人就赔偿费用的支付方式进行协商后，受害人不同意分期支付，侵权人就应当一次性支付全部赔偿费用。

3. 一次性支付确有困难的，分期支付

一次性支付确有困难的，可以分期支付，但是被侵权人有权请求提供相应的担保。分期支付应当具备以下两个条件：一是一次性支付确有困难。确有困难应当由侵权人举证证明，由人民法院作出判断。二是被侵权人有权请求提供相应的担保。该担保是应被侵权人请求提供的，可以是保证人提供的保证，也可以是侵权人以自己的财产抵押、质押。

关联法规

《最高人民法院关于审理人身损害赔偿案件适用法律若干问题的解释》第19、20条

第三章　责任主体的特殊规定

第一千一百八十八条　【监护人责任】无民事行为能力人、限制民事行为能力人造成他人损害的，由监护人承担侵权责任。监护人尽到监护职责的，可以减轻其侵权责任。

有财产的无民事行为能力人、限制民事行为能力人造成他人损害的，从本人财产中支付赔偿费用；不足部分，由监护人赔偿。

条文注释

本条第1款主要规定责任能力和监护人承担监护责任的问题。无民事行为能力人和限制民事行为能力人造成他人损害的，由监护人承担民事责任，这是由监护人的职责所决定的。依照本条第2款的规定，在具体承担赔偿责任时，如果被监护人有财产，那么应当首先从被监护人的财产中支付赔偿费用，不足的部分再由监护人承担赔偿责任。

关联法规

《最高人民法院关于适用〈中华人民共和国民法典〉侵权责任编的解释（一）》第4～9、11条

第一千一百八十九条　【委托监护责任】无民事行为能力人、限制民事行为能力人造成他人损害，监护人将监护职责委托给他人的，监护人应当承担侵权责任；受托人有过错的，承担相应的责任。

条文注释

委托监护是指监护人委托他人代行监护的职责，是一种双方的民事法律行为，是被监护人的监护人与受托人之间关于受托人为委托人履行监护职责、处理监护事务的协议，须有监护人委托与受委托人接受委托的意思表示一致才能成立。

需要特别说明的是，委托监护不同于意定监护。意定监护是在监护领域对自愿原则的贯彻落实，是具有完全民事行为能力的成年

人对自己将来的监护事务，按照自己的意愿事先所作的安排。本法第33条规定了这一制度：具有完全民事行为能力的成年人，可以与其近亲属、其他愿意担任监护人的个人或者组织事先协商，以书面形式确定自己的监护人，在自己丧失或者部分丧失民事行为能力时，由该监护人履行监护职责。

根据本条的规定，无民事行为能力人、限制民事行为能力人造成他人损害，监护人将监护职责委托给他人的，监护人应当承担侵权责任。这意味着，法律实行监护人责任首负原则。除了监护人外，受托人有过错的，也要承担相应的责任。具体承担责任的范围，由司法机关结合案件具体情况依法裁量。

关联法规

《最高人民法院关于适用〈中华人民共和国民法典〉侵权责任编的解释（一）》第4、10、13条

第一千一百九十条　【丧失意识侵权责任】完全民事行为能力人对自己的行为暂时没有意识或者失去控制造成他人损害有过错的，应当承担侵权责任；没有过错的，根据行为人的经济状况对受害人适当补偿。

完全民事行为能力人因醉酒、滥用麻醉药品或者精神药品对自己的行为暂时没有意识或者失去控制造成他人损害的，应当承担侵权责任。

条文注释

本条根据不同的情形，规定了完全民事行为能力人的责任：

一是完全民事行为能力人对于自己丧失意识存在过错。如果是因为自己的过错，丧失了意识后造成了他人的损害，那么行为人应当根据其过错承担赔偿责任。本条第1款中的过错，是指“过错”导致其丧失意识，因为失去意识之后确实没有过错可言。如果完全民事行为能力人是由于其过错导致意识丧失，那么其丧失意识后的行为造成他人损害的，行为人应承担相应的侵权责任。

二是完全民事行为能力人对于自己的行为暂时没有意识或者

失去控制没有过错。如果行为人暂时没有意识或者失去控制不是由于自己的过错造成，而是由于其他原因导致，则行为人可以不承担侵权责任，但应根据公平分担损失的规定，适当分担被侵权人的损失。需要说明的是，这里对受害人是“补偿”而不是“赔偿”。因为赔偿一般采取“填平”的原则，受害人损失多少赔多少，而补偿的情况中行为人通常没有过错，是根据行为人的经济能力，适当弥补受害人的损失。本条第1款的规定是本法第1186条公平分担损失原则在具体规定中的体现。

三是完全民事行为能力人因醉酒、滥用麻醉药品或者精神药品导致自己暂时没有意识或者失去控制造成他人损害。《刑法》第18条第4款规定，醉酒的人犯罪，应当负刑事责任。《治安管理处罚法》规定，醉酒的人违反治安管理的，应当给予处罚。本条第2款规定的“因醉酒、滥用麻醉药品或者精神药品对自己的行为暂时没有意识或者失去控制造成他人损害”，其实也属于第1款“有过错”的一种情形。为了强调醉酒、滥用麻醉药品或者精神药品的行为和一般的过错相比，具有违法性，且危害性较大，本条第2款对醉酒、滥用麻醉药品或者精神药品导致自己暂时没有意识或者失去控制造成他人损害的责任专门作出了规定。

第一千一百九十一条　【用人单位责任和劳务派遣单位、劳务用工单位责任】用人单位的工作人员因执行工作任务造成他人损害的，由用人单位承担侵权责任。用人单位承担侵权责任后，可以向有故意或者重大过失的工作人员追偿。

劳务派遣期间，被派遣的工作人员因执行工作任务造成他人损害的，由接受劳务派遣的用工单位承担侵权责任；劳务派遣单位有过错的，承担相应的责任。

条文注释

1. 用人单位的责任

用人单位的工作人员因执行工作任务造成他人损害的，由用人单位对外承担侵权责任，这种责任称为替代责任，即由他人对行为人的行为承担责任。我国对用人单位采取的是无过错责任原则，只要工作人员因执行工作任务实施侵权行为造成他人损害，用人单位就要首先承担赔偿责任。用人单位不能通过证明自己在选任或者监督方面尽到了相应的义务来免除自己的责任。当然，用人单位承担侵权责任后，可以向有故意或者重大过失的工作人员追偿。

本条中的"用人单位"，既包括企业、事业单位、国家机关、社会团体等，也包括个体经济组织等。"工作人员"既包括用人单位的正式员工，也包括在用人单位工作的临时员工。

用人单位承担侵权责任的前提是工作人员的行为与"执行工作任务"有关。工作人员应当按照用人单位的授权或者指示进行工作。与工作无关的行为，即使发生在工作时间内，用人单位也不承担侵权责任，该责任由工作人员自己承担。

需要指出的是，国家机关的工作人员因工作造成他人损害的，一类属于履行公职权的行为；另一类不属于履行公职权的行为，是国家机关为了维持自身正常运转所进行的民事行为。对于第一类行为，依据《国家赔偿法》的规定，有的需要国家机关承担国家赔偿责任。对于第二类行为，侵害他人合法权益的，国家机关需要承担民事侵权责任。本法调整国家机关的工作人员在民事活动中发生的侵权行为，对于属于《国家赔偿法》调整范围的行为，适用《国家赔偿法》的规定。

2. 劳务派遣单位和劳务用工单位的责任

劳务派遣是指劳动派遣机构与员工签订劳务派遣合同后，将工作人员派遣到用工单位工作。劳务派遣的用人形式不同于一般的用人形式，劳务派遣单位虽然与被派遣的员工签订了劳动合同，但不对被派遣员工进行使用和具体的管理。在劳务派遣期间，被派遣的工作人员是为接受劳务派遣的用工单位工作，接受用工单位的指示和管理，同时由用工单位为被派遣的工作人员提供相应的劳动条件和劳动保护。所以，被派遣的工作人员因工作造成他人损害的，其责任应当由用工单位承担。劳务派遣单位在派遣工作人员方面存在过错的，应当承担相应的责任。

关联法规

《最高人民法院关于适用〈中华人民共和国民法典〉侵权责任编的解释(一)》第15～17条

第一千一百九十二条　【个人劳务关系中的侵权责任】个人之间形成劳务关系,提供劳务一方因劳务造成他人损害的,由接受劳务一方承担侵权责任。接受劳务一方承担侵权责任后,可以向有故意或者重大过失的提供劳务一方追偿。提供劳务一方因劳务受到损害的,根据双方各自的过错承担相应的责任。

提供劳务期间,因第三人的行为造成提供劳务一方损害的,提供劳务一方有权请求第三人承担侵权责任,也有权请求接受劳务一方给予补偿。接受劳务一方补偿后,可以向第三人追偿。

条文注释

本条第1款在《侵权责任法》的基础上,增加了接受劳务一方承担侵权责任后的追偿权,但仅限于可以向有故意或者重大过失的提供劳务的一方追偿。本条除了明确提供劳务过程中,造成他人损害的责任外,还规定了提供劳务一方因劳务受到损害时双方责任的承担。根据本条规定,提供劳务一方因劳务受到损害的,根据双方各自的过错承担相应的责任。

《侵权责任法》没有规定在个人之间形成的劳务关系中,因第三人的行为造成提供劳务一方损害的责任承担。《民法典》在本条中增加一款,规定因第三人的行为造成提供劳务一方损害的,提供劳务一方有权请求第三人承担侵权责任,也有权请求接受劳务一方给予补偿。接受劳务一方补偿后,可以向第三人追偿。

关联法规

《最高人民法院关于审理人身损害赔偿案件适用法律若干问题的解释》第4、5条;《最高人民法院关于适用〈中华人民共和国民法典〉侵权责任编的解释(一)》第16条

第一千一百九十三条 【承揽关系中的侵权责任】承揽人在完成工作过程中造成第三人损害或者自己损害的,定作人不承担侵权责任。但是,定作人对定作、指示或者选任有过错的,应当承担相应的责任。

条文注释

本法规定的承揽合同是承揽人按照定作人的要求完成工作,交付工作成果,定作人给付报酬的合同。承揽包括加工、定作、修理、复制、测试、检验等工作。本条对承揽关系中的侵权责任作了规定。

需要指出的是,本法第1192条个人之间形成劳务关系,个人之间因提供劳务造成他人损害和自己损害的责任的规定,不适用本条因承揽关系产生的纠纷。根据本法第770条的规定,承揽合同是承揽人按照定作人的要求完成工作,交付工作成果,定作人支付报酬的合同。承揽包括加工、定作、修理、复制、测试、检验等工作。承揽合同与劳务合同的区别在于:承揽合同的劳动者所交付的标的是劳动成果,而劳务合同的劳动者交付的标的是劳动,定作人与承揽人之间不存在劳务关系。

关联法规

《最高人民法院关于适用〈中华人民共和国民法典〉侵权责任编的解释(一)》第18条

第一千一百九十四条 【网络侵权责任】网络用户、网络服务提供者利用网络侵害他人民事权益的,应当承担侵权责任。法律另有规定的,依照其规定。

条文注释

网络用户利用网络侵害他人民事权益,大体可以分为以下几种类型:

(1)侵害人格权。主要表现为:一是盗用或者假冒他人姓名,侵害姓名权;二是未经许可使用他人肖像,侵害肖像权;三是发表攻击、诽谤他人的文章，侵害名誉权；四是非法侵入他人电脑、非法截取他人传输的信息、擅自披露他人个人信息、大量发送垃圾邮件，侵害隐私权和个人信息受保护的权利。

(2)侵害财产利益。基于网络活动的便捷性，通过网络侵害财产利益的情形较为常见，如窃取他人网络银行账户中的资金，最典型的是侵害网络虚拟财产利益，如窃取他人网络游戏装备、虚拟货币等。

(3)侵害知识产权。主要表现为侵犯他人著作权、商标权和专利权等知识产权：一是侵犯著作权。例如，擅自将他人作品进行数字化传输，规避技术措施，侵犯数据库等。二是侵犯商标权。例如，恶意抢注与他人商标相同或相类似的域名，在电商平台上销售假冒他人商标或者使用足以使消费者混淆的商标的商品等。三是侵犯专利权。例如，未经专利人授权，在网站上销售专利产品。

网络服务提供者是一个概括性表述，既包括提供接入、缓存、信息存储空间、搜索以及链接等服务类型的技术服务提供者，也包括主动向网络用户提供内容的内容服务提供者，还包括在电子商务中为交易双方或者多方提供网络经营场所、交易撮合、信息发布等服务，供交易双方或者多方独立开展交易活动的电子商务平台经营者。

不同类型的网络服务提供者通过网络实施侵权行为的表现也不一样。根据“技术中立”原则，技术服务提供者一般无须对他人通过网络侵犯民事权益的行为承担责任，如中国移动、中国电信、中国联通等电信服务运营商无须对经由其网络传输的信息承担责任，百度等搜索引擎提供者无须对搜索结果负责，但若其行为高度介入传输行为，如编排搜索结果等，则应对其行为承担责任，电子商务平台经营者一般无须对其平台出现的侵权行为承担责任。此外，破坏他人技术保护措施、利用技术手段攻击他人网络、窃取他人个人信息的，也要承担侵权责任。内容服务提供者应当对所上传内容的真实性与合法性负责，如果提供了侵权信息，如捏造虚假事实诽谤他人、发布侵犯著作权的影视作品等，则应当承担侵权责任。

第一千一百九十五条　【"通知与取下"制度】网络用户利用网络服务实施侵权行为的，权利人有权通知网络服务提供者采取删除、屏蔽、断开链接等必要措施。通知应当包括构成侵权的初步证据及权利人的真实身份信息。

网络服务提供者接到通知后，应当及时将该通知转送相关网络用户，并根据构成侵权的初步证据和服务类型采取必要措施；未及时采取必要措施的，对损害的扩大部分与该网络用户承担连带责任。

权利人因错误通知造成网络用户或者网络服务提供者损害的，应当承担侵权责任。法律另有规定的，依照其规定。

条文注释

根据本条规定，通知应当包括构成侵权的初步证据及权利人的真实身份信息。我国多部法律和司法解释也对权利人通知内容作了规定：《电子商务法》第42条规定，知识产权权利人向电子商务平台经营者发送的通知应当包括构成侵权的初步证据。《信息网络传播权保护条例》第14条中规定，通知书应当包含下列内容：(1)权利人的姓名(名称)、联系方式和地址；(2)要求删除或者断开链接的侵权作品、表演、录音录像制品的名称和网络地址；(3)构成侵权的初步证明材料。权利人应当对通知书的真实性负责。

一般而言，一份合格的权利通知应当包括两方面内容：一是权利人的真实身份信息，包括但不限于权利人的姓名、名称、住址、联系方式、电话、电子邮箱等。没有真实身份信息和有效联系方式，网络服务提供者就无法与其取得联系，也无法向网络用户发送不存在侵权行为的声明。二是构成侵权的初步证据，通知是权利人主张权利的重要依据，应当附有证明其权利的证据或者相关信息涉嫌侵权的初步证据，如著作权登记证书，专利证书，商标权证书，明显超出正常言论自由范围的诽谤、攻击等言词。另外，通知中一般还应当附有涉嫌侵权信息的网址链接或其他可以定位侵权商品或信息的有效方法等。

权利人一旦发出合格通知，就触发了网络服务提供者的义务。

根据本条规定，网络服务提供者接到通知后，应当及时将该通知转送相关网络用户，并根据构成侵权的初步证据和服务类型采取必要措施。(1)及时将该通知转送相关网络用户。网络服务提供者应当及时将该权利人发出的通知转送相关网络用户，使其知晓，要求其作出回应。(2)根据构成侵权的初步证据和服务类型采取必要措施。由网络服务提供者根据其掌握的证据以及提供服务的类型采取必要措施，所取得的效果应当是在技术能够做到的范围内避免相关信息进一步传播。对于提供信息存储空间、搜索、链接服务的网络服务提供者，其在接到侵权通知后，应当对侵权信息采取删除、屏蔽、断开链接等必要措施。对于电子商务平台经营者，其在接到侵权通知后，应当根据《电子商务法》的要求，对相关商品或者服务采取删除、屏蔽、断开链接、终止交易和服务等必要措施。对于提供接入、缓存服务的网络服务提供者，其在接到侵权通知后，应当在技术可能做到的范围内采取必要措施，如果采取这些措施会使其违反普遍服务义务，在技术和经济上增加不合理的负担，该网络服务提供者可以将侵权通知转送相应网站。

根据本条规定，未及时采取必要措施的，对损害的扩大部分与该网络用户承担连带责任。

同时，本条在《侵权责任法》第36条基础上，特别增加第3款规定，警示权利人不得滥用“通知与取下”程序，促使权利人实施维权行为时更加理性，因错误通知造成网络用户、网络服务提供者损失的，权利人应当承担侵权责任。增加“法律另有规定的，依照其规定”这一衔接性表述，主要是考虑到本条为一般规定，根据被侵害的权利类型的不同，其他法律可能作出细化或者特别规定，如《电子商务法》第42条第3款规定：“因通知错误造成平台内经营者损害的，依法承担民事责任。恶意发出错误通知，造成平台内经营者损失的，加倍承担赔偿责任。”

关联法规

《最高人民法院关于审理利用信息网络侵害人身权益民事纠纷案件适用法律若干问题的规定》第4、5条

第一千一百九十六条　【"反通知"制度】网络用户接到转送的通知后,可以向网络服务提供者提交不存在侵权行为的声明。声明应当包括不存在侵权行为的初步证据及网络用户的真实身份信息。

网络服务提供者接到声明后,应当将该声明转送发出通知的权利人,并告知其可以向有关部门投诉或者向人民法院提起诉讼。网络服务提供者在转送声明到达权利人后的合理期限内,未收到权利人已经投诉或者提起诉讼通知的,应当及时终止所采取的措施。

条文注释

本条是编撰《民法典》新增加的条文。根据本条的规定,网络用户提交的声明应当包括不存在侵权行为的初步证据及网络用户的真实身份信息。

根据本条的规定,网络服务提供者接到声明后,应当将该声明转送发出通知的权利人,并告知其可以向有关部门投诉或者向人民法院提起诉讼。纠纷主要发生在权利人与网络用户之间,网络服务提供者接到反通知后,立即产生转送义务,应当及时将反通知转送发出通知的权利人,让权利人及时知道网络用户提出了抗辩;同时应履行告知义务,让权利人知晓应当及时向有关部门投诉或者向法院起诉,以解决纠纷。

根据本条的规定,网络服务提供者在转送声明到达权利人后的合理期限内,未收到权利人已经投诉或者提起诉讼通知的,应当及时终止所采取的措施。网络用户的声明到达权利人后,权利人应当作出适当反应,可以表示认可,也可以表示反对;可以明示,也可以默示。如果在合理期限内,权利人通知网络服务提供者,其已经向有关部门投诉或者向法院起诉,表明权利人以明示方式对反通知的内容表示反对,网络服务提供者应当继续维持此前采取的必要措施,直至有关部门或者法院有进一步指令;如果权利人在合理期限内没有投诉或者起诉,表明权利人默示认可反通知,网络服务提供者应当及时终止所采取的措施,恢复相关信息。

需要说明的是,通知与反通知程序只是为快速应对纠纷而采取的一种程序性救济手段，网络服务提供者并非司法机关，其没有能力解决当事人之间的具体争议。即使权利人在合理期限内没有采取相应的法律行动，也不影响其实体权利，权利人仍然可以在合理期限后向有关部门投诉或者向法院起诉。

第一千一百九十七条　【网络服务提供者的连带责任】网络服务提供者知道或者应当知道网络用户利用其网络服务侵害他人民事权益，未采取必要措施的，与该网络用户承担连带责任。

条文注释

根据本条规定，网络服务提供者与网络用户承担连带责任的主观构成要件为“知道或者应当知道”，采用的是过错责任。

关于“知道”。“知道”即为“明知”。明知是一种主观状态，表明行为人的内心对侵权行为这一事实的发生具有明确而充分的认识，甚至放任或者积极追求损害后果的发生。证明行为人的主观状态为“明知”，一般有两种途径：一是行为人自认。行为人明确表示其主观状态为“明知”。二是通过“通知与取下”程序来证明。权利人发送的合格通知到达网络服务提供者时，即视为网络服务提供者知晓了存在通知中所指出的侵权事实，网络服务提供者有义务采取必要措施，未采取必要措施的，即属本条知道而未采取必要措施的情形，应对损害扩大部分承担连带责任。《最高人民法院关于审理侵害信息网络传播权民事纠纷案件适用法律若干问题的规定》第13条也有类似规定：“网络服务提供者接到权利人以书信、传真、电子邮件等方式提交的通知及构成侵权的初步证据，未及时根据初步证据和服务类型采取必要措施的，人民法院应当认定其明知相关侵害信息网络传播权行为。”

关于“应当知道”。在掌握“应当知道”的判断标准时大体应当遵循以下三个原则：一是根据提供技术服务的网络服务提供者的类型不同，判断标准应当有所不同。相比提供其他类型技术服务的网络服务提供者，认定提供接入、缓存服务的网络服务提供者“应当知道”的标准应当更加严格。二是根据保护对象的不同，判断标准也应当有所不同。三是提供技术服务的网络服务提供者没有普遍审查义务。在审判实践中，应当谨慎认定此类网络服务提供者“应当知道”网络用户利用其网络服务实施侵权行为。如果判断标准过宽，可能会使网络服务提供者实际上承担了普遍审查的义务。事实上，由于网络具有开放性的特质，网络信息十分庞杂，要求此类网络服务提供者逐一审查，可能大量增加网络服务提供者的运营成本，阻碍网络产业的发展。但同时也要寻找促使网络服务提供者适当履行监管义务的平衡点，比如是否通过成熟的技术手段对网站传输的特定信息进行监控，是否建立较为完善的投诉响应机制，是否对多次侵权人建立黑名单制度，等等。

关联法规

《最高人民法院关于审理利用信息网络侵害人身权益民事纠纷案件适用法律若干问题的规定》第6条

第一千一百九十八条 【安全保障义务人责任】宾馆、商场、银行、车站、机场、体育场馆、娱乐场所等经营场所、公共场所的经营者、管理者或者群众性活动的组织者，未尽到安全保障义务，造成他人损害的，应当承担侵权责任。

因第三人的行为造成他人损害的，由第三人承担侵权责任；经营者、管理者或者组织者未尽到安全保障义务的，承担相应的补充责任。经营者、管理者或者组织者承担补充责任后，可以向第三人追偿。

条文注释

根据本条规定，安全保障义务，是指宾馆、商场、银行、车站、机场、体育场馆、娱乐场所等经营场所、公共场所的经营者、管理者或者群众性活动的组织者，所负有的在合理限度范围内保护他人人身和财产安全的义务。理解安全保障义务，应注意以下问题：

(1)安全保障义务人的范围。本法明确安全保障义务人为下列两类人：第一，宾馆、商场、银行、车站、机场、体育场馆、娱乐场所等经营场所、公共场所的经营者、管理者。公共场所既包括以公众为对象进行商业性经营的场所，也包括为公众提供服务的场所。例如，本条列举的宾馆、商场、银行、车站、机场、体育场馆、娱乐场所等。除了本条列举的这些场所外，码头、公园、餐厅等也都属于公共场所。第二，群众性活动的组织者。群众性活动，是指法人或者其他组织面向社会公众举办的参加人数较多的活动，如体育比赛活动，演唱会、音乐会等文艺演出活动，展览、展销等活动，游园、灯会、庙会、花会、焰火晚会等活动，人才招聘会、现场开奖的彩票销售等活动。

(2)保护对象的范围。本法将安全保障义务的保护对象规定为“他人”，没有明确具体的范围，实践中哪些人属于保护对象应根据具体情况判断。

(3)安全保障义务的内容和判断标准。安全保障义务的目的在于保护他人的人身和财产安全，其主要内容是作为，即要求义务人必须采取一定的行为来保护他人的人身或者财产免受侵害。这种义务的具体内容既可能基于法律的明确规定，也可能基于合同的约定，还可能基于诚实信用原则。对于实践中需要确定义务人应当负有的安全保障义务的具体内容，进而判断安全保障义务人是否已经尽到安全保障义务的，可以参考该安全保障义务人所在行业的普遍情况、所在地区的具体条件、所组织活动的规模等各种因素，从侵权行为的性质和力度、义务人的安保能力以及发生侵权行为前后所采取的防范、制止侵权行为的措施等方面，根据实际情况综合判断。

根据安全保障义务内容的不同，可以将安全保障义务分为以下两类：一是防止他人遭受义务人侵害的安全保障义务。这是指安全保障义务人负有不因自己的行为而直接使他人的人身或者财产受到侵害的义务。二是防止他人遭受第三人侵害的安全保障义务。这是指安全保障义务人负有的不因自己的不作为而使他人的人身或者财产遭受自己之外的第三人侵害的义务。本条根据所未尽到的义务种类的不同，规定了以下两种安全保障义务人的不同侵权责任：

(1)安全保障义务人未尽到防止他人遭受义务人侵害的安全保障义务的，应当承担侵权责任。这是本条第1款规定的情形。如果损害结果的发生没有第三人的介入，安全保障义务人就应当自己承担全部侵权责任。

(2)安全保障义务人未尽到防止他人遭受第三人侵害的安全保障义务的，应当承担相应的补充责任。这是本条第2款规定的情形。根据本条第2款的规定，第三人的行为是造成损害的直接原因的，应当首先由第三人承担侵权责任。理解这一规定，应当注意以下两点：第一，第三人的侵权责任和安全保障义务人的补充责任有先后顺序。应先由第三人承担侵权责任，在无法找到第三人或者第三人没有能力全部承担赔偿责任时，才由安全保障义务人承担补充责任。如果第三人已经全部承担侵权责任，则安全保障义务人不再承担责任。第二，经营者、管理者或者组织者承担补充责任后，可以向第三人追偿。

关联法规

《最高人民法院关于审理旅游纠纷案件适用法律若干问题的规定》第7条；《最高人民法院关于适用〈中华人民共和国民法典〉侵权责任编的解释(一)》第24、25条

第一千一百九十九条　【教育机构对无民事行为能力人受到人身损害的过错推定责任】无民事行为能力人在幼儿园、学校或者其他教育机构学习、生活期间受到人身损害的，幼儿园、学校或者其他教育机构应当承担侵权责任；但是，能够证明尽到教育、管理职责的，不承担侵权责任。

条文注释

幼儿园、学校和其他教育机构的侵权责任，是指在幼儿园、学校和其他教育机构的教育、教学活动中或者其负有管理责任的校舍、场地、其他教育教学设施、生活设施中，因幼儿园、学校或者其他教育机构未尽教育、管理职责，致使学习或者生活的无民事行为能力人遭受损害或者致他人损害的，学校、幼儿园或者其他教育机构应当承担的与其过错相应的侵权责任。

幼儿园，通常是指对3周岁以上学龄前幼儿实施保育和教育的机构等。学校，是指国家或者社会力量举办的全日制的中小学(含特殊教育学校)、各类中等职业学校、高等学校等。其他教育机构，

是指少年宫以及电化教育机构等。

本条在适用时应注意以下两点：

(1)本条采用过错推定原则。由幼儿园、学校和其他教育机构承担侵权责任的侵权行为的范围，应当限于发生在幼儿园、学校和其他教育机构的教育、教学活动中或者其负有管理责任的校舍、场地、其他教育教学设施、生活设施中的侵权行为。

(2)关于如何确定教育、管理职责的范围，进而判断幼儿园、学校和其他教育机构是否已尽教育、管理职责，《教育法》《未成年人保护法》以及其他法规和规章已作了广泛、具体的规定。出现纠纷时，应当由人民法院参考这些规定结合具体情况作出最终判断。

第一千二百条　【教育机构对限制民事行为能力人受到人身损害的过错责任】限制民事行为能力人在学校或者其他教育机构学习、生活期间受到人身损害，学校或者其他教育机构未尽到教育、管理职责的，应当承担侵权责任。

条文注释

根据本条的规定，限制民事行为能力人在学校或者其他教育机构学习、生活期间受到人身损害的，如果该限制民事行为能力人或者其监护人能够证明学校或者其他教育机构没有尽到教育、管理职责，对该限制民事行为能力人受到的人身损害有过错，学校或者其他教育机构就要承担责任。与本法第1199条采用过错推定原则不同，对限制民事行为能力人的情况，本条采用了过错责任原则。

《教育法》《未成年人保护法》以及其他法规和部门规章中，对于学校和其他教育机构的教育、管理职责已经作了广泛、具体的规定，只要能够证明学校或者其他教育机构违反了这些职责，使限制民事行为能力人在学习、生活期间受到人身损害的，学校或者其他教育机构就要承担责任。比如，教育部2010年修正的《学生伤害事故处理办法》第9条明确规定："因下列情形之一造成的学生伤害事故，学校应当依法承担相应的责任：(一)学校的校舍、场地、其他公共设施，以及学校提供给学生使用的学具、教育教学和生活设施、设备不符合国家规定的标准,或者有明显不安全因素的;(二)学校的安全保卫、消防、设施设备管理等安全管理制度有明显疏漏,或者管理混乱,存在重大安全隐患,而未及时采取措施的;(三)学校向学生提供的药品、食品、饮用水等不符合国家或者行业的有关标准、要求的;(四)学校组织学生参加教育教学活动或者校外活动,未对学生进行相应的安全教育,并未在可预见的范围内采取必要的安全措施的;(五)学校知道教师或者其他工作人员患有不适宜担任教育教学工作的疾病,但未采取必要措施的;(六)学校违反有关规定,组织或者安排未成年学生从事不宜未成年人参加的劳动、体育运动或者其他活动的;(七)学生有特异体质或者特定疾病,不宜参加某种教育教学活动,学校知道或者应当知道,但未予以必要的注意的;(八)学生在校期间突发疾病或者受到伤害,学校发现,但未根据实际情况及时采取相应措施,导致不良后果加重的;(九)学校教师或者其他工作人员体罚或者变相体罚学生,或者在履行职责过程中违反工作要求、操作规程、职业道德或者其他有关规定的;(十)学校教师或者其他工作人员在负有组织、管理未成年学生的职责期间,发现学生行为具有危险性,但未进行必要的管理、告诫或者制止的;(十一)对未成年学生擅自离校等与学生人身安全直接相关的信息,学校发现或者知道,但未及时告知未成年学生的监护人,导致未成年学生因脱离监护人的保护而发生伤害的;(十二)学校有未依法履行职责的其他情形的。”在司法实践中,只要有上述12项情形之一,就基本可以认定学校没有尽到教育、管理职责,学校就应依法对限制民事行为能力人受到的人身损害承担责任。

关联法规

《最高人民法院关于适用〈中华人民共和国民法典〉侵权责任编的解释(一)》第14条

第一千二百零一条　【在教育机构内第三人侵权时的责任分担】 无民事行为能力人或者限制民事行为能力人在幼儿园、学校或者其他教育机构学习、生活期间,受到幼儿园、学校或者其他教育机构以外的第三人人身损害的，由第三人承担侵权责任；幼儿园、学校或者其他教育机构未尽到管理职责的，承担相应的补充责任。幼儿园、学校或者其他教育机构承担补充责任后，可以向第三人追偿。

条文注释

本法第1199条和第1200条对未成年人在幼儿园、学校或者其他教育机构学习、生活期间遭受人身损害时幼儿园、学校或者其他教育机构的侵权责任，区分无民事行为能力人和限制民事行为能力人分别规定了不同的归责原则。本条则针对造成损害的主体为幼儿园、学校或者其他教育机构以外的人员的情况，规定了幼儿园、学校或者其他教育机构应当承担的侵权责任。本条规定分为以下三部分：

（1）幼儿园、学校或者其他教育机构以外的人员承担的侵权责任。幼儿园、学校或者其他教育机构以外的人员是指幼儿园、学校或者其他教育机构的教师、学生和其他工作人员以外的人员。幼儿园、学校或者其他教育机构以外的人员可能进入校园内或者在幼儿园、学校或者其他教育机构组织学生外出活动期间直接造成学生人身伤害，如社会人员进入学校殴打学生、校外车辆在校园内撞伤学生等。在这种情况下，该幼儿园、学校或者其他教育机构以外的人员的侵权行为直接造成人身损害后果的发生，其作为侵权人就应当依法承担侵权责任。

（2）幼儿园、学校或者其他教育机构承担相应的补充责任。无民事行为能力人或者限制民事行为能力人在幼儿园、学校或者其他教育机构学习、生活期间，受到幼儿园、学校或者其他教育机构以外的人员人身损害的，该人员作为侵权人应当承担侵权责任。但由于此时受到人身损害的无民事行为能力人或者限制民事行为能力人仍在幼儿园、学校或者其他教育机构监管之下，幼儿园、学校或者其他教育机构仍负有管理职责，幼儿园、学校或者其他教育机构未尽到管理职责的，对损害的发生也具有过错，其未尽到管理职责的行为是造成损害发生的间接原因，应当承担补充责任。幼儿园、学校或者其他教育机构是否尽到管理职责，要根据人身损害发生时的具体情况判断，如幼儿园、学校或者其他教育机构的安全管理制度是否有明显疏漏、是否存在重大安全隐患。如果幼儿园、学校或者其他教育机构的安全保卫工作存在过失，其就应承担补充责任。理解这一规定时，应当注意第三人的侵权责任和安全保障义务人的补充责任有先后顺序：先由第三人承担侵权责任，在无法找到第三人或者第三人没有能力全部承担侵权责任时，才由幼儿园、学校或者其他教育机构承担侵权责任。如果第三人已经全部承担侵权责任，则幼儿园、学校或者其他教育机构不再承担侵权责任。

(3)幼儿园、学校或者其他教育机构承担补充责任后，可以向第三人追偿。本规定依据不真正连带责任的法理，赋予了教育机构追偿权。

关联法规

《最高人民法院关于适用〈中华人民共和国民法典〉侵权责任编的解释(一)》第14条

第四章 产 品 责 任

第一千二百零二条 【产品生产者责任】因产品存在缺陷造成他人损害的，生产者应当承担侵权责任。

条文注释

依据本条的规定，构成产品责任须具备三个要件：第一，产品具有缺陷；第二，存在缺陷产品造成受害人损害的事实；第三，缺陷产品与损害事实之间存在因果关系。

1. 关于产品缺陷

产品缺陷是构成产品责任的首要条件。根据《产品质量法》第46条的规定，缺陷是指产品存在危及人身、他人财产安全的不合理的危险；产品有保障人体健康和人身、财产安全的国家标准、行业标准的，是指不符合该标准。实践中可以以《产品质量法》第46条关于缺陷的规定为标准判断产品是否为缺陷产品。《产品质量法》的规定从法律上确立了判断产品是否存在缺陷的基本标准。具体运用这项标准判断产品是否存在缺陷时，要根据每个案件、每种产品的情况具体分析，作出结论。一般来说，产品存在缺陷，即产品存在“不合理危险”。按照《标准化法》的规定，对在全国范围内需要统一技术要求的产品，由国务院标准化行政主管部门制定国家标准。对没有推荐性国家标准而又需要在全国某个行业范围内统一技术要求的产品，由国务院有关行政主管部门制定行业标准，并报国务院标准化行政主管部门备案。如果产品有上述保障人体健康和人身、财产安全的国家标准、行业标准，产品缺陷是指不符合该标准的规定，这是从方便对缺陷产品认定的角度出发作出的规定。需要注意的是，如果产品的各项性能指标都符合该产品的强制性标准，是否可据此判定该产品不存在缺陷呢？某一产品的强制性标准，可能并未覆盖该产品的全部安全性能指标（特别对某些新产品），在这种情况下，该产品的某项性能指标在国家强制性标准、行业标准中未作规定，但不符合保障人身、财产安全的要求，可能造成他人损害的，仍可判定该产品存在缺陷。

2. 关于缺陷产品造成受害人损害的事实

缺陷产品造成受害人损害的事实，是指缺陷产品的使用人或者第三人因缺陷产品而受到损害的客观存在。损害事实包括人身损害和财产损害。

3. 关于缺陷产品与损害事实之间的因果关系

产品责任中的因果关系，是指产品的缺陷与受害人损害事实之间存在引起与被引起的关系。在一般侵权案件中，原则上是“谁主张，谁举证”。产品责任是一种特殊的侵权，考虑到用户、消费者与生产者之间存在信息上的不对称，特别是高科技产品具有致害原因不易证明等特点，通常要求生产者就缺陷不存在或缺陷与损害之间不存在因果关系举证。如果生产者不能举证证明，则认定产品存在缺陷且缺陷与损害之间存在因果关系。

关联法规

《产品质量法》第26、41、44、46条；《最高人民法院关于适用〈中华人民共和国民法典〉侵权责任编的解释（一）》第19条

第一千二百零三条　【被侵权人请求损害赔偿的途径和先行赔偿人追偿权】因产品存在缺陷造成他人损害的，被侵权人可以向产品的生产者请求赔偿，也可以向产品的销售者请求赔偿。

产品缺陷由生产者造成的，销售者赔偿后，有权向生产者追偿。因销售者的过错使产品存在缺陷的，生产者赔偿后，有权向销售者追偿。

条文注释

本条中的被侵权人，是指因产品存在缺陷造成人身、财产损害之后，有权要求获得赔偿的人，既包括直接购买并使用缺陷产品的人，也包括未直接购买、使用缺陷产品但因缺陷产品受到损害的其他人。

本条从方便被侵权人维护自己合法权益的角度出发，规定了被侵权人请求赔偿的两种途径：一是可以向产品的生产者请求赔偿；二是可以向产品的销售者请求赔偿。也就是说，对于缺陷产品引起的损害，被侵权人可以向生产者和销售者中的任何一方提出赔偿请求。

根据本条规定，生产者、销售者中先行赔偿的一方有权向应当承担责任的一方追偿自己已经向被侵权人垫付的赔偿费用。需要明确的是，生产者和销售者承担产品责任的原则是不同的，生产者承担无过错责任，销售者承担过错责任。对此，本条第2款明确规定："产品缺陷由生产者造成的，销售者赔偿后，有权向生产者追偿。因销售者的过错使产品存在缺陷的，生产者赔偿后，有权向销售者追偿。"先行垫付赔偿费用的一方只有在另一方符合承担产品侵权责任条件的情形下，才可以向对方行使追偿权。

关联法规

《消费者权益保护法》第40条；《食品安全法》第148条；《最高人民法院关于审理食品药品纠纷案件适用法律若干问题的规定》第2～4条；《最高人民法院关于适用〈中华人民共和国民法典〉侵权责任编的解释（一）》第19条

第一千二百零四条 【生产者和销售者对有过错第三人的追偿权】因运输者、仓储者等第三人的过错使产品存在缺陷，造成他人损害的，产品的生产者、销售者赔偿后，有权向第三人追偿。

条文注释

产品在运输流通过程中，运输者、仓储者等应当按照有关规定和产品包装上标明的储藏、运输等标准进行储存、运输。如果运输者、仓储者等不按上述规定运输或者仓储，则可能造成产品缺陷。对此有过错的，行为人应当对因自己的过错产生的损害负赔偿责任。因此，因运输者、仓储者等第三人的过错导致产品缺陷造成他人损害的，运输者、仓储者等第三人应当按照过错责任原则承担赔偿责任。

根据本条的规定，即使是因运输者、仓储者等第三人的过错使产品存在缺陷造成损害，被侵权人仍然可以先找产品的生产者或者销售者请求赔偿。生产者、销售者承担赔偿责任后，可以依据本条的规定，向造成产品缺陷的有过错的运输者、仓储者等第三人行使追偿权，要求其支付赔偿费用。

第一千二百零五条 【危及他人人身、财产安全的责任承担方式】因产品缺陷危及他人人身、财产安全的，被侵权人有权请求生产者、销售者承担停止侵害、排除妨碍、消除危险等侵权责任。

条文注释

妨碍是指侵权人实施的妨碍他人合法权益的行为或者造成的妨碍他人合法权益正常行使的某种有害状况。排除妨碍是指依据被侵权人的请求，侵权人以一定的积极行为除去妨碍，以使被侵权人正常行使合法权益的民事责任方式。被侵权人在请求排除妨碍时，应当注意以下几个问题：第一，妨碍必须是不法的。无论妨碍人主观是否预见妨碍后果，均不影响被侵权人提出请求。但如果妨碍是正当行使权利的合法行为，则妨碍人可以拒绝当事人的请求。第二，妨碍既可以是已经发生的，也可以是可能出现的。被侵权人不仅可以对已经发生的妨碍要求排除，也可以对尚未发生但又确有可能发生的妨碍请求排除。第三，妨碍是权利人行使权利的障碍，只要不法行为妨碍他人行使物权、人身权等，被侵权人均可请求排除妨碍。

侵权人的侵权行为或者其他行为构成对他人人身、财产的现实威胁，为《民法典》规定的危险。这里的危险是指现实威胁，即随时可能发生的、发生概率极大的危险而不是遥不可及的危险。消除危险，是指人身或者财产受到现实威胁的当事人请求造成危险或对危险负有责任的人消除危险状况，保障请求权人人身、财产安全的民事责任承担方式。

需要明确的是，产品责任中，侵权人承担排除妨碍、消除危险的侵权责任有两个条件：一是产品存在缺陷；二是危及他人人身、财产安全。在这两个条件同时具备的情况下，被侵权人可以要求产品生产者或者销售者承担包括但不限于停止侵害、排除妨碍、消除危险的侵权责任。此外，还可以依据本法总则编的规定，要求生产者或者销售者以其他方式承担侵权责任，如恢复原状等。

第一千二百零六条　【流通后发现有缺陷的补救措施和侵权责任】产品投入流通后发现存在缺陷的，生产者、销售者应当及时采取停止销售、警示、召回等补救措施；未及时采取补救措施或者补救措施不力造成损害扩大的，对扩大的损害也应当承担侵权责任。

依据前款规定采取召回措施的，生产者、销售者应当负担被侵权人因此支出的必要费用。

条文注释

本条规定，产品投入流通后发现存在缺陷的，生产者、销售者应当及时采取停止销售、警示、召回等补救措施：(1)停止销售是对正在销售的产品采取下架、封存等不再出售的措施。停止销售可以避免侵权行为的扩大化，最大程度地减少损失。(2)警示是对与产品有关的危险或产品的正确使用给予说明，提醒使用者在使用该产品时注意已经存在的危险或者潜在可能发生的危险，防止或者减少对使用者的损害。警示的作用有两个：一是告知使用者产品有危险，明示产品的缺陷；二是让使用者知道在使用该产品时如何避免危险的发生，以保证人身、财产的安全。(3)召回是产品的生产者、销售者依法定程序，对其生产或者销售的缺陷产品以换货、退货、更换零配件等方式，及时消除或减少缺陷产品危害的行为。

关联法规

《消费者权益保护法》第19条；《食品安全法》第63条

第一千二百零七条　【产品责任惩罚性赔偿】明知产品存在缺陷仍然生产、销售，或者没有依据前条规定采取有效补救措施，造成他人死亡或者健康严重损害的，被侵权人有权请求相应的惩罚性赔偿。

条文注释

根据本条的规定，产品责任中适用惩罚性赔偿的条件是：第一，侵权人具有主观故意。第二,存在损害事实。这种损害事实不是一般的损害事实,而应当是造成严重损害的事实,即造成他人死亡或者健康受到严重损害。第三,存在因果关系,即被侵权人的死亡或者健康严重受损害是因为侵权人生产或者销售的缺陷产品或者生产者、销售者没有依照前条规定采取有效补救措施。

本条还规定了惩罚性赔偿的适用范围,即在被侵权人死亡或者健康受到严重损害的范围内适用,除此之外的其他损害不适用惩罚性赔偿,如被侵权人的财产损害。为防止滥用惩罚性赔偿,避免被侵权人要求的赔偿数额畸高,本条规定,被侵权人有权请求相应的惩罚性赔偿。这里的"相应",主要是指被侵权人要求的惩罚赔偿金的数额应当与侵权人的恶意相当,与侵权人造成的损害后果相当,与对侵权人施加的威慑相当,具体赔偿数额由人民法院根据个案具体判定。

关联法规

《消费者权益保护法》第 55 条;《食品安全法》第 148 条;《最高人民法院关于审理食品药品纠纷案件适用法律若干问题的规定》第 15 条;《最高人民法院关于审理旅游纠纷案件适用法律若干问题的规定》第 15 条

第五章　机动车交通事故责任

第一千二百零八条　【机动车交通事故责任的法律适用】机动车发生交通事故造成损害的,依照道路交通安全法律和本法的有关规定承担赔偿责任。

条文注释

本条主要有以下几层含义:

(1)首先由保险公司在机动车第三者责任强制保险责任限额范围内予以赔偿。机动车发生交通事故,包括机动车与机动车之间,机动车与非机动车驾驶人、行人之间,都是先由保险公司在机动车第三者责任强制保险责任限额内予以赔偿,不足的部分才由机动车一方承担赔偿责任。机动车第三者责任强制保险,也称机动车交通事故责任强制保险,是指由保险公司对被保险机动车发生道路交通事故造成本车人员、被保险人以外的受害人的人身伤亡、财产损失,在责任限额内予以赔偿的强制性责任保险。《机动车交通事故责任强制保险条例》第 21 条第 1 款规定,被保险机动车发生道路交通事故造成本车人员、被保险人以外的受害人人身伤亡、财产损失的,由保险公司依法在机动车交通事故责任强制保险责任限额范围内予以赔偿。第 23 条第 1 款规定,机动车交通事故责任强制保险在全国范围内实行统一的责任限额。责任限额分为死亡伤残赔偿限额、医疗费用赔偿限额、财产损失赔偿限额以及被保险人在道路交通事故中无责任的赔偿限额。

(2)在强制保险责任限额范围内赔偿后不足部分的责任承担。一是机动车之间发生交通事故的赔偿责任。机动车之间发生交通事故的赔偿责任,由有过错的一方承担赔偿责任;双方都有过错的,按照各自过错的比例分担责任。这表明,机动车之间发生交通事故的,适用过错责任原则。由于机动车之间没有强弱之分,发生交通事故的,应当适用侵权责任的一般归责原则,由有过错的一方承担赔偿责任;如果双方都有过错,则按照各自过错的比例分担责任。二是机动车与非机动车驾驶人、行人之间发生交通事故的赔偿责任。在归责原则上,机动车与非机动车驾驶人、行人之间发生交通事故,主要适用过错推定原则;同时,机动车一方还要承担一部分无过错责任。过错推定源于过错责任原则,但在适用上与一般的过错责任原则有所不同。发生损害后,首先推定行为人有过错,同时给予其举证证明自己没有过错以及对方有过错的机会,能够证明自己没有过错的,可以免除责任;不能证明自己没有过错的,就要承担损害赔偿责任。过错推定与一般过错责任的最大不同就是采用了举证责任倒置的方法。

(3)机动车一方不承担责任的情形。《道路交通安全法》第76条第2款规定,交通事故的损失是由非机动车驾驶人、行人故意碰撞机动车造成的,机动车一方不承担赔偿责任。这是关于机动车一方免责事由的规定。机动车与非机动车驾驶人、行人之间发生交通事故,如果交通事故的损失是因非机动车驾驶人、行人自杀、自伤、有意冲撞("碰瓷")等行为故意造成的,则机动车一方不承担赔偿责任。

第一千二百零九条　【机动车所有人、管理人与使用人不一致时的侵权责任】因租赁、借用等情形机动车所有人、管理人与使用人不是同一人时,发生交通事故造成损害,属于该机动车一方责任的,由机动车使用人承担赔偿责任;机动车所有人、管理人对损害的发生有过错的,承担相应的赔偿责任。

条文注释

机动车租赁,是指机动车所有人将机动车在一定时间内交付承租人使用、收益,机动车所有人收取租赁费用,不提供驾驶劳务的行为。机动车管理,是指将机动车存放在某一场所,或者将机动车交付维修,机动车暂时脱离所有人占有时,由管理人保管、占有机动车的行为。机动车借用,是指机动车所有人将机动车在约定时间内交由借用人使用的行为。

根据本条的规定,因租赁、借用等情形机动车所有人、管理人与使用人不是同一人时，发生交通事故后属于该机动车一方责任的，关于如何确定责任承担，需要把握以下三点：

第一，本法删除了《侵权责任法》第49条“由保险公司在机动车强制保险责任限额范围内予以赔偿”的规定。本法将机动车强制保险责任限额范围内先行赔偿的内容单独列为一条。因此，本条不再规定相关内容，但在适用上不受影响，根据本法第1213条的规定，机动车发生交通事故造成损害，属于该机动车一方责任的，仍然先由承保机动车强制保险的保险人在强制保险责任限额范围内予以赔偿；不足部分，由承保机动车商业保险的保险人按照保险合同的约定予以赔偿；仍然不足或者没有投保机动车商业保险的，由侵权人赔偿。

第二，本条中的“使用人”不仅包括承租人、管理人、借用人，还包括机动车出质期间的质权人、维修期间的维修人、由他人保管期间的保管人等。在机动车出质、维修和由他人保管期间，机动车由质权人、维修人和保管人占有，他们对机动车享有运行支配力，而所有人、管理人则丧失了运行支配力。质权人、维修人、保管人擅自驾驶机动车发生交通事故的，应由质权人、维修人、保管人承担赔偿责任。

第三，机动车所有人、管理人对损害的发生有过错的，承担相应的赔偿责任。机动车所有人在将机动车出租、出借时应当对承租人、借用人进行必要的审查，如承租人、借用人是否有驾驶资格等。同时，还应当保障机动车性能符合安全的要求，如车辆制动是否灵敏等。机动车管理人在保管、占有机动车过程中，负有妥善保管、管理的义务，不得擅自使用或者许可他人使用机动车。机动车所有人、管理人若没有尽到上述应有的注意义务，则有过错，应当对因自己的过错造成的损害负相应的赔偿责任。

关联法规

《最高人民法院关于审理道路交通事故损害赔偿案件适用法律若干问题的解释》第1条

第一千二百一十条 【转让并交付但未办理登记的机动车侵权责任】当事人之间已经以买卖或者其他方式转让并交付机动车但是未办理登记，发生交通事故造成损害，属于该机动车一方责任的，由受让人承担赔偿责任。

条文注释

本条在理解和适用上需要把握以下两点：

第一，根据本法的规定，当事人之间已经以买卖、赠与等方式转让并交付机动车但未办理登记的，原机动车所有人已经不是真正的所有人，赔偿义务应当由买受人、受赠人等对机动车运行有实质影响力和支配力的机动车的实际所有人、占有人来承担。

第二，本条中的“交付”与物权编中的“交付”不应完全等同。物权理论中的拟制交付有简易交付、指示交付和占有改定等的区分。简易交付可以适用本条的规则，本条的“交付”主要是指“实际交付”。

第一千二百一十一条 【挂靠机动车侵权责任】以挂靠形式从事道路运输经营活动的机动车，发生交通事故造成损害，属于该机动车一方责任的，由挂靠人和被挂靠人承担连带责任。

条文注释

机动车挂靠从事运输经营活动，是指为了交通营运的方便，将车辆登记在某个具有运输经营权资质的经营主体名下，以该主体的名义进行运营，并由挂靠者向被挂靠主体支付一定费用的形式。以挂靠形式从事道路运输经营活动一般有三个特点：一是四证统一，即车辆行驶证、道路运输证、驾驶证、营业性道路运输驾驶员从业资格证上记载的车主、业户、单位、服务单位均为被挂靠主体。二是挂靠机动车向被挂靠主体交纳费用。三是具有隐蔽性，虽然挂靠双方之间存在关于运输经营的合同或内部协议，但发生交通事故造成损害时，被侵权人无法从外观上判断挂靠机动车是否属于被挂靠主体。

第一千二百一十二条 【未经允许驾驶他人机动车侵权责任】未经允许驾驶他人机动车，发生交通事故造成损害，属于该机动车一方责任的，由机动车使用人承担赔偿责任；机动车所有人、管理人对损害的发生有过错的，承担相应的赔偿责任，但是本章另有规定的除外。

条文注释

理解本条需要把握以下三点：一是，未经允许驾驶他人机动车，发生交通事故造成损害，属于该机动车一方责任的，由机动车使用人承担赔偿责任。二是，机动车所有人、管理人对损害的发生有过错的，承担相应的赔偿责任。此处的“对损害的发生有过错”可理解为机动车所有人、管理人没有履行一般人应有的谨慎注意义务。例如，机动车所有人将车停在路边，为图方便没有熄火即下车买东西，车上同行人在等待时闲极无聊，坐在驾驶位上操作，导致发生交通事故。这种情形下，机动车所有人是有过错的，应当在过错范围内承担相应的责任。三是，本条规定了“但书”，而且是仅限于“本章”另有规定的除外。该“但书”仅指一种情形，即本法第1215条第1款中规定的“盗窃人、抢劫人或者抢夺人与机动车使用人不是同一人，发生交通事故造成损害，属于该机动车一方责任的，由盗窃人、抢劫人或者抢夺人与机动车使用人承担连带责任”。

第一千二百一十三条 【交通事故责任承担主体赔偿顺序】机动车发生交通事故造成损害，属于该机动车一方责任的，先由承保机动车强制保险的保险人在强制保险责任限额范围内予以赔偿；不足部分，由承保机动车商业保险的保险人按照保险合同的约定予以赔偿；仍然不足或者没有投保机动车商业保险的，由侵权人赔偿。

条文注释

本条区分三个层次作了规定：一是先由承保机动车强制保险的保险人在强制保险责任限额范围内予以赔偿。二是机动车强制保险赔偿不足部分，由承保机动车商业保险的保险人按照保险合同的约定予以赔偿。三是机动车商业保险赔偿仍然不足的，由侵权人赔偿。这种保险前置、侵权人托底的规定，充分体现了保险的作用和及时救济受害人、分散机动车使用人风险的目的，符合强制保险的赔偿替代性和商业保险的补充性的性质，也最大程度地平衡了强制保险、商业保险和侵权人的责任与义务。

关联法规

《最高人民法院关于审理道路交通事故损害赔偿案件适用法律若干问题的解释》第13条；《最高人民法院关于适用〈中华人民共和国民法典〉侵权责任编的解释（一）》第21、22条

第一千二百一十四条 【拼装车或报废车侵权责任】以买卖或者其他方式转让拼装或者已经达到报废标准的机动车，发生交通事故造成损害的，由转让人和受让人承担连带责任。

条文注释

根据《道路交通安全法》第14条的规定，国家实行机动车强制报废制度，达到报废标准的机动车不得上道路行驶。根据该法第100条的规定，驾驶拼装的机动车或者已达到报废标准的机动车上道路行驶的，公安机关交通管理部门应当予以收缴，强制报废，对驾驶人处200元以上2000元以下罚款，并吊销机动车驾驶证。

拼装和已经达到报废标准的机动车，由于其不能达到机动车上路行驶的安全标准，上路行驶后极易造成其他机动车、非机动车驾驶人和行人的损害。转让拼装的或者已经达到报废标准的机动车，本身具有违法性，上路行驶又具有更大的危险性。因此，对以买卖、赠与等方式转让拼装的或者已经达到报废标准的机动车，由买卖、赠与等的转让人和受让人、赠与人和受赠人等承担连带责任。

关联法规

《最高人民法院关于审理道路交通事故损害赔偿案件适用法律若干问题的解释》第4条；《最高人民法院关于适用〈中华人民共和国民法典〉侵权责任编的解释（一）》第20条

第一千二百一十五条 【盗窃、抢劫或抢夺机动车侵权责任】盗窃、抢劫或者抢夺的机动车发生交通事故造成损害的，由盗窃人、抢劫人或者抢夺人承担赔偿责任。盗窃人、抢劫人或者抢夺人与机动车使用人不是同一人，发生交通事故造成损害，属于该机动车一方责任的，由盗窃人、抢劫人或者抢夺人与机动车使用人承担连带责任。

保险人在机动车强制保险责任限额范围内垫付抢救费用的，有权向交通事故责任人追偿。

条文注释

盗窃、抢劫或者抢夺的机动车发生交通事故造成损害的，由盗抢人承担赔偿责任。《民法典》侵权责任编在这方面延续了《侵权责任法》的规定，并且本法第1212条关于未经允许驾驶他人机动车侵权责任的规定中，也对“机动车所有人、管理人对损害的发生有过错的，承担相应的赔偿责任”作了“本章另有规定的除外”这一明确的排除规定，即是指本条规定的情形。也就是说，未经允许驾驶他人机动车发生交通事故造成损害时，属于该机动车一方责任的，如果机动车所有人、管理人对损害的发生有过错，则应承担相应的赔偿责任。但是本条下的机动车所有人、管理人不承担责任。

盗窃人、抢劫人或者抢夺人与机动车使用人不是同一人，发生交通事故造成损害，属于该机动车一方责任的，由盗窃人、抢劫人或者抢夺人与机动车使用人承担连带责任。这里规定的“机动车使用人”，指的是盗窃人、抢劫人或者抢夺人将机动车出售、出租、借用、赠送，从而实际使用该机动车的人。

机动车被盗抢后发生交通事故造成损害，保险人在机动车强制保险责任限额范围内垫付抢救费用的，有权向交通事故责任人追偿。

第一千二百一十六条 【肇事后逃逸责任及受害人救济】机动车驾驶人发生交通事故后逃逸，该机动车参加强制保险的，由保险人在机动车强制保险责任限额范围内予以赔偿；机动车不明、该机动车未参加强制保险或者抢救费用超过机动车强制保险责任限额，需要支付被侵权人人身伤亡的抢救、丧葬等费用的，由道路交通事故社会救助基金垫付。道路交通事故社会救助基金垫付后，其管理机构有权向交通事故责任人追偿。

条文注释

机动车肇事逃逸，是指发生道路交通事故后，道路交通事故当事人为逃避法律责任，驾驶车辆或者遗弃车辆逃离道路交通事故现场的行为。本条针对机动车驾驶人发生交通事故后逃逸的，在驾驶人应当承担赔偿责任的前提下，如何通过机动车强制保险和道路交通事故社会救助基金救济受害人等问题作了如下规定：

(1)机动车驾驶人发生交通事故后逃逸，该机动车参加强制保险的，由保险人在机动车强制保险责任限额范围内予以赔偿。这一规定表明，发生交通事故的机动车参加了机动车强制保险，并且发生交通事故后能够确定机动车的，由保险公司在机动车强制保险责任限额范围内予以赔偿。

(2)机动车不明、该机动车未参加强制保险或者抢救费用超过机动车强制保险责任限额，需要支付被侵权人人身伤亡的抢救、丧葬等费用的，由道路交通事故社会救助基金垫付。道路交通事故社会救助基金，是指依法筹集用于垫付机动车道路交通事故中受害人人身伤亡的丧葬费用、部分或者全部抢救费用的社会专项基金。

对于该种情况，需要明确的是：

第一，法律规定的是“机动车不明”，而不是驾驶人不明。因为本条规定的前提是“机动车驾驶人发生交通事故后逃逸”，即驾驶人已经不明了，此时如果交通事故现场有机动车，可以通过机动车牌号、发动机编号的信息反查机动车驾驶人、所有人或者管理人，从而确定肇事者。但是，在机动车也不明的情况下，很难确定肇事者，这才需要道路交通事故社会救助基金垫付费用。

第二，机动车未参加强制保险，因此无法通过强制保险赔偿被侵权人的损失，只能由道路交通事故社会救助基金垫付费用。

第三,抢救费用超过机动车强制保险责任限额。这里的"抢救费用",是指机动车发生道路交通事故导致人员受伤时,医疗机构按照《道路交通事故受伤人员临床诊疗指南》,对生命体征不平稳和虽然生命体征平稳但如果不采取处理措施会产生生命危险,或者导致残疾、器官功能障碍,或者导致病程明显延长的受伤人员,采取必要的处理措施所发生的医疗费用。这种情形下,根据《道路交通安全法》的规定,由道路交通事故社会救助基金先行垫付超过限额部分的费用。

(3)道路交通事故社会救助基金垫付后,其管理机构有权向交通事故责任人追偿。

关联法规

《机动车交通事故责任强制保险条例》第24条

第一千二百一十七条　【好意同乘的责任承担】非营运机动车发生交通事故造成无偿搭乘人损害,属于该机动车一方责任的,应当减轻其赔偿责任,但是机动车使用人有故意或者重大过失的除外。

条文注释

好意同乘主要是指非营运机动车的驾驶人基于亲情或者友情在上下班、出游途中无偿搭载自己的亲朋好友、邻居同事的情形,亦即"搭便车"。好意同乘不适用于营运机动车。但是,出租汽车在上班前或者下班后等非营运的时间,免费搭乘邻居、朋友的,应当适用本条规定。即"非营运机动车"包括"处于非营运状态的营运机动车"这一情形。

好意同乘中,机动车使用人的责任适用过错责任原则。好意同乘中发生交通事故造成无偿搭乘人损害,属于该机动车一方责任的,应当减轻其赔偿责任,却不可以完全免除。同时,也应明确区分,好意同乘不同于网络顺风车。网络顺风车的合乘者分摊部分合乘出行成本属于共享出行方式,是有偿的、营运性的。

第六章　医疗损害责任

第一千二百一十八条　【医疗损害责任归责原则】患者在诊疗活动中受到损害，医疗机构或者其医务人员有过错的，由医疗机构承担赔偿责任。

条文注释

"诊疗活动"，包括诊断、治疗、护理等环节，对此可以参考国家卫生计生委2017年修正的《医疗机构管理条例实施细则》第88条的规定，"诊疗活动：是指通过各种检查，使用药物、器械及手术等方法，对疾病作出判断和消除疾病、缓解病情、减轻痛苦、改善功能、延长生命、帮助患者恢复健康的活动"。

疾病的发生有患者原因，疾病的治疗需要患者配合，在诊疗纠纷中不能适用无过错责任；一律实行过错推定，将助长保守医疗，不利于医学科学进步。因此，对诊疗活动引起的纠纷，宜适用一般过错责任。医疗机构及其医务人员有过错的，医疗机构才承担赔偿责任，原则上由原告承担过错的举证责任。只对于某些特殊情况，如医务人员有违规治疗行为或者隐匿、拒绝提供与纠纷有关的医学资料，才适用过错推定责任原则，发生举证责任倒置。患者和医院之间信息不对称的问题，应当通过信息交流和信息公开等办法解决。《侵权责任法》对医疗损害责任采用了过错责任的归责原则。《民法典》侵权责任编延续了这一规定。

患者在诊疗活动中受到损害，除了医疗机构及其医务人员有过错的条件外，医疗机构或者其医务人员的过错还要与患者的损害具有因果关系，医疗机构才承担赔偿责任。

第一千二百一十九条　【医务人员说明义务和患者知情同意权】医务人员在诊疗活动中应当向患者说明病情和医疗措施。需要实施手术、特殊检查、特殊治疗的，医务人员应当及时向患者具体说明医疗风险、替代医疗方案等情况，并取得其明确同意；不能或者不宜向患者说明的，应当向患者的近亲属说明，并取得其明确同意。

医务人员未尽到前款义务，造成患者损害的，医疗机构应当承担赔偿责任。

条文注释

本条第1款中规定，医务人员在诊疗活动中应当向患者说明病情和医疗措施。这是医务人员在诊疗活动中一般应尽的义务。除此以外，如果需要实施手术、特殊检查、特殊治疗的，还应当及时向患者具体说明医疗风险、替代医疗方案等情况，并取得其明确同意。如果向患者说明将造成患者悲观、恐惧、心理负担沉重，不利于治疗的，则不能或者不宜向患者说明，在这种情况下医务人员应当向患者的近亲属说明，并取得其明确同意。本条第2款规定，医务人员未尽到前款义务，造成患者损害的，医疗机构应当承担赔偿责任。这里需要说明一点，不是说医务人员尽到了本条第1款规定的义务，在后续的诊疗活动中造成患者损害的，医疗机构就可以不承担赔偿责任了。本法第1221条规定，医务人员在诊疗活动中未尽到与当时的医疗水平相应的诊疗义务，造成患者损害的，医疗机构应当承担赔偿责任。

第一千二百二十条　【紧急情况下实施医疗措施】因抢救生命垂危的患者等紧急情况，不能取得患者或者其近亲属意见的，经医疗机构负责人或者授权的负责人批准，可以立即实施相应的医疗措施。

条文注释

本法第1219条规定了医疗机构的说明义务和患者的知情同意权，本条是针对抢救危急患者等紧急情况所作的特殊规定。本条规定的“不能取得患者或者其近亲属意见”，主要是指患者不能表达意志，也无近亲属陪伴，又联系不到近亲属的情况，不包括患者或者其近亲属明确表示拒绝采取医疗措施的情况。

第一千二百二十一条　【医务人员过错诊疗的赔偿责任】医务人员在诊疗活动中未尽到与当时的医疗水平相应的诊疗义务，造成患者损害的，医疗机构应当承担赔偿责任。

条文注释

本法第1218条规定，患者在诊疗活动中受到损害，医疗机构或者其医务人员有过错的，由医疗机构承担赔偿责任。如何界定过失是理解与适用本条的重点。“与当时的医疗水平相应的诊疗义务”体现了《民法典》上的重要概念，即注意义务。依照本条的规定，医务人员的注意义务就是与当时的医疗水平相应的诊疗义务。尽到诊疗义务的一个重要方面，是诊疗行为符合法律、行政法规、规章以及诊疗规范的有关要求。需要说明的是，医务人员的注意义务与诊疗行为合法合规并非完全等同，这是两个概念。医务人员应当具有的诊疗水平，并非完全能够被法律、行政法规、规章以及诊疗规范的有关要求所涵盖。本条规定的诊疗义务可以理解为一般情况下医务人员可以尽到的，通过谨慎的作为或者不作为避免患者受到损害的义务。出于公平合理的要求，判断是否尽到诊疗义务，应当以诊疗行为发生时的诊疗水平为参照。

第一千二百二十二条　【推定医疗机构有过错的情形】患者在诊疗活动中受到损害，有下列情形之一的，推定医疗机构有过错：

（一）违反法律、行政法规、规章以及其他有关诊疗规范的规定；

（二）隐匿或者拒绝提供与纠纷有关的病历资料；

（三）遗失、伪造、篡改或者违法销毁病历资料。

条文注释

根据本条的规定，患者在诊疗活动中受到损害，有下列情形之一的，推定医疗机构有过错，而非当然认定医疗机构有过错，即医疗机构可以提出反证证明自己没有过错：(1)本条第1项规定的违反法律、行政法规、规章以及其他有关诊疗规范的规定，是医疗机构存在过错的表面证据,并且是一种很强的表面证据,因此,本条规定这种情形下推定医疗机构存在过错。但医务人员有过错与违反法律、行政法规、规章以及诊疗规范的规定毕竟不是等同的概念。例如,抢救危急患者等特殊情况下,医务人员可能采取不太合规范的行为,但如果证明在当时情况下该行为是合理的,也达到了抢救的目的,就可以认定医疗机构没有过错。(2)本条第2项和第3项规定的情形,一方面反映了医疗机构的恶意;另一方面使患者难以取得与医疗纠纷有关的证据资料,这时再让患者举证已不合理。因此,推定医疗机构有过错。

第一千二百二十三条　【因药品、消毒产品、医疗器械的缺陷,或者输入不合格血液的侵权责任】因药品、消毒产品、医疗器械的缺陷,或者输入不合格的血液造成患者损害的,患者可以向药品上市许可持有人、生产者、血液提供机构请求赔偿,也可以向医疗机构请求赔偿。患者向医疗机构请求赔偿的,医疗机构赔偿后,有权向负有责任的药品上市许可持有人、生产者、血液提供机构追偿。

条文注释

药品,是指用于预防、治疗、诊断人的疾病,有目的地调节人的生理机能并规定有适应症或者功能主治、用法和用量的物质,包括中药、化学药和生物制品等。消毒产品包括消毒剂、消毒器械(含生物指示物、化学指示物和灭菌物品包装物)、卫生用品和一次性使用医疗用品。医疗器械,是指直接或者间接用于人体的仪器、设备、器具、体外诊断试剂及校准物、材料以及其他类似或者相关的物品,包括所需要的计算机软件;其效用主要通过物理等方式获得,不是通过药理学、免疫学或者代谢的方式获得,或者虽然有这些方式参与但是只起辅助作用;其目的是:(1)疾病的诊断、预防、监护、治疗或者缓解;(2)损伤的诊断、监护、治疗、缓解或者功能补偿;(3)生理结构或者生理过程的检验、替代、调节或者支持;(4)生命的支持或者维持;(5)妊娠控制;(6)通过对来自人体的样本进行检查,为医疗或者诊断目的提供信息。

对药品上市许可持有人的责任,《药品管理法》第 144 条第 1 款明确规定,药品上市许可持有人、药品生产企业、药品经营企业或者医疗机构违反该法规定,给用药者造成损害的,依法承担赔偿责任。第 2 款规定,因药品质量问题受到损害的,受害人可以向药品上市许可持有人、药品生产企业请求赔偿损失,也可以向药品经营企业、医疗机构请求赔偿损失。接到受害人赔偿请求的,应当实行首负责任制,先行赔付;先行赔付后,可以依法追偿。因此,本法为了与《药品管理法》的规定相衔接,在《侵权责任法》的基础上增加了药品上市许可持有人责任的规定。

药品、消毒产品、医疗器械、输入的血液都属于本法规定的产品。因产品存在缺陷造成损害的,可以依照"产品责任"一章的规定,向药品上市许可持有人,药品、消毒产品、医疗器械的生产者,血液提供机构请求赔偿。为了更好地维护患者的权益,便利患者受到损害后主张权利,《侵权责任法》第 59 条中明确规定"患者可以向生产者或者血液提供机构请求赔偿,也可以向医疗机构请求赔偿"。同时规定,患者向医疗机构请求赔偿的,医疗机构赔偿后,有权向负有责任的生产者或者血液提供机构追偿。可以这么说,本条规定是产品责任在医疗损害责任领域的重申。本法延续了《侵权责任法》第 59 条的规定,结合《药品管理法》对药品上市许可持有人的规定,对医疗损害责任领域内的产品责任作了必要的补充完善。

第一千二百二十四条　【医疗机构免责情形】患者在诊疗活动中受到损害,有下列情形之一的,医疗机构不承担赔偿责任:

(一)患者或者其近亲属不配合医疗机构进行符合诊疗规范的诊疗;

(二)医务人员在抢救生命垂危的患者等紧急情况下已经尽到合理诊疗义务;

(三)限于当时的医疗水平难以诊疗。

前款第一项情形中,医疗机构或者其医务人员也有过错的,应当承担相应的赔偿责任。

条文注释

侵权责任编第1章规定了一般情况下免责和减责的情形。这些规定对于医疗损害责任也是适用的。除了上述规定，鉴于医疗损害责任的特殊性，本条第1款规定了以下三种医疗机构不承担责任的情形：

1. 患者或者其近亲属不配合医疗机构进行符合诊疗规范的诊疗

正确理解本项规定，需要将本项与本条第2款的规定结合起来。本条第2款规定："前款第一项情形中，医疗机构或者其医务人员也有过错的，应当承担相应的赔偿责任。"

具体而言，实践中患者一方不配合诊疗的行为可以分为两类：第一类是患者囿于其医疗知识水平的局限而难以正确地理解医疗机构采取的诊疗措施，从而导致其作出不遵医嘱、错误用药等与诊疗措施不相配合的行为。因患者上述行为导致损害后果发生的，并不能一概认为患者一方"不配合"而具有主观过错，从而免除医疗机构的责任。判断患者一方是否存在过错，要看医务人员是否向患者一方履行了合理的说明告知义务，使一般的、理性的患者一方对于医疗机构采取的诊疗措施及其风险和后果具有合理的认识、理解与判断；判断告知义务的履行是否合理适当时，还要考虑医疗行业的特殊性、专业性，结合个案进行分析。第二类是患者一方主观上具有过错，该过错又可分为故意和过失。故意的情形一般比较少见，患者就医是为了治疗疾病、康复身体，而非追求身体损害的结果。但现实情况是复杂的，也不能完全排除患者主观追求损害结果的可能。如医务人员再三嘱咐某糖尿病患者不可饮酒，否则易引发低血糖昏迷，重则有生命危险，但该患者或者出于得到高额保险的目的或者基于其他原因，在明知该行为后果的情况下，拒不遵行医嘱，数次饮酒，结果导致低血糖昏迷。过失的情况比较常见，如近视眼激光手术后，医务人员再三明确叮嘱患者应按时滴用眼药水，否则会产生眼部炎症等不良反应，但患者疏忽大意不遵行医嘱，在医务人员复查并告知其遵行医嘱后，仍未遵行，结果感染炎症。以上两种情况下，医务人员已经合理地尽到说明告知义务，且采取的诊疗措施并无不当,患者的行为即属于本条第1款第1项规定的“不配合医疗机构进行符合诊疗规范的诊疗”的情形,对此,医疗机构不承担赔偿责任。

综上可以看出,因患者一方不配合医疗机构进行符合诊疗规范的诊疗而导致患者损害的,是否可以完全免除医疗机构的赔偿责任,不能一概而论。医疗损害责任的归责原则是过错责任,医务人员是否合理地履行了说明义务及相应的诊疗义务,是判断医疗机构最终是否承担责任的基础。因此,患者或者其近亲属不配合医疗机构进行符合诊疗规范的诊疗的,如果医疗机构或者其医务人员也有过错,则医疗机构仍应对患者的损害承担相应的责任;反之,若医务人员已经尽到相应义务,患者的损害是因患者或者其近亲属不配合的行为所致,则医疗机构对此不应当承担赔偿责任。

2. 医务人员在抢救生命垂危的患者等紧急情况下已经尽到合理诊疗义务

本项内容规定了两个要件,在两个要件均符合的情况下,医疗机构对患者的损害不承担赔偿责任。这两个要件分别如下:

(1)抢救生命垂危的患者等紧急情况。对患者的紧急救治是医疗机构及其医务人员的职责之一。“紧急情况”的界定是,患者因疾病发作、突受外伤及异物侵入体内,身体处于危险状态或非常痛苦的状态,在临床上表现为急性外伤、脑挫伤、意识消失、大出血、心绞痛、急性严重中毒、呼吸困难以及各种原因所致的休克等。一般来讲,上述情况中的紧急性可以概括为两类:一是时间上的紧急性,它是指医师的诊疗时间非常短暂,在技术上不可能作出十分全面的考虑及安排;二是事项上的紧急性,它是指采取何种治疗措施直接关系到患者的生死存亡,需要医师作出紧急性的决断。需要说明的是,判断是否构成紧急情况,除了依据法律、法规和规章的规定外,还需要考虑以下两个方面:一是患者的生命健康受到伤病急剧恶化的威胁,这种威胁应当被限定为对患者生命的威胁,而不能是对患者一般健康状况的威胁;二是患者生命受到的威胁是正在发生和实际存在的,患者伤病的急剧恶化对其生命安全的威胁不能是假想的,而应当是正在发生和实际存在的,不立即采取紧急救治措施必然导致患者死亡的后果。如果医师主观想象或虚幻地认为存在需要采取紧急救治的危险,而实际上这种危险并不存在,因假想危险、认识错误所采取的救治措施导致了不必要的损害后果,则医疗机构仍应承担责任。

(2)已经尽到合理诊疗义务。具体而言,根据现行的诊疗规范,紧急情况下合理的诊疗义务包括如下四个方面:一是对患者伤病的准确诊断。对患者伤病的准确诊断是正确实施治疗措施的前提。如情况紧急,在采取控制患者伤病恶化的紧急措施后,应当再作进一步诊断和治疗。二是治疗措施的合理、适当,包括治疗措施和治疗用药的适当、合理。三是谨慎履行说明告知义务。紧急情况下,如果事前告知不可行,那么采取紧急救治措施后仍应履行该项义务。四是将紧急救治措施对患者造成的损害控制在合理限度之内。结合上述情况,如果医务人员已经尽到在紧急救治情况下医务人员通常应尽到的诊疗义务,即合理诊疗义务,则医疗机构不承担赔偿责任;否则,即便是为抢救生命垂危的患者,医疗机构也难以完全免除其赔偿责任。据此,《医疗事故处理条例》第33条第1项解决是否构成医疗事故的问题;本项解决是否承担赔偿责任的问题。

3. 限于当时的医疗水平难以诊疗

法律对医务人员采取的诊疗行为是否存在过错的判断,只能基于当时的医学科学本身的发展,即是否尽到与当时的医疗水平相应的诊疗义务,尽到该项义务的,就视为医疗机构及其医务人员没有过错,对于患者的损害不承担赔偿责任。对于医疗损害责任的认定,本法坚持的标准是统一的,如本法第1221条规定,医务人员在诊疗活动中未尽到与当时的医疗水平相应的诊疗义务,造成患者损害的,医疗机构应当承担赔偿责任。该条也是以“当时”的医疗水平为判断标准。

关联法规

《医疗事故处理条例》第33条

第一千二百二十五条　【医疗机构对病历资料的义务、患者对病历资料的权利】医疗机构及其医务人员应当按照规定填写并妥善保管住院志、医嘱单、检验报告、手术及麻醉记录、病理资料、护理记录等病历资料。

患者要求查阅、复制前款规定的病历资料的，医疗机构应当及时提供。

条文注释

1. 查阅、复制权利的保障

对诊疗活动进行记录的病历资料，是认定医疗机构或者其医务人员是否存在医疗过错的重要依据。关于患者该项权利的保障，我国相关行政法规有明确规定。《医疗纠纷预防和处理条例》第16条第2款规定，患者要求复制病历资料的，医疗机构应当提供复制服务，并在复制的病历资料上加盖证明印记。复制病历资料时，应当有患者或者其近亲属在场。医疗机构应患者的要求为其复制病历资料，可以收取工本费，收费标准应当公开。由此可以看出，关于患者对相关病历资料的查阅和复制权利，我国现行法规中已经有承接性的具体规定。

2. 查阅、复制权利的行使主体

患者本人当然是行使这一权利的主体，这一点不存在争议。除患者本人外，《医疗纠纷预防和处理条例》第16条第3款规定，患者死亡的，其近亲属可以依照该条例的规定，查阅、复制病历资料。《医疗机构病历管理规定(2013年版)》第17条规定，医疗机构应当受理下列人员和机构复制或者查阅病历资料的申请，并依规定提供病历复制或者查阅服务：(1)患者本人或者其委托代理人；(2)死亡患者法定继承人或者其代理人。由此可以看出，除患者本人外，委托代理人、死亡患者法定继承人或者其代理人均可依法对有关病历资料进行查阅和复制。在患者本人未死亡的情况下，即使是患者的近亲属，如果未经患者本人的授权同意，也无权查阅、复制该患者的相关病历资料，在这一情况下，医疗机构可以拒绝提供。

3. 医疗机构向患者提供查阅、复制病历资料的范围

《医疗机构病历管理规定(2013 年版)》第 19 条规定,医疗机构可以为申请人复制门(急)诊病历和住院病历中的体温单、医嘱单、住院志(入院记录)、手术同意书、麻醉同意书、麻醉记录、手术记录、病重(病危)患者护理记录、出院记录、输血治疗知情同意书、特殊检查(特殊治疗)同意书、病理报告、检验报告等辅助检查报告单、医学影像检查资料等病历资料。患者依据《民法典》本条第 2 款的规定要求查阅、复制病历资料的,医疗机构应当在上述范围内及时提供。

4. 拒绝提供相关病历资料的法律后果

依照《医疗事故处理条例》第 56 条第 2 项的规定,没有正当理由,拒绝为患者提供复印或者复制病历资料服务的,由卫生行政部门责令改正;情节严重的,对负有责任的主管人员和其他直接责任人员依法给予行政处分或者纪律处分。这是对拒绝提供相关病历资料的行政责任的规定。在民事责任上,依照本法第 1222 条第 2 项的规定,患者在诊疗活动中受到损害,医疗机构隐匿或者拒绝提供与纠纷有关的病历资料的,推定医疗机构有过错。在推定过错的情况下,如果医疗机构没有相反证据,则"推定"的过错将被"认定"为过错,医疗机构将承担不利的法律后果。

关联法规

《医疗事故处理条例》第 8 ~ 10 条

第一千二百二十六条　【患者隐私和个人信息保护】医疗机构及其医务人员应当对患者的隐私和个人信息保密。泄露患者的隐私和个人信息,或者未经患者同意公开其病历资料的,应当承担侵权责任。

条文注释

对于本条规定,需要从以下两个方面把握:

1. 医疗机构及其医务人员侵害患者隐私和个人信息的表现形式

医疗机构及其医务人员侵犯患者隐私权和个人信息的情况可大体分为如下两种:

一是泄露患者的隐私和个人信息。泄露患者隐私,既包括医疗

机构及其医务人员将其在诊疗活动中掌握的患者的隐私和个人信息对外公布、披露的行为，如对外散布患者患有性病、艾滋病的事实，导致患者隐私暴露，精神遭受巨大痛苦；也包括未经患者同意而将患者的身体暴露给与诊疗活动无关的人员的行为。这里需要说明两点：第一，患者到医疗机构就医，对于施治的医务人员来说，患者实际上放弃了自己的隐私权及部分个人信息。同时，根据生命健康权高于隐私权和个人信息这一基本的权利价值判断，在生命健康权与隐私权和个人信息发生冲突时，后者应当让位于前者。因此，施治人员接触患者隐私无疑是合法的，但也应以其必要的治疗活动所应接触的范围为限。第二，医学院学生教学观摩问题。尽管医疗行政机关确定某些医院负有教学实习的义务，但该义务仅及于教学医院一方，对患者来说不具有法律约束力，即患者并不负有放弃自己的隐私和个人信息来满足医院教学需要的义务。教学医院与见习学生之间、教学医院与患者之间是两个不同的法律关系，受不同法律规范的约束。医疗机构侵犯患者隐私和个人信息的，即使是出于教学目的，也应承担相应的法律责任。

二是未经患者同意公开其医学文书及有关资料。患者在就诊过程中，一般均会配合医务人员的问询，披露自己的病情、病史、症状等一系列个人信息，以配合医务人员的诊疗。同时，医务人员会根据患者的陈述，将该部分信息形成患者的病历资料等医学文书。实践中，医疗机构及其医务人员未经患者同意公开其医学文书及有关资料的情况，也分为两种：第一，出于医学会诊、医学教学或者传染性疾病防治、医药研发等目的，公开或者提供患者的医学文书及有关资料；第二，医疗机构本身对医学文书及有关资料的管理不善，向未取得患者授权的人公开，造成患者损害。对于第一种情况，在考虑患者隐私保护的同时，还要兼顾医学本身的特点以及医疗行业公益性的需要。在该种情况下，判断侵权责任是否成立的一个关键，就是看是否造成患者的损害。一般来说，医疗机构及其医务人员在为医学会诊、医学教学而公开或者提供患者医学文书及有关资料的过程中，如果能做到匿名化处理，防止定向识别出具体的患者，则一般情况下对患者不至于造成损害，也不导致侵权责任的产生。对于第二种情况，则应当加强医疗机构对患者医学文书及有关资料的管理。

2. 承担侵权责任的条件

根据《侵权责任法》第62条的规定，泄露患者隐私或者未经患者同意公开其病历资料，只有在造成患者损害的情况下，医疗机构才承担侵权责任。《民法典》侵权责任编删去了《侵权责任法》第62条的“造成患者损害”才承担侵权责任的规定，规定无论该行为对患者是否造成损害，医疗机构及其医务人员都应当承担侵权责任。

第一千二百二十七条 【禁止违规实施不必要的检查】医疗机构及其医务人员不得违反诊疗规范实施不必要的检查。

条文注释

不必要的检查一般是指由医疗机构提供的超出患者个体和社会保健实践需求的医疗检查服务，医学伦理学界把它称为“过度检查”。不必要的检查具有以下特征：(1)超出疾病诊疗的基本需求，不符合疾病的规律与特点。(2)采用非“金标准”的诊疗手段。所谓“金标准”，是指当前临床医学界公认的诊断疾病的最可靠方法。较为常用的“金标准”有活检、手术发现、微生物培养、特殊检查和影像诊断以及长期随访等。(3)费用超出对疾病基本诊疗的需求，导致无关的过度消费。

第一千二百二十八条 【维护医疗机构及其医务人员合法权益】医疗机构及其医务人员的合法权益受法律保护。

干扰医疗秩序，妨碍医务人员工作、生活，侵害医务人员合法权益的，应当依法承担法律责任。

条文注释

本条在《侵权责任法》第64条的基础上，将“干扰医疗秩序，妨碍医务人员工作、生活，侵害医务人员合法权益的，应当依法承担法律责任”单独作为一款进行规定，以突出《民法典》对医务人员人身财产安全的保护和重视。需要说明的是，干扰医疗秩序，妨碍医务人员工作、生活，侵害医务人员合法权益的，不仅涉及民事赔偿责任，还涉及行政责任和刑事责任。2015 年《刑法修正案（九）》已正式将"医闹"入刑；2016 年，国家卫生计生委、中央综治办、公安部和司法部印发了《关于进一步做好维护医疗秩序工作的通知》；2019 年 12 月，《基本医疗卫生与健康促进法》经全国人大常委会表决通过。

第七章　环境污染和生态破坏责任

第一千二百二十九条　【污染环境、破坏生态致损的侵权责任】因污染环境、破坏生态造成他人损害的,侵权人应当承担侵权责任。

条文注释

根据《环境保护法》第 2 条的规定,环境,是指影响人类生存和发展的各种天然的和经过人工改造的自然因素的总体,包括大气、水、海洋、土地、矿藏、森林、草原、湿地、野生生物、自然遗迹、人文遗迹、自然保护区、风景名胜区、城市和乡村等。

本条规定,因污染环境、破坏生态造成他人损害的,侵权人应当承担侵权责任。"污染环境"指对生活环境的污染,"破坏生态"指对生态环境的破坏。"污染环境、破坏生态",既包括对大气、水体、海洋、土地等生活环境的污染,也包括对生物多样性等生态环境的破坏;既包括水污染、大气污染、噪声污染等传统污染,也包括光污染、辐射污染等新型污染。总而言之,侵权人因污染环境、破坏生态造成他人损害的,应当承担侵权责任。

根据本条的规定,环境侵权责任继续作为一种特殊类型的侵权责任,适用无过错责任的归责原则。根据无过错责任原则,在侵权人的行为与损害有因果关系的情形下,无论侵权人是否存在过错,都应当对其污染行为造成的损害承担侵权责任。需要注意的是,本条主要规范造成环境污染、生态破坏而对他人的人身、财产造成损害的工业生产或者其他人为活动,相邻关系人之间的生活污染行为不包括在内。相邻关系人的环境污染发生在相邻不动产所有人或者占有人之间,由物权编调整,造成损失涉及赔偿的,适用侵权责任一般过错原则。

关联法规

《最高人民法院关于审理生态环境侵权责任纠纷案件适用法律

若干问题的解释》第 4 条

第一千二百三十条 【环境污染、生态破坏侵权举证责任】因污染环境、破坏生态发生纠纷,行为人应当就法律规定的不承担责任或者减轻责任的情形及其行为与损害之间不存在因果关系承担举证责任。

条文注释

举证责任,是指法律要求纠纷当事人对自己所主张的事实,提出证据加以证明的责任。根据本条的规定,行为人应当就两种情形承担举证责任:一是法律规定的不承担责任或者减轻责任的情形;二是其行为与损害之间不存在因果关系。

1. 法律规定的不承担责任或者减轻责任的情形

可能造成环境侵权的活动在广义上属于高度危险作业,适用无过错责任归责原则,每种高度危险作业的免责事由是不一样的,多数情形下不可抗力可以免责,有的情形下则不可以。例如,根据《民法典》第 1237 条的规定,民用核设施发生核事故造成他人损害的,能够证明损害是因战争、武装冲突、暴乱等情形或者受害人故意造成的,民用核设施的营运单位可以免责。因地震等不可抗力造成损害的,仍然应当承担侵权责任。这实际上是明确了侵权人的免责事由。我国已经建立了比较完备的环境法律体系,《环境保护法》《海洋环境保护法》《水污染防治法》《大气污染防治法》《固体废物污染环境防治法》《噪声污染防治法》《放射性污染防治法》等环境单行法律对行为人不承担责任或者减轻责任的情形作了规定,主要有与有过失、受害人故意、第三人责任、不可抗力等。环境保护单行法有规定的,首先适用单行法的规定;单行法没有规定的,适用《民法典》总则编和侵权责任编有关免责事由的规定。

2. 行为人的行为与损害之间不存在因果关系

侵权责任构成中的因果关系,是指违法行为作为原因,损害事实作为结果,在它们之间存在的前者引起后者、后者被前者所引起的客观联系。环境侵权适用无过错责任原则,过错不是构成环境侵权责任的要件,所以,因果关系是确定环境侵权能否成立的最重要的要件。根据本条的规定，行为人应当就其行为与损害之间不存在因果关系承担举证责任。这表明我国对环境侵权实行因果关系的举证责任倒置。所谓举证责任倒置，是指在法律规定的一些特殊情形下，将通常应由提出事实主张的当事人所负担的举证责任分配给对方，由对方对否定该事实承担举证责任，如果对方当事人不能就此举证证明，则推定事实主张成立的一种举证责任分配制度。其实质是免除本应由原告承担的举证责任，而由被告就待证事实的反面事实承担举证责任。

需要注意的是，在环境侵权中适用因果关系举证责任倒置，并不意味着受害人就不用负担任何举证义务。在诉讼中，受害人应当首先证明污染行为与损害结果之间存在联系，即存在因果关系的可能性和初步证据，只是这种可能性并不需要如相当因果关系理论要求的那样达到高度盖然性。

第一千二百三十一条 【两个以上侵权人的责任确定】两个以上侵权人污染环境、破坏生态的，承担责任的大小，根据污染物的种类、浓度、排放量，破坏生态的方式、范围、程度，以及行为对损害后果所起的作用等因素确定。

条文注释

适用本条环境共同侵权需要满足以下要件：一是多个侵权主体，即有两个或者两个以上的行为人实施了污染环境、破坏生态行为。二是行为人实施了污染环境、破坏生态的行为。因环境侵权采用无过错责任，故不需要考虑行为人的主观过错，无论行为人之间是否存在意思联络，都不影响本条的适用。当然，如果受害人能够证明多个行为人之间存在“故意”的意思联络，则根据本法第1168条“二人以上共同实施侵权行为，造成他人损害的，应当承担连带责任”的规定，毫无疑问构成共同侵权。三是数个侵权行为与损害有总体上的因果关系，而非单个侵权行为与损害之间有因果关系。四是造成了同一损害。若多个侵权人分别排放污染，造成不同种类的损害，如一个企业排放污水，另一个企业排放有毒气体，造成的损害存在明显区别，则不构成环境共同侵权，而是根据各自行为造成的损害后果承担侵权责任。

关于两个以上行为人污染环境、破坏生态造成损害，行为人对外是承担连带责任还是按份责任的问题。本条主要规范两个以上侵权人造成他人损害时的内部责任划分，多个侵权人对外如何承担责任，应当根据侵权责任编的一般规定确定。《民法典》侵权责任编对多人侵权根据不同情形分别作了规定：第1168条规定了共同侵权，第1171条规定了分别实施侵权行为承担连带责任的情形，第1172条规定了分别侵权承担按份责任。同时，《最高人民法院关于审理生态环境侵权责任纠纷案件适用法律若干问题的解释》作了细化规定，其第5条规定："两个以上侵权人分别污染环境、破坏生态造成同一损害，每一个侵权人的行为都足以造成全部损害，被侵权人根据民法典第一千一百七十一条的规定请求侵权人承担连带责任的，人民法院应予支持。"第6条规定："两个以上侵权人分别污染环境、破坏生态，每一个侵权人的行为都不足以造成全部损害，被侵权人根据民法典第一千一百七十二条的规定请求侵权人承担责任的，人民法院应予支持。侵权人主张其污染环境、破坏生态行为不足以造成全部损害的，应当承担相应举证责任。"

环境共同侵权不仅要解决多个侵权人的外部责任问题，而且要解决多个侵权人内部如何划分责任的问题。环境污染中原因力的确定比较复杂，要综合考虑污染物的种类、浓度、排放量，破坏生态的方式、范围、程度以及行为对损害后果所起的作用等因素。污染物的种类是指导致损害结果的污染物的种类；浓度是指单位体积内所含污染物的量；排放量是排放污染物总量乘以排放浓度。破坏生态的方式包括但不限于乱捕滥猎、乱砍滥伐、毁林造田；范围指受到损害的生态环境因素，如动物种群、植物种群、植物覆盖等；程度指破坏后的物种种群数量、密度、结构等与生态环境基线的差异。当然，除了本条列举的因素以外，排放物质的致害性、排放地与损害发生地的距离、排放时间、排放频率等多种因素也会对判断行为人的责任大小产生影响。《最高人民法院关于审理生态环境侵权责任纠纷案件适用法律若干问题的解释》第25条规定:"两个以上侵权人污染环境、破坏生态造成他人损害,人民法院应当根据行为有无许可,污染物的种类、浓度、排放量、危害性,破坏生态的方式、范围、程度,以及行为对损害后果所起的作用等因素确定各侵权人的责任份额。两个以上侵权人污染环境、破坏生态承担连带责任,实际承担责任的侵权人向其他侵权人追偿的,依照前款规定处理。"

关联法规

《最高人民法院关于审理生态环境侵权责任纠纷案件适用法律若干问题的解释》第5、6、25条

第一千二百三十二条 【环境污染、生态破坏侵权的惩罚性赔偿】侵权人违反法律规定故意污染环境、破坏生态造成严重后果的,被侵权人有权请求相应的惩罚性赔偿。

条文注释

一般认为,惩罚性赔偿是指当被告以恶意、故意、欺诈或放任的方式实施加害行为而致原告受损时,原告可以获得实际损害赔偿之外的增加赔偿。

根据本条的规定,环境侵权惩罚性赔偿的构成要件如下:(1)侵权人实施了不法行为。侵权人的环境污染和破坏生态行为应当违反了法律规定。(2)侵权人主观具有故意。"故意"作为一种主观状态,难以直接证明,实践中一般通过侵权人的行为来认定。例如,侵权人多次非法排污并受到行政机关处罚、侵权人将未经处理的废水废气废渣直接排放或者倾倒、侵权人关闭环境在线监测系统或者故意干扰监测系统、侵权人在正常排污设施外留有偷排孔等,这些都能证明侵权人对其排污行为所可能造成的后果,绝对不是疏忽大意,而是故意为之,放任严重后果的发生。(3)造成严重后果。侵权人的行为造成严重后果的,才可能构成惩罚性赔偿。

第一千二百三十三条 【因第三人的过错污染环境、破坏生态的侵权责任】因第三人的过错污染环境、破坏生态的,被侵权人可以向侵

权人请求赔偿,也可以向第三人请求赔偿。侵权人赔偿后,有权向第三人追偿。

条文注释

第三人,是指除污染者与被侵权人之外的第三人。对被侵权人损害的发生具有过错,包括故意和过失。本条规定的是如果污染环境、破坏生态是因第三人的过错造成的,则责任如何承担的问题。这种情况需具备以下两个条件:首先,第三人是指被侵权人和污染者之外的第三人,即第三人不属于被侵权人或污染者任何一方,第三人与受害者或污染者之间不存在法律上的隶属关系,如雇佣关系等。其次,第三人和污染者之间不存在意思联络。如果第三人与污染者有意思联络,则第三人与污染者构成共同侵权,不属于本条规范的调整范围。

本条规范属于不真正连带责任。不真正连带责任,是指多数行为人违反法定义务,对一个受害人实施加害行为,或者不同行为人基于不同的行为使受害人的权利受到损害,各个行为人对所产生的同一内容的侵权责任,各负全部赔偿责任,并因行为人之一的履行而使全体责任人的责任归于消灭的侵权共同责任形态。

根据本条的规定,被侵权人可以向侵权人请求赔偿。侵权人承担环境侵权责任的同时,因第三人的过错行为与损害后果之间存在法律上的因果关系,被侵权人也可以直接请求第三人承担侵权责任。但需要注意的是,第三人承担责任与侵权人承担责任存在明显区别:侵权人承担的是无过错责任,被侵权人无须证明侵权人的主观过错,不存在因果关系的举证责任由侵权人承担;而第三人承担的是过错责任,需要符合一般侵权的构成要件,即不法行为、主观过错、损害后果、不法行为与损害后果之间存在因果关系,这些都需要由被侵权人承担举证责任,不适用举证责任倒置的规定。

根据本条的规定,被侵权人既可以向侵权人请求赔偿,也可以向第三人请求赔偿,还可以同时向侵权人和第三人请求赔偿。但是,被侵权人对侵权人和第三人的赔偿请求权，只能择一行使，因其只有一个“损害后果”，向被侵权人主张权利或者向第三人主张权利，被选择的一个请求权实现之后，另一个请求权消灭，不能分别行使两个请求权，获得双份赔偿。

根据本条的规定，侵权人赔偿后，有权向第三人追偿。具体到个案，第三人最终应当承担多少份额的责任，需要结合具体案情具体分析。

第一千二百三十四条　【生态环境修复责任】违反国家规定造成生态环境损害，生态环境能够修复的，国家规定的机关或者法律规定的组织有权请求侵权人在合理期限内承担修复责任。侵权人在期限内未修复的，国家规定的机关或者法律规定的组织可以自行或者委托他人进行修复，所需费用由侵权人负担。

条文注释

本条的构成要件是：(1)违反国家规定。根据本条的规定，违反国家规定是承担生态环境损害赔偿责任的要件之一。(2)生态环境损害。生态环境损害与个人权益损害既有关联也有区别。两者的关联主要表现在，个体权益受到损害很多是以生态环境受到损害为前提的。由于侵权人污染环境、破坏生态的行为，首当其冲受到损害的就是生态环境，如空气、地下水、土壤、植物或动物种群等，以被污染的空气、水、土壤等和被破坏的生态系统为媒介，个体权益受到损害，具体表现为人畜生病、植物减产等。两者的区别主要表现在，个体权益有明确的权利人，有动力主张损害赔偿，损害赔偿可以用金钱来计算；生态环境具有明显的公共属性，是人们赖以生存的基础，但在民法中，公共产品缺乏明确的权利主体，难以主张损害赔偿，而且，生态环境损害的计算也并非易事，难以用金钱来补偿。(3)因果关系。在生态环境损害赔偿诉讼中，国家机关和有关组织作为原告，其实力与环境侵权人相比，显然更为强大，其不仅有公共财政作为支撑，人员、技术能力也更为专业，完全有能力对因果关系进行举证。

根据本条的规定，生态环境修复责任承担主要有两种方式：第一，请求侵权人在合理期限内承担修复责任。生态环境修复，是指将被污染或破坏的生态环境予以修复，恢复其内在功能。第二，自行或者委托他人进行修复。根据本条的规定，侵权人在期限内未修复的，权利人可以自行或者委托他人履行修复义务，这实际上借鉴了执行程序中的代履行制度，所需费用由侵权人承担。从形式上看，完成生态环境修复工程的是权利人或者其委托的第三人，但修复责任仍然由侵权人承担。

关联法规

《最高人民法院关于审理生态环境侵权责任纠纷案件适用法律若干问题的解释》第 17 条；《最高人民法院关于审理环境民事公益诉讼案件适用法律若干问题的解释》第 1 条

第一千二百三十五条　【生态环境损害赔偿范围】违反国家规定造成生态环境损害的，国家规定的机关或者法律规定的组织有权请求侵权人赔偿下列损失和费用：

（一）生态环境受到损害至修复完成期间服务功能丧失导致的损失；

（二）生态环境功能永久性损害造成的损失；

（三）生态环境损害调查、鉴定评估等费用；

（四）清除污染、修复生态环境费用；

（五）防止损害的发生和扩大所支出的合理费用。

条文注释

（1）生态环境受到损害至修复完成期间服务功能丧失导致的损失。生态系统服务功能是指生态系统通过自身的作用循环提供给人类的效益或者对生态环境的效益，包括生态物质提供功能、生态控制功能、生命维持功能与文化欣赏功能等。《环境损害鉴定评估推荐方法（第Ⅱ版）》将期间损害界定为“生态环境损害发生至生态环境恢复到基线状态期间，生态环境因其物理、化学或生物特性改变而导致向公众或其他生态系统提供服务的丧失或减少，即受损生态环境从损害发生到其恢复至基线状态期间提供生态系统服务的损失量”。

(2)生态环境功能永久性损害造成的损失。根据《环境损害鉴定评估推荐方法(第Ⅱ版)》,永久性损害指受损生态环境及其服务难以恢复,其向公众或其他生态系统提供服务能力的完全丧失。生态系统功能的永久性损害只能通过价值估算予以赔偿。

(3)生态环境损害调查、鉴定评估等费用。生态环境损害调查是指生态环境损害发生后,权利人为了评估生态环境损害情况进行信息收集的行为。生态环境损害鉴定评估是指鉴定评估机构通过技术方法对生态环境损害情况、赔偿费用、修复行为、修复效果等进行分析评价的行为。调查、鉴定评估等费用也是由生态环境侵权行为而衍生的费用,应由侵权人赔偿。

(4)清除污染、修复生态环境费用。一般来说,清除污染费用包括清污方案制定费用和清除污染操作费用,修复生态环境费用则包括修复方案制定费用和修复实施费用。司法实践对如何计算或确定修复生态环境费用作了大量探索,主要有环境违法利益计算法、以排污费一定比例计算法、危险消除计算法、鉴定机构确定法等。由于生态环境修复工作专业性强,有的时间跨度也比较长,法官很难对费用作出精确计算,实践中较为依赖司法鉴定,往往以鉴定机构评估的费用为基础,综合考虑若干因素计算而成。《最高人民法院关于审理环境民事公益诉讼案件适用法律若干问题的解释》第20条第3款规定:“生态环境修复费用包括制定、实施修复方案的费用,修复期间的监测、监管费用,以及修复完成后的验收费用、修复效果后评估费用等。”第23条规定:“生态环境修复费用难以确定或者确定具体数额所需鉴定费用明显过高的,人民法院可以结合污染环境、破坏生态的范围和程度,生态环境的稀缺性,生态环境恢复的难易程度,防治污染设备的运行成本,被告因侵害行为所获得的利益以及过错程度等因素,并可以参考负有环境资源保护监督管理职责的部门的意见、专家意见等,予以合理确定。”

(5)防止损害的发生和扩大所支出的合理费用。《最高人民法院关于审理环境民事公益诉讼案件适用法律若干问题的解释》第19条第2款也有这一规定:"原告为停止侵害、排除妨碍、消除危险采取合理预防、处置措施而发生的费用,请求被告承担的,人民法院可以依法予以支持。"

关联法规

《最高人民法院关于审理生态环境损害赔偿案件的若干规定(试行)》第12~14条;《最高人民法院关于审理环境民事公益诉讼案件适用法律若干问题的解释》第19~22条

第八章　高度危险责任

第一千二百三十六条　【高度危险责任的一般规定】从事高度危险作业造成他人损害的,应当承担侵权责任。

条文注释

本条所讲的“高度危险作业”,既包括使用民用核设施、高速轨道运输工具的活动和高压、高空、地下挖掘活动等高度危险活动,也包括占有、使用易燃、易爆、剧毒、高放射性、强腐蚀性、高致病性等高度危险物的行为。“高度危险作业”的表述是个开放性的概念,包括一切对周围环境产生高度危险的作业形式。一般认为,具体行为构成高度危险作业应具备以下三个条件:第一,作业本身具有高度的危险性。也就是说,危险性转化为现实损害的概率很大,超出了一般人正常的防范意识,或者说超出了在一般条件下人们可以避免或者躲避的危险。第二,高度危险作业即使采取安全措施并尽到了相当的注意义务也无法避免损害。第三,不考虑高度危险作业人对造成损害是否有过错。

从事高度危险作业造成他人损害的,应当承担无过错责任。

作为高度危险责任的一般规定,本条没有写明哪些情形可以不承担责任或者减轻责任。这不是说高度危险责任没有任何不承担责任或者减轻责任的情形。对于具体的高度危险责任,法律规定不承担责任或者减轻责任的,应当依照其规定。

需要注意的是,侵权责任编第1章规定了一些不承担责任和减轻责任的情形,如果相关的单行法、侵权责任编第8章具体规定了不承担责任和减轻责任的情形,则侵权责任编第1章的规定原则上不适用。如根据本法第1237条的规定,民用核设施发生核事故造成他人损害的,民用核设施的营运单位能够证明损害是因战争、武装冲突、暴乱等情形或者受害人故意造成的,不承担责任。根据这条规定，对于因自然灾害引起的核事故，民用核设施的营运单位也不能免责；受害人有重大过失的，也不能减轻责任。如果相关的单行法和侵权责任编第8章对某个高度危险行为没有作出具体规定，则侵权责任编第1章的规定原则上可以适用，对于受害人故意造成的损害，行为人不承担责任。

本条规定，从事高度危险作业造成他人损害的，应当承担侵权责任。这里的“侵权责任”不仅仅是损害赔偿责任。因为高度危险作业一旦造成损害，可能对周围环境带来很大的危害，所以，作业人不仅在事后应向受害人进行损害赔偿，而且在事发时就应当积极采取停止侵害、消除危险等措施并积极救助受害人。因此，这里强调的是“侵权责任”而不是仅要求高度危险作业人承担赔偿责任。

第一千二百三十七条　【民用核设施或者核材料致害责任】民用核设施或者运入运出核设施的核材料发生核事故造成他人损害的，民用核设施的营运单位应当承担侵权责任；但是，能够证明损害是因战争、武装冲突、暴乱等情形或者受害人故意造成的，不承担责任。

条文注释

本条调整的对象是民用核设施或者运入运出核设施的核材料。依照《核安全法》第2条的规定，核设施是指：(1)核电厂、核热电厂、核供汽供热厂等核动力厂及装置；(2)核动力厂以外的研究堆、实验堆、临界装置等其他反应堆；(3)核燃料生产、加工、贮存和后处理设施等核燃料循环设施；(4)放射性废物的处理、贮存、处置设施。核材料是指：(1)铀-235材料及其制品；(2)铀-233材料及其制品；(3)钚-239材料及其制品；(4)法律、行政法规规定的其他需要管制的核材料。放射性废物，是指核设施运行、退役产生的，含有放射性核素或者被放射性核素污染，其浓度或者比活度大于国家确定的清洁解控水平，预期不再使用的废弃物。

本条针对的是民用核设施或者运入运出核设施的核材料发生核事故造成的损害。依照《核安全法》第93条中的规定，核事故，是指核设施内的核燃料、放射性产物、放射性废物或者运入运出核设施的核材料所发生的放射性、毒害性、爆炸性或者其他危害性事故，或者一系列事故。

根据本条的规定，承担责任的主体是民用核设施的营运单位。《核安全法》第93条中规定，核设施营运单位是指在中华人民共和国境内，申请或者持有核设施安全许可证，可以经营和运行核设施的单位。

民用核设施或者运入运出核设施的核材料发生核事故的致害责任，实行无过错原则，按照本条和《核安全法》第90条第1款的规定，只有能够证明损害是因战争、武装冲突、暴乱等情形或者受害人故意造成的，民用核设施的营运单位才可以不承担责任。

第一千二百三十八条 【民用航空器致害责任】民用航空器造成他人损害的，民用航空器的经营者应当承担侵权责任；但是，能够证明损害是因受害人故意造成的，不承担责任。

条文注释

本条的调整范围限于民用航空器。民用航空器是指除用于执行军事、海关、警察等飞行任务外的航空器。民用航空器的主要用途有两个方面：一是专门从事运送旅客、行李、邮件或者货物的运输飞行。二是通用航空，包括从事工业、农业、林业、渔业和建筑业的作业飞行，以及医疗卫生、抢险救灾、气象探测、海洋监测、科学实验、教育训练、文化教育等方面的飞行活动。

本条规定的责任主体是民用航空器的经营者。这里的“经营者”主要包括从事旅客、货物运输的承运人和从事通用航空的民用航空器使用人。从事旅客、货物运输的承运人主要是公共航空运输企业。公共运输企业运送旅客的，应当出具客票。客票是关于航空旅客运输合同订立和运输合同条件的初步证据。公共运输企业运送货物的，应当与托运人订立合同，接受托运人出具的航空货运单。航空货运单是航空货物运输合同订立和运输条件以及承运人接受货物的初步证据。公共运输企业应当按照约定将旅客、货物及时送到目的地。

根据本条的规定,承担责任的前提是民用航空器在使用中造成他人损害。民用航空器造成他人损害的,包括两种情形:一种情形是民用航空器在运输旅客、货物的过程中,对所载运的旅客、货物造成的损害。按照《民用航空法》第124条、第125条的规定,因发生在民用航空器上或者在旅客上、下民用航空器过程中的事件,造成的旅客人身伤亡和其随身携带物品毁灭、遗失或者损坏的,承运人应当承担责任。对托运的行李、货物而言,因发生在航空运输期间的事件,造成行李、货物毁灭、遗失或者损坏的,承运人应当依法承担责任。这里的"航空运输期间",是指在机场内、民用航空器上或者机场外降落的任何地点,托运行李、货物处于承运人掌管之下的全部期间。另一种情形是民用航空器对地面第三人的人身、财产造成的损害。具体来说,就是因飞行中的民用航空器或者从飞行中的民用航空器上落下的人或者物,造成地面(包括水面)上的人身伤亡或者财产损害。这里的"飞行中",是指自民用航空器为实际起飞而使用动力时起至着陆冲程终了时止;就轻于空气的民用航空器而言,"飞行中"是指自其离开地面时起至其重新着地时止。

民用航空器的经营者承担无过错责任。本条中规定,民用航空器造成他人损害的,民用航空器的经营者应当承担侵权责任。关于不承担责任的情形,根据本条的规定,能够证明损害是因受害人故意造成的,民用航空器的经营者不承担责任;即使是因为自然原因引起的不可抗力事件,造成他人损害的,民用航空器的经营者也要承担责任。当然,《民用航空法》针对不同情况,规定了较为详细的不承担责任和减轻责任情形:如旅客的人身伤亡完全是由于其本人的健康状况造成的,承运人不承担责任。因货物本身的自然属性、质量或者缺陷造成货物毁灭、遗失或者损坏的,承运人不承担责任。在旅客、行李运输中,承运人能够证明损失是由旅客过错造成的,可以相应免除或者减轻承运人的赔偿责任。因武装冲突直接造成飞行中民用航空器对地面第三人损害的,民用航空器经营者不承担责任。本条之所以没有如《民用航空法》,把所有的不承担责任情形都一一列出,是因为《民法典》侵权责任编作为处理侵权纠纷的基本依据,只对民用航空器致害责任的基本原则作出规定,对《民用航空法》中关于不承担责任情形的具体规定,仍然适用。

第一千二百三十九条　【高度危险物致害责任】占有或者使用易燃、易爆、剧毒、高放射性、强腐蚀性、高致病性等高度危险物造成他人损害的,占有人或者使用人应当承担侵权责任;但是,能够证明损害是因受害人故意或者不可抗力造成的,不承担责任。被侵权人对损害的发生有重大过失的,可以减轻占有人或者使用人的责任。

条文注释

本条调整的范围涉及易燃、易爆、剧毒、高放射性、强腐蚀性、高致病性等高度危险物。对易燃、易爆、剧毒、放射性物品的认定,一般根据国家颁布的三个标准:《危险货物分类和品名编号》(GB 6944－2012)、《危险货物品名表》(GB 12268－2012)和《化学品分类和危险性公示通则》(GB 13690－2009)。如《危险货物分类和品名编号》规定,危险货物是指具有爆炸、易燃、毒害、感染、腐蚀、放射性等危险特性,在运输、储存、生产、经营、使用和处置中,容易造成人身伤亡、财产损毁或环境污染而需要特别防护的物质和物品。此外,本条调整的高度危险物,不仅仅涉及易燃、易爆、剧毒、高放射性、强腐蚀性、高致病性这几类,其他因其自然属性极易危及人身、财产的物品也适用本条的规定。

本条规范的行为是对高度危险物的占有或者使用,承担责任的主体是占有人或者使用人。这里的"占有"和"使用"包括生产、储存、运输高度危险品以及将高度危险品作为原料或者工具进行生产等行为。

本条规定占有人或者使用人承担无过错责任。只要是易燃、易爆、剧毒、高放射性、强腐蚀性、高致病性等高度危险物造成他人人身、财产损害的,占有人或者使用人就应当承担侵权责任。这里的"侵权责任"并不限于赔偿损失,而应当包括在事故发生后,占有人或者使用人迅速采取有效措施,如组织抢救、防止事故扩大、减少人员伤亡和财产损失的责任等。

根据本条的规定,能够证明损害是因受害人故意或者不可抗力造成的,占有人或者使用人不承担责任。需要指出的是,不承担责任情形的举证责任在于占有人或者使用人,由其来证明损害是因为受害人故意或者不可抗力引起的,才能依法不承担责任。

此外,本条还明确规定了减轻责任的情形:被侵权人对损害的发生有重大过失的,可以减轻占有人或者使用人的责任。即在高度危险物占有人或者使用人已经尽到注意义务的前提下,受害人有重大过失的,可以减轻占有人或者使用人的赔偿责任。本条将减轻责任的情形严格限定为受害人有"重大过失",受害人有一般过失的,不能减轻占有人或者使用人的赔偿责任。至于什么是"重大过失",可以在实践中根据占有人或者使用人是否已经尽到注意义务、受害人行为方式、因果关系等因素作具体判断。

第一千二百四十条　【从事高空、高压、地下挖掘活动或者使用高速轨道运输工具致害责任】从事高空、高压、地下挖掘活动或者使用高速轨道运输工具造成他人损害的,经营者应当承担侵权责任;但是,能够证明损害是因受害人故意或者不可抗力造成的,不承担责任。被侵权人对损害的发生有重大过失的,可以减轻经营者的责任。

条文注释

本条调整的高度危险作业是高空、高压、地下挖掘活动和使用高速轨道运输工具的活动。

根据本条的规定,从事高空活动造成他人损害的,应当承担无过错责任。能够证明损害是因受害人故意或者不可抗力造成的,经营者不承担责任。从事高空活动的经营者能够证明被侵权人对损害的发生有重大过失的,可以减轻经营者的责任。

根据本条的规定,从事高压活动造成他人损害的,经营者应当承担侵权责任。"高压"指较高的压强,在工业、医学和地理上都有高压的概念,本条的"高压"则属于工业生产意义上的高压,包括高压电、高压容器等。在不同行业里认定高压的标准不同。高压电造成损害的,作为责任主体的经营者应依具体情况而定:如果是在发电企业内的高压设备造成损害的，作为责任主体的“经营者”就是发电企业；如果是高压输电线路造成损害的，责任主体就是输电企业，在我国主要是电网公司；如果是在工厂内高压电力生产设备造成损害的，责任主体就是该工厂的经营者。在责任免除方面，从事高压作业的经营者能够证明损害是因受害人故意或者不可抗力造成的，不承担责任。受害人对损害的发生有重大过失的，可以减轻经营者的责任。

根据本条的规定，从事地下挖掘活动造成他人损害的，由经营者承担侵权责任。地下挖掘就是在地表下一定深度进行挖掘的行为。这里的“经营者”就是从事挖掘活动的作业单位。能够证明损害是因受害人故意或者不可抗力造成的，经营者不承担责任；能够证明被侵权人对损害的发生有重大过失的，可以减轻经营者的责任。需要指出的是，现实中，因地下挖掘如采矿而造成人员伤亡的，受害人多属于作业企业的职工。对受害职工的赔偿，应当依据工伤保险有关规定处理。

根据本条的规定，使用高速轨道运输工具造成他人损害的，经营者应当承担侵权责任。责任主体是经营者，具体到高速轨道运输工具的使用而言，经营者就是从事高速轨道运输的运输企业。如在铁路运输中，责任主体就是铁路运输企业。根据本条的规定，只有能够证明损害是因受害人故意或者不可抗力造成的，经营者才不承担责任。被侵权人对损害的发生有重大过失的，可以减轻经营者的责任。

第一千二百四十一条　【遗失、抛弃高度危险物致害责任】遗失、抛弃高度危险物造成他人损害的，由所有人承担侵权责任。所有人将高度危险物交由他人管理的，由管理人承担侵权责任；所有人有过错的，与管理人承担连带责任。

条文注释

根据本条的规定，遗失、抛弃高度危险物造成他人损害的，由所有人承担侵权责任。按照有关高度危险物的生产、储存和处置的安全规范，所有人应当采取必要的安全措施保管或者处置其所有的高度危险物。违反有关规定抛弃或者遗失高度危险物造成他人损害的，应当承担侵权责任。这里的“侵权责任”既包括对受害人的赔偿，也包括应当积极采取补救措施，如立即将抛弃的高度危险物妥善回收，防止损害扩大。遗失高度危险物的，应当立即组织力量追查寻找遗失的高度危险物，采取一切可能的警示措施，同时还要立即报告公安、环保等有关主管部门并配合采取应急措施。由于高度危险物本身的危险特性，这里的“侵权责任”是无过错责任。同时，考虑到遗失、抛弃高度危险物的，其所有人往往违反了有关安全规范，本身有过错，因此，这里的责任应当更严格。

本条中同时规定，所有人将高度危险物交由他人管理的，由管理人承担侵权责任。管理人在这里就是指根据所有人的委托，对高度危险物进行占有并进行管理的单位，如专业的危险化学品仓储公司、危险化学品运输公司等。高度危险物的管理人应当具有相应的资质，并应当按照国家有关安全规范妥善管理他人交付的高度危险物。因为管理不善遗失、抛弃高度危险物的，管理人应当承担侵权责任。同时，所有人有过错的，与管理人承担连带责任。如果所有人未选择符合资质的管理人，或者未如实说明有关情况，则所有人有过错。如果管理人抛弃、遗失高度危险物造成他人损害，则所有人与管理人承担连带责任。被侵权人可以要求所有人承担侵权责任，或者要求管理人承担侵权责任，也可以要求所有人和管理人共同承担侵权责任。在对内关系上，所有人和管理人根据各自的责任大小确定各自的赔偿数额；赔偿数额难以确定的，所有人和管理人平均承担赔偿责任。支付超出自己赔偿数额的连带责任人，有权向其他连带责任人追偿。

第一千二百四十二条　【非法占有高度危险物致害责任】非法占有高度危险物造成他人损害的，由非法占有人承担侵权责任。所有人、管理人不能证明对防止非法占有尽到高度注意义务的，与非法占有人承担连带责任。

条文注释

本条中规定，非法占有高度危险物造成他人损害的，由非法占有人承担侵权责任。所谓非法占有，是指明知自己无权占有，而通过非法手段将他人的物品占为已有。现实中，非法占有的主要形式包括盗窃、抢劫、抢夺等。

本条中同时规定，所有人、管理人不能证明对防止非法占有尽到高度注意义务的，与非法占有人承担连带责任。因所有人自己的原因导致他人非法占有高度危险物的，由所有人与非法占有人承担连带责任。所有人将高度危险物交由他人管理，因管理人的原因造成他人非法占有高度危险物的，由管理人与非法占有人承担连带责任。所有人和管理人都有过错的，所有人、管理人和非法占有人一起承担连带责任。需要指出的是，是否尽到高度注意义务的举证责任在所有人、管理人，如果他们不能证明已尽到高度注意义务，就推定其有过错，应当与非法占有人承担连带责任，受害人可以要求所有人、管理人、非法占有人中的任何人，承担部分或者全部侵权责任。

第一千二百四十三条　【高度危险场所安全保障责任】未经许可进入高度危险活动区域或者高度危险物存放区域受到损害，管理人能够证明已经采取足够安全措施并尽到充分警示义务的，可以减轻或者不承担责任。

条文注释

一般来说，对于高度危险作业活动，即高度危险作业人积极、主动地对周围环境实施的具有高度危险的活动，作业人应当承担无过错责任。无过错责任非常重要的一个特点，就是它的免责或者减责事由仅限于法律规定，即只有在法律明文规定不承担责任或者减轻责任的情况下，作业人才可以提出抗辩。否则，即使存在本法规定的对于其他侵权责任一般适用的不承担责任或者减轻责任的情形，高度危险作业人仍然无法减轻或者免除责任。但是，高度危险责任中除了这一类积极、主动地对周围环境实施危险活动的高度危险作业外，还包括另一类，即其管理控制的场所、区域具有高度危险性的活动,如果未经许可擅自进入该区域,则易导致损害的发生,即高度危险活动区域或者高度危险物存放区域责任。如果将对高度危险场所、区域的控制和管理也视为高度危险活动,则这一类高度危险活动是静态的,不像高度危险作业活动一样积极、主动地对周围环境实施了危险。虽然二者都属于高度危险责任,但在免责和减责事由上,二者应有所区别。因此,本条规定,未经许可进入高度危险活动区域或者高度危险物存放区域受到损害,管理人能够证明已经采取足够安全措施并尽到充分警示义务的,可以减轻或者不承担责任。

本条是在《侵权责任法》第76条的基础上修改完善而来,将第76条中的"采取安全措施"修改为"采取足够安全措施",将"尽到警示义务"修改为"尽到充分警示义务"。

第一千二百四十四条 【高度危险责任赔偿限额】承担高度危险责任,法律规定赔偿限额的,依照其规定,但是行为人有故意或者重大过失的除外。

条文注释

1.关于民用航空器致人损害的赔偿限额

《民用航空法》第128条第1款规定,国内航空运输承运人的赔偿责任限额由国务院民用航空主管部门制定,报国务院批准后公布执行。第128条第2款规定,旅客或者托运人在交运托运行李或者货物时,特别声明在目的地点交付时的利益,并在必要时支付附加费的,除承运人证明旅客或者托运人声明的金额高于托运行李或者货物在目的地点交付时的实际利益外,承运人应当在声明金额范围内承担责任;该法第129条的其他规定,除赔偿责任限额外,适用于国内航空运输。该法第129条规定,国际航空运输承运人的赔偿责任限额按照下列规定执行:(1)对每名旅客的赔偿责任限额为16600计算单位;但是,旅客可以同承运人书面约定高于本项规定的赔偿责任限额。(2)对托运行李或者货物的赔偿责任限额,每公斤为17计算单位。旅客或者托运人在交运托运行李或者货物时,特别声明在目的地点交付时的利益,并在必要时支付附加费的,除承运人证明旅客或者托运人声明的金额高于托运行李或者货物在目的地点交付时的实际利益外,承运人应当在声明金额范围内承担责任。托运行李或者货物的一部分或者托运行李、货物中的任何物件毁灭、遗失、损坏或者延误的,用以确定承运人赔偿责任限额的重量,仅为该一包件或者数包件的总重量;但是,因托运行李或者货物的一部分或者托运行李、货物中的任何物件的毁灭、遗失、损坏或者延误,影响同一份行李票或者同一份航空货运单所列其他包件的价值的,确定承运人的赔偿责任限额时,此种包件的总重量也应当考虑在内。(3)对每名旅客随身携带的物品的赔偿责任限额为332计算单位。该法第130条规定,任何旨在免除《民用航空法》规定的承运人责任或者降低《民用航空法》规定的赔偿责任限额的条款,均属无效;但是,此种条款的无效,不影响整个航空运输合同的效力。该法第132条规定,经证明,航空运输中的损失是由于承运人或者其受雇人、代理人的故意或者明知可能造成损失而轻率地作为或者不作为造成的,承运人无权援用《民用航空法》第128条、第129条有关赔偿责任限制的规定;证明承运人的受雇人、代理人有此种作为或者不作为的,还应当证明该受雇人、代理人是在受雇、代理范围内行事。

关于民用航空器致人损害赔偿责任限额,相关的规范性文件还有《国内航空运输承运人赔偿责任限额规定》。该规定第3条明确规定了相关限额与例外情形;第4条明确,《国内航空运输承运人赔偿责任限额规定》第3条所确定的赔偿责任限额的调整,由国务院民用航空主管部门制定,报国务院批准后公布执行;第5条规定,旅客自行向保险公司投保航空旅客人身意外保险的,此项保险金额的给付,不免除或者减少承运人应当承担的赔偿责任。

2. 关于民用核设施发生核事故致人损害的赔偿限额

《国务院关于核事故损害赔偿责任问题的批复》第7条规定,核电站的营运者和乏燃料贮存、运输、后处理的营运者,对一次核事故所造成的核事故损害的最高赔偿额为3亿元人民币;其他营运者对一次核事故所造成的核事故损害的最高赔偿额为1亿元人民币。核事故损害的应赔总额超过规定的最高赔偿额的,国家提供最高限额为 8 亿元人民币的财政补偿。对非常核事故造成的核事故损害赔偿,需要国家增加财政补偿金额的由国务院评估后决定。

本条在《侵权责任法》第 77 条的基础上增加了"但书"规定,作为高度危险责任赔偿限额的例外。

第九章　饲养动物损害责任

第一千二百四十五条　【饲养动物致害责任的一般规定】饲养的动物造成他人损害的，动物饲养人或者管理人应当承担侵权责任；但是，能够证明损害是因被侵权人故意或者重大过失造成的，可以不承担或者减轻责任。

条文注释

动物致人损害的构成要件是：饲养的动物；动物的加害行为；造成他人损害的事实；动物加害行为与损害之间的因果关系。一旦造成损害，动物的饲养人或者管理人就应承担民事责任，除具有法定的抗辩事由外，不能免责。法定的抗辩事由，是指能够证明损害是因被侵权人故意或者重大过失造成的，可以不承担或者减轻责任。

“饲养的动物”应同时具备以下条件：(1)为特定的人所有或者占有；(2)饲养人或者管理人对动物具有适当程度的控制力；(3)依动物自身的特性，有可能对他人的人身或者财产造成损害；(4)该动物为家畜、家禽、宠物或者驯养的野兽、爬行类动物等。因此，饲养的动物必须是能够为人所占有或者控制的动物。野生动物不属于本法中的“饲养的动物”。

根据本条的规定，动物的饲养人或者管理人都是责任主体。动物的饲养人是指动物的所有人，即对动物享有占有、使用、收益、处分权的人；动物的管理人是指实际控制和管束动物的人，管理人对动物不享有所有权，而只是根据某种法律关系直接占有和控制动物。在实际生活中，动物的饲养人与管理人有时为同一人，有时则为不同人。动物的饲养人与管理人为同一人时，也就是由动物的所有人自己占有和管束动物，在这种情况下，赔偿主体是很清楚的。当动物的饲养人与管理人为不同人时，管束动物的义务由饲养人转移给管理人，这时的赔偿主体应为管理人。至于管理人是有偿管理还是无偿管理，是长期管理还是临时管理，在所不问。

本条适用举证责任倒置。动物饲养人或者管理人如果想要减轻或者不承担责任,就必须证明被侵权人的损害是因为他自己的故意或者重大过失造成的。如果举证不足或者举证不能,动物饲养人或者管理人就应承担动物致害的赔偿责任。

关联法规

《最高人民法院关于适用〈中华人民共和国民法典〉侵权责任编的解释(一)》第23条

第一千二百四十六条 【违反规定未对动物采取安全措施致害责任】违反管理规定,未对动物采取安全措施造成他人损害的,动物饲养人或者管理人应当承担侵权责任;但是,能够证明损害是因被侵权人故意造成的,可以减轻责任。

条文注释

在延续《侵权责任法》第79条的基础上,本条增加规定,"但是,能够证明损害是因被侵权人故意造成的,可以减轻责任",该规定同样是举证责任倒置。

第一千二百四十七条 【禁止饲养的危险动物致害责任】禁止饲养的烈性犬等危险动物造成他人损害的,动物饲养人或者管理人应当承担侵权责任。

条文注释

为确保公民的人身安全,本条对禁止饲养的危险动物伤人的侵权行为作出了非常严格的规定,只要违反管理规定饲养了烈性犬等危险动物,并造成他人损害的,动物饲养人或者管理人就应当承担侵权责任,没有任何的免责事由可以援引。

关联法规

《最高人民法院关于适用〈中华人民共和国民法典〉侵权责任编的解释(一)》第23条

第一千二百四十八条　【动物园的动物致害责任】动物园的动物造成他人损害的,动物园应当承担侵权责任;但是,能够证明尽到管理职责的,不承担侵权责任。

条文注释

本条适用过错推定责任,动物园负有高度注意义务,只有能够证明已经采取足够的安全措施,并尽到充分的警示义务,才能被认定为没有过错。如果动物园能够证明设施、设备没有瑕疵,有明显的警示牌,管理人员对游客挑逗、投打动物或者擅自翻越栏杆靠近动物等行为进行了劝阻,应尽的管理职责已经尽到了,那么动物园就可以不承担侵权责任。

关于野生动物致人损害的问题。《野生动物保护法》第 14 条规定,各级野生动物保护主管部门应当监测环境对野生动物的影响,发现环境影响对野生动物造成危害时,应当会同有关部门及时进行调查处理。该法第 19 条规定,因保护本法规定保护的野生动物,造成人员伤亡、农作物或者其他财产损失的,由当地人民政府给予补偿。具体办法由省、自治区、直辖市人民政府制定。有关地方人民政府可以推动保险机构开展野生动物致害赔偿保险业务。有关地方人民政府采取预防、控制国家重点保护野生动物和其他致害严重的陆生野生动物造成危害的措施以及实行补偿所需经费,由中央财政予以补助。具体办法由国务院财政部门会同国务院野生动物保护主管部门制定。在野生动物危及人身安全的紧急情况下,采取措施造成野生动物损害的,依法不承担法律责任。由上述规定可以看出,实践中对因野生动物而受到损害的单位和个人已经有了相关的救济措施。

关联法规

《城市动物园管理规定》第 17、21 条

第一千二百四十九条　【遗弃、逃逸的动物致害责任】遗弃、逃逸的动物在遗弃、逃逸期间造成他人损害的，由动物原饲养人或者管理人承担侵权责任。

条文注释

动物的遗弃是指动物饲养人抛弃了动物。动物的逃逸是指饲养人暂时地丧失了对该动物的占有和控制。无论动物饲养人或者管理人遗弃动物，还是未尽到管理责任致使动物逃逸，其行为都加剧了动物对人和社会的危险性，而损害的事实正是由于动物在失去人为的管理和控制下任意流动的危险性所导致。因此，为了充分保护社会公众和被侵权人的利益，遗弃、逃逸动物的原饲养人或者管理人应当对自己遗弃动物的行为或者疏于管理没有尽到管理义务的行为承担责任。

第一千二百五十条　【因第三人的过错致使动物致害责任】因第三人的过错致使动物造成他人损害的，被侵权人可以向动物饲养人或者管理人请求赔偿，也可以向第三人请求赔偿。动物饲养人或者管理人赔偿后，有权向第三人追偿。

条文注释

第三人的过错是指被侵权人和动物饲养人或者管理人以外的人对动物造成损害有过错。第三人的过错在大多数场合表现为：有意挑逗、投打、投喂、引诱动物，致使他人的人身或者财产受到损害，其实质是实施了诱发动物致害的行为。

本条赋予了被侵权人选择权。因第三人的过错致使动物造成被侵权人损害的，被侵权人既可以请求第三人承担赔偿责任，也可以请求动物饲养人或者管理人承担赔偿责任。同时本条还赋予了动物饲养人或者管理人追偿权。动物饲养人或者管理人对被侵权人赔偿后，有权向第三人追偿。

关联法规

《最高人民法院关于适用〈中华人民共和国民法典〉侵权责任编

的解释(一)》第23条

第一千二百五十一条　【饲养动物应履行的义务】饲养动物应当遵守法律法规,尊重社会公德,不得妨碍他人生活。

条文注释

动物的行为全部靠动物饲养人或者管理人的管制。本条规定要求动物饲养人或者管理人,严格履行饲养动物的必要义务,依法、科学、文明地饲养动物,自觉规范自己的行为,为和谐社会的文明建设做出努力,为创造良好的社会环境尽到应尽的义务。

第十章　建筑物和物件损害责任

第一千二百五十二条　【建筑物、构筑物或者其他设施倒塌、塌陷致害责任】建筑物、构筑物或者其他设施倒塌、塌陷造成他人损害的，由建设单位与施工单位承担连带责任，但是建设单位与施工单位能够证明不存在质量缺陷的除外。建设单位、施工单位赔偿后，有其他责任人的，有权向其他责任人追偿。

因所有人、管理人、使用人或者第三人的原因，建筑物、构筑物或者其他设施倒塌、塌陷造成他人损害的，由所有人、管理人、使用人或者第三人承担侵权责任。

条文注释

本条所说的倒塌、塌陷，是指建筑物、构筑物或者其他设施坍塌、倒覆，造成该建筑物、构筑物或者其他设施丧失基本使用功能。例如，楼房倒塌、桥梁的桥墩坍塌、电视塔从中间折断、烟囱倾倒、地面塌陷等。

本条中规定，建筑物、构筑物或者其他设施倒塌、塌陷造成他人损害的，由建设单位与施工单位承担连带责任。被侵权人既可以要求建设单位承担侵权责任，也可以要求施工单位承担侵权责任，还可以要求二者共同承担侵权责任。

本条对建筑物、构筑物或者其他设施倒塌、塌陷造成他人损害规定了两个责任主体：

一是建设单位。通常情况下，建设单位依法取得土地使用权，在该土地上建造建筑物、构筑物或者其他设施。实践中，房地产开发企业、机关和工厂是比较常见的建设单位。建设单位是建设工程合同的发包人，通过选择、确定勘察单位、设计单位、施工单位和监理单位等，参与工程建设的很多环节，对建设工程的质量有很大的影响。因此，很多相关的法律、法规都对建设单位的义务进行了规定。根据《建设工程质量管理条例》的规定，建设单位应当将工程发包给具有相应资质等级的单位,建设单位可以与总承包人订立建设工程合同,也可以分别与勘察人、设计人、施工人订立勘察、设计、施工承包合同。但是,不得将应当由一个承包人完成的建设工程肢解成若干部分发包给几个承包人。建设单位依法对建设工程质量负责。建设单位违反《建设工程质量管理条例》的规定,对建设工程未组织竣工验收,擅自交付使用,或者验收不合格,擅自交付使用,或者对不合格的建设工程按照合格工程验收,造成损失的,依法承担赔偿责任。

二是施工单位。施工单位与建设单位或者其他发包人签订建设工程合同,对建设工程进行施工。实践中,建筑公司是比较常见的施工单位。建设工程施工企业要符合法律、法规规定的条件。根据《建筑法》第26条的规定,承包建筑工程的单位应当持有依法取得的资质证书,并在其资质等级许可的业务范围内承揽工程。禁止建筑施工企业超越本企业资质等级许可的业务范围或者以任何形式用其他建筑施工企业的名义承揽工程。禁止建筑施工企业以任何形式允许其他单位或者个人使用本企业的资质证书、营业执照,以本企业的名义承揽工程。施工单位负责建设工程的具体施工工作,对建设工程质量有比较直接的影响,应当对建设工程的质量负责。施工单位既包括总承包施工单位,也包括分包施工单位。我国相关的法律对施工单位的责任作了规定,《建筑法》第55条规定:"建筑工程实行总承包的,工程质量由工程总承包单位负责,总承包单位将建筑工程分包给其他单位的,应当对分包工程的质量与分包单位承担连带责任。分包单位应当接受总承包单位的质量管理。"第58条规定:"建筑施工企业对工程的施工质量负责。建筑施工企业必须按照工程设计图纸和施工技术标准施工,不得偷工减料。工程设计的修改由原设计单位负责,建筑施工企业不得擅自修改工程设计。"第67条规定:"承包单位将承包的工程转包的,或者违反本法规定进行分包的……对因转包工程或者违法分包的工程不符合规定的质量标准造成的损失,与接受转包或者分包的单位承担连带赔偿责任。"

本条增加了"但书"规定,即建设单位与施工单位能够证明不存在质量缺陷的，不承担连带责任。

同时根据本条第1款的规定，建设单位、施工单位赔偿后，有其他责任人的，有权向其他责任人追偿。这里规定的“其他责任人”，主要包括以下范围：

一是勘察单位、设计单位等。《建筑法》第56条规定：“建筑工程的勘察、设计单位必须对其勘察、设计的质量负责。勘察、设计文件应当符合有关法律、行政法规的规定和建筑工程质量、安全标准、建筑工程勘察、设计技术规范以及合同的约定。设计文件选用的建筑材料、建筑构配件和设备，应当注明其规格、型号、性能等技术指标，其质量要求必须符合国家规定的标准。”根据《建筑法》第73条的规定，建筑设计单位不按照建筑工程质量、安全标准进行设计，造成损失的，承担赔偿责任。

二是监理单位。《建筑法》第35条规定，工程监理单位不按照委托监理合同的约定履行监理义务，对应当监督检查的项目不检查或者不按照规定检查，给建设单位造成损失的，应当承担相应的赔偿责任。工程监理单位与承包单位串通，为承包单位谋取非法利益，给建设单位造成损失的，应当与承包单位承担连带赔偿责任。

三是勘察、设计、监理单位以外的责任人。例如，根据《建筑法》第79条的规定，负责颁发建筑工程施工许可证的部门及其工作人员对不符合施工条件的建筑工程颁发施工许可证，负责工程质量监督检查或者竣工验收的部门及其工作人员对不合格的建筑工程出具质量合格文件或者按合格工程验收，造成损失的，由该部门承担相应的赔偿责任。

本条第2款规定，因所有人、管理人、使用人或者第三人的原因，建筑物、构筑物或者其他设施倒塌、塌陷造成他人损害的，由所有人、管理人、使用人或者第三人承担侵权责任。《建设工程质量管理条例》第42条规定：“建设工程在超过合理使用年限后需要继续使用的，产权所有人应当委托具有相应资质等级的勘察、设计单位鉴定，并根据鉴定结果采取加固、维修等措施，重新界定使用期。”如果建筑物等设施已经超过合理的使用年限，所有人不采取必要的加固、维修等安全措施,导致建筑物等设施倒塌、塌陷造成他人损害的,所有人即属于本条第2款规定的承担责任的主体,被侵权人可以依照本条第2款的规定,要求所有人承担侵权责任。根据《建设工程质量管理条例》第69条的规定,房屋建筑使用者在装修过程中擅自变动房屋建筑主体和承重结构,造成损失的,依法承担赔偿责任。业主或者其他房屋使用者在装修房屋的过程中,擅自拆改房屋的承重墙导致房屋倒塌、塌陷造成他人损害的,该业主或者其他使用人即属于本条第2款规定的责任主体,应当承担侵权责任。

第一千二百五十三条 【建筑物、构筑物或者其他设施及其搁置物、悬挂物脱落、坠落致害责任】建筑物、构筑物或者其他设施及其搁置物、悬挂物发生脱落、坠落造成他人损害,所有人、管理人或者使用人不能证明自己没有过错的,应当承担侵权责任。所有人、管理人或者使用人赔偿后,有其他责任人的,有权向其他责任人追偿。

条文注释

本条中规定,建筑物、构筑物或者其他设施及其搁置物、悬挂物发生脱落、坠落造成他人损害,所有人、管理人或者使用人不能证明自己没有过错的,应当承担侵权责任。

建筑物,是指人工建造、固定在土地上的,其空间用于居住、生产或者存放物品的设施,如住宅、写字楼、车间、仓库等。构筑物或者其他设施,是指人工建造、固定在土地上、建筑物以外的某些设施,如道路、桥梁、隧道、城墙、堤坝等。建筑物、构筑物或者其他设施上的搁置物、悬挂物,是指搁置、悬挂在建筑物、构筑物或者其他设施上,非建筑物、构筑物或者其他设施本身组成部分的物品。例如,搁置在阳台上的花盆、悬挂在房屋天花板上的吊扇、脚手架上悬挂的建筑工具等。建筑物、构筑物或者其他设施及其搁置物、悬挂物脱落、坠落,是指建筑物、构筑物或者其他设施的某一个组成部分以及搁置物、悬挂物从建筑物、构筑物或者其他设施上脱落、坠落。例如,房屋墙壁上的瓷砖脱落、房屋天花板坠落、吊灯坠落、屋顶瓦片滑落、房屋窗户玻璃被风刮碎坠落、阳台上放置的花盆坠落等。

本条规定了三个侵权责任主体：一是所有人，指对建筑物等设施拥有所有权的人。一般来讲，不动产的所有人是指不动产登记机构依法登记确定的人。在农村宅基地上自建的房屋和城市中一些依法新建的房屋，即使没有来得及登记，也可以依法确定具体的所有人。二是管理人，指对建筑物等设施及其搁置物、悬挂物负有管理、维护义务的人。三是使用人，指因租赁、借用或者其他情形使用建筑物等设施的人。一般来讲，使用人承担责任有两种情形：第一，使用人依法对其使用的建筑物、构筑物或者其他设施负有管理、维护的义务时，因其管理、维护不当造成他人损害。例如，当根据合同约定，房屋承租人对房屋有管理、维护义务时，房屋及其搁置物、悬挂物脱落、坠落造成他人损害，承租人不能证明自己没有过错的，应承担侵权责任。第二，使用人对建筑物、构筑物或者其他设施的搁置物、悬挂物管理、维护不当，造成他人损害。例如，承租人在阳台上放置的花盆或者晾晒的物品坠落造成他人损害，承租人不能证明自己没有过错的，应承担侵权责任。

本条采用过错推定原则。损害发生后，被侵权人证明自己的损害是因建筑物等设施或者其搁置物、悬挂物脱落、坠落造成的，所有人、管理人或者使用人对自己没有过错承担举证责任，其不能证明自己没有过错的，应当承担侵权责任。

本条中同时规定，所有人、管理人或者使用人赔偿后，有其他责任人的，有权向其他责任人追偿。其他责任人是指所有人、管理人或者使用人之外的对损害的发生负有责任的人。建筑物、构筑物或者其他设施及其搁置物、悬挂物脱落、坠落造成他人损害，所有人、管理人或者使用人不能证明自己没有过错的，应当对被侵权人承担侵权责任。实践中，有时损害的发生除了与所有人、管理人或者使用人的过错有关外，还与其他人有关，只是该其他人不直接对被侵权人承担侵权责任。但是，所有人、管理人或者使用人向被侵权人赔偿后，有权向该其他责任人追偿。

关联法规

《最高人民法院关于适用〈中华人民共和国民法典〉侵权责任编

的解释(一)》第22、25条

第一千二百五十四条　【从建筑物中抛掷物、坠落物致害责任】禁止从建筑物中抛掷物品。从建筑物中抛掷物品或者从建筑物上坠落的物品造成他人损害的,由侵权人依法承担侵权责任;经调查难以确定具体侵权人的,除能够证明自己不是侵权人的外,由可能加害的建筑物使用人给予补偿。可能加害的建筑物使用人补偿后,有权向侵权人追偿。

物业服务企业等建筑物管理人应当采取必要的安全保障措施防止前款规定情形的发生;未采取必要的安全保障措施的,应当依法承担未履行安全保障义务的侵权责任。

发生本条第一款规定的情形的,公安等机关应当依法及时调查,查清责任人。

条文注释

本条中明确规定,禁止从建筑物中抛掷物品。如果物体并非从建筑物中抛掷或坠落,则不适用该规定。例如,在群众性活动中被他人从人群中抛掷的物品砸伤而无法确定具体的侵权人时,被侵权人不能依据这一条主张由参加活动的所有可能的侵权人承担赔偿责任。又如,在道路上被机动车撞伤而无法确定具体的加害车辆时,被侵权人不能主张由当时所有经过的可能加害的车辆承担赔偿责任。

本条规定中的"经调查难以确定具体侵权人",是指无法确定物品具体是从哪一个房间抛掷、坠落的,因此无法确定具体的侵权人。

在建筑物使用人是多人的情况下,从建筑物中抛掷物品或者从建筑物上坠落的物品造成他人损害,经调查难以确定具体侵权人的,要从这些使用人中确定可能的侵权人。本条规定的建筑物使用人,是指在侵权行为发生时建筑物的实际使用人。建筑物使用人在建筑物内进行活动,控制、管理着建筑物和建筑物内的物品,建筑物抛掷物、坠落物致人损害,经调查确实无法确定具体侵权人时,在他们中间确定可能的侵权人,符合社会生活实践经验。使用人包括使用建筑物的所有权人、承租人、借用人以及其他使用建筑物的人。物业服务公司是否属于建筑物使用人,要视具体情况而定:一般情况下,物业服务公司只是与业主签订合同,负责对物业的管理、服务,并不占有、控制建筑物本身,其不属于建筑物使用人;但是,如果物业服务公司实际占有、使用建筑物,则其也属于建筑物使用人。如果按照社会生活实践经验、科学手段、监控手段、侦查措施等方法,可以推测认为抛掷物、坠落物有可能是从某人使用的建筑物中抛掷或坠落的,则该使用人就是本条所说的“可能加害的建筑物使用人”。当然,这种可能性必须在一定的合理范围内。例如,如果被侵权人在街上被建筑物上的抛掷物、坠落物砸伤,难以确定具体侵权人的,并非该条街上所有的建筑物的使用人均要承担责任,而是首先要将范围界定在侵权行为发生地周围合理范围内的建筑物的使用人。又如,如果被侵权人在一座居民楼的北面被从该楼上抛掷或坠落的物品砸伤,一般认为,居住在该楼南面的居民不属于“可能加害的建筑物使用人”。

本条中规定,除能够证明自己不是侵权人的外,由可能加害的建筑物使用人给予补偿。本条采用举证责任倒置。即无法确定具体的侵权人的,由被侵权人证明自己是被建筑物上的抛掷物、坠落物伤害的,由建筑物使用人证明自己不是侵权人。建筑物使用人不能证明自己不是侵权人的,要对被侵权人受到的损害进行补偿。如果有证据能够确定具体的侵权人,则其他可能加害的建筑物使用人无须再举证证明自己不是侵权人。

根据本条的规定,发现真正侵权人后,承担了补偿责任的建筑物使用人具有追偿权。由可能加害的建筑物使用人对被侵权人给予补偿的,各个可能加害的建筑物使用人之间不承担连带责任,而是按份分别对被侵权人进行补偿。被侵权人不能要求某一个或一部分可能加害的建筑物使用人补偿其全部的损害,可能加害的建筑物使用人按照自己应承担的份额对被侵权人进行补偿后,也不能向其他可能加害的建筑物使用人追偿。但是,发现了真正侵权人的,可以向真正的侵权人进行追偿。

本条第 2 款规定了物业服务企业等建筑物管理人的义务。物业服务企业与业主签订物业服务合同，应当履行合同约定的义务。本法第937条第1款规定，物业服务合同是物业服务人在物业服务区域内，为业主提供建筑物及其附属设施的维修养护、环境卫生和相关秩序的管理维护等物业服务，业主支付物业费的合同。本法第942条规定，物业服务人应当按照约定和物业的使用性质，妥善维修、养护、清洁、绿化和经营管理物业服务区域内的业主共有部分，维护物业服务区域内的基本秩序，采取合理措施保护业主的人身、财产安全。对物业服务区域内违反有关治安、环保、消防等法律法规的行为，物业服务人应当及时采取合理措施制止、向有关行政主管部门报告并协助处理。因此，物业服务企业具有一定的安全保障义务，依照本条第2款的规定，物业服务企业等建筑物管理人应当采取必要的安全保障措施防止前款规定情形的发生；未采取必要的安全保障措施的，应当依法承担未履行安全保障义务的侵权责任。

本条第3款规定了公安等机关的及时调查义务。从建筑物中抛掷物品或者从建筑物上坠落的物品造成他人损害的，公安等机关应当依法及时调查，查清责任人。

还需注意从建筑物中抛掷物品或者从建筑物上坠落的物品造成他人损害与共同危险行为之间的区别，具体而言：第一，通常情况下，从建筑物中抛掷物品或者从建筑物上坠落的物品造成他人损害，是某一个人抛掷物品或者其管理的物品坠落；共同危险行为是多个人同时实施危害他人安全的行为。第二，从建筑物中抛掷物品或者从建筑物上坠落的物品造成他人损害，经调查难以确定具体侵权人的，由可能加害的建筑物使用人给予补偿，尽管这些建筑物使用人实际上并没有抛掷物品或者其物品并没有坠落；共同危险行为中，不能确定具体侵权人的，因为共同危险行为人都实施了危及他人安全的行为，所以由共同危险行为人承担责任。第三，从建筑物中抛掷物品或者从建筑物上坠落的物品造成他人损害，难以确定具体侵权人的，由可能加害的建筑物使用人对受害人给予补偿；共同危险行为中，不能确定具体侵权人的，行为人承担连带责任。

关联法规

《最高人民法院关于适用〈中华人民共和国民法典〉侵权责任编的解释(一)》第24、25条

第一千二百五十五条 【堆放物倒塌、滚落或者滑落致害责任】堆放物倒塌、滚落或者滑落造成他人损害,堆放人不能证明自己没有过错的,应当承担侵权责任。

条文注释

堆放物是指堆放在土地上或者其他地方的物品。堆放物须是未固定在其他物体上的物品,如建筑工地上堆放的砖块、木料场堆放的原木等。本条所说的倒塌、滚落或者滑落,包括堆放物整体或者部分的倒塌、脱落、坠落、滑落、滚落等。例如,码头堆放的集装箱倒塌、建筑工地上堆放的建筑材料倒塌、伐木场堆放的原木滚落等。堆放人是指将物体堆放在某处的人。堆放人可能是所有人,也可能是管理人。本条采用过错推定原则。堆放人不能证明自己没有过错的,应承担侵权责任。

第一千二百五十六条 【在公共道路上堆放、倾倒、遗撒妨碍通行的物品致害责任】在公共道路上堆放、倾倒、遗撒妨碍通行的物品造成他人损害的,由行为人承担侵权责任。公共道路管理人不能证明已经尽到清理、防护、警示等义务的,应当承担相应的责任。

条文注释

公共道路是指公共通行的道路。公路是指经公路主管部门验收认定的城间、城乡间、乡间能行驶汽车的公共道路,包括公路渡口、公路路基、路面、桥梁、涵洞、隧道。根据《道路交通安全法》的规定,道路是指公路、城市道路和虽在单位管辖范围但允许社会机动车通行的地方,包括广场、公共停车场等用于公众通行的场所。本条所说的公共道路包括但不局限于《公路法》等法律法规中的公路以及《道路交通安全法》中的道路。公共道路既包括通行机动车的道路,也包括人行道路。另外,广场、停车场等可供公共通行的场地、建筑区

划内属于业主共有但允许不特定的公众通行的道路都属于公共道路。

本条规定的堆放、倾倒、遗撒妨碍通行物，是指在公共道路上堆放、倾倒、遗撒物品，影响他人对该公共道路正常、合理的使用。在公共道路上堆放、倾倒、遗撒妨碍通行物，既可以是堆放、倾倒、遗撒固体物，如在公共道路上非法设置路障、晾晒粮食、倾倒垃圾等；也可以是倾倒液体、排放气体，如运油车将石油泄漏到公路上、非法向道路排水、热力井向道路散发出大量蒸汽等。

在公共道路上堆放、倾倒、遗撒妨碍通行的物品的主体大致可分为两类：一类是具体实施该行为的侵权人。任何人都应当遵守道路管理规则，避免在道路上堆放、倾倒、遗撒妨碍通行物。在公共道路上堆放、倾倒、遗撒妨碍通行物造成他人损害的，应当由行为人承担责任。另一类是对公共道路具有养护、管理职责的主体。公共道路涉及公共安全，公共道路管理人对道路的管理职责当然包括法定的防止因第三人的堆放、倾倒、遗撒等行为造成他人损害的义务。为了保障公共道路具有良好的使用状态，公共道路的管理、维护者要及时发现道路上出现的妨碍通行的情况并采取清理、防护、警示等合理的措施。如果没有尽到这种义务，则应在未尽到职责的范围内承担相应的侵权责任。本条在《侵权责任法》第 89 条的基础上，区分了直接侵权人和公共道路管理人两种情况，作了进一步的细分和完善，公共道路管理人承担的是过错推定责任。

第一千二百五十七条 【林木折断、倾倒或者果实坠落等致人损害的侵权责任】因林木折断、倾倒或者果实坠落等造成他人损害，林木的所有人或者管理人不能证明自己没有过错的，应当承担侵权责任。

条文注释

本条所说的林木，包括自然生长和人工种植的林木，并未限定林木生长的地域范围，林地中的林木、公共道路旁的林木以及院落周围零星生长的树木等折断、倾倒或者果实坠落造成他人损害，林木的所有人或者管理人不能证明自己没有过错的，应承担侵权责任。当然,根据林木生长的具体情况,认定林木所有人或者管理人的过错应有所区别。林木造成他人损害,不仅包括林木枝蔓等的掉落造成他人损害,还包括其他情形,如实践中出现的椰树果实坠落砸伤路人、树木倒伏压坏路旁汽车等。

《森林法》第20条规定,国有企业事业单位、机关、团体、部队营造的林木,由营造单位管护并按照国家规定支配林木收益。农村居民在房前屋后、自留地、自留山种植的林木,归个人所有。城镇居民在自有房屋的庭院内种植的林木,归个人所有。集体或者个人承包国家所有和集体所有的宜林荒山荒地荒滩营造的林木,归承包的集体或者个人所有;合同另有约定的从其约定。其他组织或者个人营造的林木,依法由营造者所有并享有林木收益;合同另有约定的从其约定。林木的所有人或者管理人应当对林木进行合理的维护,防止林木出现危害他人安全的情形。

根据本条的规定,对于林木折断、倾倒或者果实坠落等造成他人损害,适用过错推定的归责原则,林木的所有人或者管理人不能证明自己没有过错的,应当承担侵权责任。所有人或者管理人要证明自己没有过错,通常要证明其对林木已经尽到了管理、维护的义务。需要说明的是,很多时候,林木的折断表面上是由于自然原因或者第三人原因等造成的,但实质上与所有人或者管理人的过错有关。例如,大风将因虫害而枯死的大树刮倒,砸伤了过路的行人。大风和虫害是导致树木折断的因素,但虫害可能是因所有人或者管理人没有尽到管理、维护的义务造成的,因此,所有人或者管理人不能证明自己没有过错的,仍然要承担侵权责任。又如,他人驾驶机动车撞到树木上,造成树木倾斜,后来树木倾倒或者折断造成他人损害,所有人或者管理人不能证明在该树木被撞倾斜后,自己为了防止该树木倾倒或者折断而及时采取了合理措施的,仍然要承担责任。如果林木的折断完全是因自然原因、第三人或者受害人的过错造成,则林木的所有人或者管理人能够证明自己没有过错的,不承担侵权责任。

第一千二百五十八条　【公共场所或者道路上施工致害责任和窨井等地下设施致害责任】在公共场所或者道路上挖掘、修缮安装地下设施等造成他人损害，施工人不能证明已经设置明显标志和采取安全措施的，应当承担侵权责任。

窨井等地下设施造成他人损害，管理人不能证明尽到管理职责的，应当承担侵权责任。

条文注释

1. 公共场所或者道路上挖掘、修缮安装地下设施等造成他人损害责任

在公共场所或者道路上施工，是指在公共场所或者道路上挖掘、修路、修缮安装地下设施等，如架设电线、铺设管道、维修公路、修缮下水道等。公共场所是不特定人聚集、通行的场所。在公共场所或者道路上施工，应当取得有关管理部门的许可，必须设置明显的警示标志和采取有效的安全措施。依照《道路交通安全法》第32条、第104条的规定，因工程建设需要占用、挖掘道路，或者跨越、穿越道路架设、增设管线设施，应当事先征得道路主管部门的同意；影响交通安全的，还应当征得公安机关交通管理部门的同意。施工作业单位应当在经批准的路段和时间内施工作业，并在距离施工作业地点来车方向安全距离处设置明显的安全警示标志，采取防护措施；施工作业完毕，应当迅速清除道路上的障碍物，消除安全隐患，经道路主管部门和公安机关交通管理部门验收合格，符合通行要求后，方可恢复通行。未经批准，擅自挖掘道路、占用道路施工或者从事其他影响道路交通安全活动，致使通行的人员、车辆及其他财产遭受损失的，依法承担赔偿责任。依照《公路法》第32条的规定，改建公路时，施工单位应当在施工路段两端设置明显的施工标志、安全标志。需要车辆绕行的，应当在绕行路口设置标志；不能绕行的，必须修建临时道路，保证车辆和行人通行。根据《城市道路管理条例》第24条、第35条的规定，城市道路的养护、维修工程应当按照规定的期限修复竣工，并在养护、维修工程施工现场设置明显标志和

安全防围设施,保障行人和交通车辆安全。经批准挖掘城市道路的,应当在施工现场设置明显标志和安全防围设施;竣工后,应当及时清理现场,通知市政工程行政主管部门检查验收。

在公共场所或者道路上施工,应当设置明显标志和采取安全措施,主要包括以下三个方面的内容:第一,设置的警示标志必须具有明显性。施工人设置的警示标志要足以引起他人对施工现场的注意,从而使他人采取相应的安全应对措施,如减速、绕行等。第二,施工人要保证警示标志的稳固并负责对其进行维护,使警示标志持续地存在于施工期间。第三,仅设置明显的标志不足以保障他人的安全的,施工人还应当采取其他有效的安全措施。例如,在道路上挖掘,通常应当将施工现场用保护设施围起来,而不仅仅是提醒行人注意道路上的坑。施工人采取的措施,在正常情况下必须足以保证他人的安全。

公共场所或者道路施工致人损害的责任人是施工人。施工人直接控制着施工场地,因此应当承担对施工场地的管理和维护义务,保障他人的安全。施工人是指组织施工的单位或者个人,而非施工单位的工作人员或者个体施工人的雇员。施工人一般是承包或者承揽他人的工程进行施工的单位或者个人,有时也可能是为自己的工程施工的单位或者个人。关于施工人责任的归责原则,本条采用过错推定归责原则,施工人不能证明已经设置明显标志和采取安全措施的,应当承担侵权责任。

本条第1款与本法第1256条规定的情形,主要有如下区别:一是发生的原因不同。公共场所或者道路上施工致人损害责任,是施工人在施工过程中没有设置明显标志和采取安全措施,造成他人损害时应当承担的侵权责任。在公共道路上设置妨碍通行物致人损害责任,是在公共道路上堆放、倾倒、遗撒妨碍通行的物品造成他人损害,有关的单位和个人应当承担的侵权责任。二是责任主体不同。公共场所施工致人损害的责任主体是施工人,在公共道路上堆放、倾倒、遗撒妨碍通行的物品造成他人损害的责任主体是行为人和公共道路管理人。

2. 窨井等地下设施造成他人损害责任

窨井，是指上下水道或者其他地下管线工程中，为便于检查或疏通而设置的井状构筑物。其他地下设施包括地窖、水井、下水道以及其他地下坑道等。窨井等地下设施的管理人，是指负责对该地下设施进行管理、维护的单位或者个人。根据本条第2款的规定，窨井等地下设施致人损害时，适用过错推定的归责原则。这既有利于保护被侵权人的利益，也有利于促使地下设施的管理人认真履行职责，确保窨井等地下设施的安全，保护公众合法权益。

关联法规

《道路交通安全法》第105条

附　则

第一千二百五十九条　【法律术语含义】民法所称的"以上"、"以下"、"以内"、"届满"，包括本数；所称的"不满"、"超过"、"以外"，不包括本数。

条文注释

本条延续了《民法总则》第 205 条的规定。在汉语词义的解释中，"以上"指的是位置或者数目等在某一点之上；"以下"指的是位置或者数目不高于某一点；"以内"指的是介于一定的时间、数量、范围之中；"届满"指的是规定的期限已满、到期。"不满"指的是不充满，量不足；"超过"指的是高出、超出；"以外"指的是一定的限制、界限或者范围之外。从上述基本含义可以得知，"以上""以下""以内""届满"，应当包括本数；"不满""超过""以外"，不包括本数。

第一千二百六十条　【施行日期及旧法废止】本法自 2021 年 1 月 1 日起施行。《中华人民共和国婚姻法》、《中华人民共和国继承法》、《中华人民共和国民法通则》、《中华人民共和国收养法》、《中华人民共和国担保法》、《中华人民共和国合同法》、《中华人民共和国物权法》、《中华人民共和国侵权责任法》、《中华人民共和国民法总则》同时废止。

条文注释

由于《民法典》在中国特色社会主义法律体系中具有非常重要的地位，是民事生活领域的基本法，有些制度是对过去各个时期民事单行法的重大修改完善，有些制度是创设性的全新制度，关系平等主体的日常生活、生产，内容丰富，涉及面广，需要在通过后留出一定的时间供社会各界学习、准备。因此，反复研究后，全国人大宪法和法律委员会建议《民法典》在2020年5月通过后，预留约7个月的时间，自2021年1月1日起施行，对此前的民事关系，《民法典》没有溯及力。

《民法典》系统地整合了《婚姻法》等不同历史时期颁布的9部重要民事法律。自《民法典》施行之日，《婚姻法》《继承法》《民法通则》《收养法》《担保法》《合同法》《物权法》《侵权责任法》《民法总则》将被替代，不再适用。需要说明的是，2014年第十二届全国人大常委会第十一次会议通过的《全国人民代表大会常务委员会关于〈中华人民共和国民法通则〉第九十九条第一款、〈中华人民共和国婚姻法〉第二十二条的解释》，作为《民法通则》和《婚姻法》的立法解释，也同步废止。

关联法规

《最高人民法院关于适用〈中华人民共和国民法典〉侵权责任编的解释（一）》第26条

附录　相关法规及司法解释

中华人民共和国民法典（节录）

（2020年5月28日第十三届全国人民代表大会第三次会议通过　2020年5月28日中华人民共和国主席令第45号公布　自2021年1月1日起施行）

第一编　总　　则

第五章　民事权利

第一百零九条　自然人的人身自由、人格尊严受法律保护。

第一百一十条　自然人享有生命权、身体权、健康权、姓名权、肖像权、名誉权、荣誉权、隐私权、婚姻自主权等权利。

法人、非法人组织享有名称权、名誉权和荣誉权。

第一百一十一条　自然人的个人信息受法律保护。任何组织或者个人需要获取他人个人信息的，应当依法取得并确保信息安全，不得非法收集、使用、加工、传输他人个人信息，不得非法买卖、提供或者公开他人个人信息。

第一百一十二条　自然人因婚姻家庭关系等产生的人身权利受法律保护。

第一百一十三条　民事主体的财产权利受法律平等保护。

第一百一十四条　民事主体依法享有物权。

物权是权利人依法对特定的物享有直接支配和排他的权利，包括所有权、用益物权和担保物权。

第一百一十五条　物包括不动产和动产。法律规定权利作为物权客体的,依照其规定。

第一百一十六条　物权的种类和内容,由法律规定。

第一百一十七条　为了公共利益的需要,依照法律规定的权限和程序征收、征用不动产或者动产的,应当给予公平、合理的补偿。

第一百一十八条　民事主体依法享有债权。

债权是因合同、侵权行为、无因管理、不当得利以及法律的其他规定,权利人请求特定义务人为或者不为一定行为的权利。

第一百一十九条　依法成立的合同,对当事人具有法律约束力。

第一百二十条　民事权益受到侵害的,被侵权人有权请求侵权人承担侵权责任。

第一百二十一条　没有法定的或者约定的义务,为避免他人利益受损失而进行管理的人,有权请求受益人偿还由此支出的必要费用。

第一百二十二条　因他人没有法律根据,取得不当利益,受损失的人有权请求其返还不当利益。

第一百二十三条　民事主体依法享有知识产权。

知识产权是权利人依法就下列客体享有的专有的权利:

(一)作品;

(二)发明、实用新型、外观设计;

(三)商标;

(四)地理标志;

(五)商业秘密;

(六)集成电路布图设计;

(七)植物新品种;

(八)法律规定的其他客体。

第一百二十四条　自然人依法享有继承权。

自然人合法的私有财产,可以依法继承。

第一百二十五条　民事主体依法享有股权和其他投资性权利。

第一百二十六条　民事主体享有法律规定的其他民事权利和利益。

第一百二十七条　法律对数据、网络虚拟财产的保护有规定的,依照其规定。

第一百二十八条　法律对未成年人、老年人、残疾人、妇女、消费者等的民事权利保护有特别规定的，依照其规定。

第一百二十九条　民事权利可以依据民事法律行为、事实行为、法律规定的事件或者法律规定的其他方式取得。

第一百三十条　民事主体按照自己的意愿依法行使民事权利，不受干涉。

第一百三十一条　民事主体行使权利时，应当履行法律规定的和当事人约定的义务。

第一百三十二条　民事主体不得滥用民事权利损害国家利益、社会公共利益或者他人合法权益。

第八章　民 事 责 任

第一百七十六条　民事主体依照法律规定或者按照当事人约定，履行民事义务，承担民事责任。

第一百七十七条　二人以上依法承担按份责任，能够确定责任大小的，各自承担相应的责任；难以确定责任大小的，平均承担责任。

第一百七十八条　二人以上依法承担连带责任的，权利人有权请求部分或者全部连带责任人承担责任。

连带责任人的责任份额根据各自责任大小确定；难以确定责任大小的，平均承担责任。实际承担责任超过自己责任份额的连带责任人，有权向其他连带责任人追偿。

连带责任，由法律规定或者当事人约定。

第一百七十九条　承担民事责任的方式主要有：

（一）停止侵害；

（二）排除妨碍；

（三）消除危险；

（四）返还财产；

（五）恢复原状；

（六）修理、重作、更换；

（七）继续履行；

（八）赔偿损失；

（九）支付违约金；

（十）消除影响、恢复名誉；

（十一）赔礼道歉。

法律规定惩罚性赔偿的，依照其规定。

本条规定的承担民事责任的方式，可以单独适用，也可以合并适用。

第一百八十条　因不可抗力不能履行民事义务的，不承担民事责任。法律另有规定的，依照其规定。

不可抗力是不能预见、不能避免且不能克服的客观情况。

第一百八十一条　因正当防卫造成损害的，不承担民事责任。

正当防卫超过必要的限度，造成不应有的损害的，正当防卫人应当承担适当的民事责任。

第一百八十二条　因紧急避险造成损害的，由引起险情发生的人承担民事责任。

危险由自然原因引起的，紧急避险人不承担民事责任，可以给予适当补偿。

紧急避险采取措施不当或者超过必要的限度，造成不应有的损害的，紧急避险人应当承担适当的民事责任。

第一百八十三条　因保护他人民事权益使自己受到损害的，由侵权人承担民事责任，受益人可以给予适当补偿。没有侵权人、侵权人逃逸或者无力承担民事责任，受害人请求补偿的，受益人应当给予适当补偿。

第一百八十四条　因自愿实施紧急救助行为造成受助人损害的，救助人不承担民事责任。

第一百八十五条　侵害英雄烈士等的姓名、肖像、名誉、荣誉，损害社会公共利益的，应当承担民事责任。

第一百八十六条　因当事人一方的违约行为，损害对方人身权益、财产权益的，受损害方有权选择请求其承担违约责任或者侵权责任。

第一百八十七条　民事主体因同一行为应当承担民事责任、行政责任和刑事责任的，承担行政责任或者刑事责任不影响承担民事责任；民事主体的财产不足以支付的，优先用于承担民事责任。

第九章 诉讼时效

第一百八十八条 向人民法院请求保护民事权利的诉讼时效期间为三年。法律另有规定的,依照其规定。

诉讼时效期间自权利人知道或者应当知道权利受到损害以及义务人之日起计算。法律另有规定的,依照其规定。但是,自权利受到损害之日起超过二十年的,人民法院不予保护,有特殊情况的,人民法院可以根据权利人的申请决定延长。

第一百八十九条 当事人约定同一债务分期履行的,诉讼时效期间自最后一期履行期限届满之日起计算。

第一百九十条 无民事行为能力人或者限制民事行为能力人对其法定代理人的请求权的诉讼时效期间,自该法定代理终止之日起计算。

第一百九十一条 未成年人遭受性侵害的损害赔偿请求权的诉讼时效期间,自受害人年满十八周岁之日起计算。

第一百九十二条 诉讼时效期间届满的,义务人可以提出不履行义务的抗辩。

诉讼时效期间届满后,义务人同意履行的,不得以诉讼时效期间届满为由抗辩;义务人已经自愿履行的,不得请求返还。

第一百九十三条 人民法院不得主动适用诉讼时效的规定。

第一百九十四条 在诉讼时效期间的最后六个月内,因下列障碍,不能行使请求权的,诉讼时效中止:

(一)不可抗力;

(二)无民事行为能力人或者限制民事行为能力人没有法定代理人,或者法定代理人死亡、丧失民事行为能力、丧失代理权;

(三)继承开始后未确定继承人或者遗产管理人;

(四)权利人被义务人或者其他人控制;

(五)其他导致权利人不能行使请求权的障碍。

自中止时效的原因消除之日起满六个月,诉讼时效期间届满。

第一百九十五条 有下列情形之一的,诉讼时效中断,从中断、有关程序终结时起,诉讼时效期间重新计算:

（一）权利人向义务人提出履行请求；

（二）义务人同意履行义务；

（三）权利人提起诉讼或者申请仲裁；

（四）与提起诉讼或者申请仲裁具有同等效力的其他情形。

第一百九十六条　下列请求权不适用诉讼时效的规定：

（一）请求停止侵害、排除妨碍、消除危险；

（二）不动产物权和登记的动产物权的权利人请求返还财产；

（三）请求支付抚养费、赡养费或者扶养费；

（四）依法不适用诉讼时效的其他请求权。

第一百九十七条　诉讼时效的期间、计算方法以及中止、中断的事由由法律规定，当事人约定无效。

当事人对诉讼时效利益的预先放弃无效。

第一百九十八条　法律对仲裁时效有规定的，依照其规定；没有规定的，适用诉讼时效的规定。

第一百九十九条　法律规定或者当事人约定的撤销权、解除权等权利的存续期间，除法律另有规定外，自权利人知道或者应当知道权利产生之日起计算，不适用有关诉讼时效中止、中断和延长的规定。存续期间届满，撤销权、解除权等权利消灭。

中华人民共和国
产品质量法(节录)

(1993年2月22日第七届全国人民代表大会常务委员会第三十次会议通过　根据2000年7月8日第九届全国人民代表大会常务委员会第十六次会议《关于修改〈中华人民共和国产品质量法〉的决定》第一次修正　根据2009年8月27日第十一届全国人民代表大会常务委员会第十次会议《关于修改部分法律的决定》第二次修正　根据2018年12月29日第十三届全国人民代表大会常务委员会第七次会议《关于修改〈中华人民共和国产品质量法〉等五部法律的决定》第三次修正)

第三章　生产者、销售者的产品质量责任和义务

第一节　生产者的产品质量责任和义务

第二十六条　生产者应当对其生产的产品质量负责。

产品质量应当符合下列要求:

(一)不存在危及人身、财产安全的不合理的危险,有保障人体健康和人身、财产安全的国家标准、行业标准的,应当符合该标准;

(二)具备产品应当具备的使用性能,但是,对产品存在使用性能的瑕疵作出说明的除外;

(三)符合在产品或者其包装上注明采用的产品标准,符合以产品说明、

实物样品等方式表明的质量状况。

第二十七条 产品或者其包装上的标识必须真实,并符合下列要求:

(一)有产品质量检验合格证明;

(二)有中文标明的产品名称、生产厂厂名和厂址;

(三)根据产品的特点和使用要求,需要标明产品规格、等级、所含主要成份的名称和含量的,用中文相应予以标明;需要事先让消费者知晓的,应当在外包装上标明,或者预先向消费者提供有关资料;

(四)限期使用的产品,应当在显著位置清晰地标明生产日期和安全使用期或者失效日期;

(五)使用不当,容易造成产品本身损坏或者可能危及人身、财产安全的产品,应当有警示标志或者中文警示说明。

裸装的食品和其他根据产品的特点难以附加标识的裸装产品,可以不附加产品标识。

第二十八条 易碎、易燃、易爆、有毒、有腐蚀性、有放射性等危险物品以及储运中不能倒置和其他有特殊要求的产品,其包装质量必须符合相应要求,依照国家有关规定作出警示标志或者中文警示说明,标明储运注意事项。

第二十九条 生产者不得生产国家明令淘汰的产品。

第三十条 生产者不得伪造产地,不得伪造或者冒用他人的厂名、厂址。

第三十一条 生产者不得伪造或者冒用认证标志等质量标志。

第三十二条 生产者生产产品,不得掺杂、掺假,不得以假充真、以次充好,不得以不合格产品冒充合格产品。

第二节 销售者的产品质量责任和义务

第三十三条 销售者应当建立并执行进货检查验收制度,验明产品合格证明和其他标识。

第三十四条 销售者应当采取措施,保持销售产品的质量。

第三十五条 销售者不得销售国家明令淘汰并停止销售的产品和失效、变质的产品。

第三十六条 销售者销售的产品的标识应当符合本法第二十七条的

规定。

第三十七条 销售者不得伪造产地，不得伪造或者冒用他人的厂名、厂址。

第三十八条 销售者不得伪造或者冒用认证标志等质量标志。

第三十九条 销售者销售产品，不得掺杂、掺假，不得以假充真、以次充好，不得以不合格产品冒充合格产品。

第四章 损害赔偿

第四十条 售出的产品有下列情形之一的，销售者应当负责修理、更换、退货；给购买产品的消费者造成损失的，销售者应当赔偿损失：

（一）不具备产品应当具备的使用性能而事先未作说明的；

（二）不符合在产品或者其包装上注明采用的产品标准的；

（三）不符合以产品说明、实物样品等方式表明的质量状况的。

销售者依照前款规定负责修理、更换、退货、赔偿损失后，属于生产者的责任或者属于向销售者提供产品的其他销售者（以下简称供货者）的责任的，销售者有权向生产者、供货者追偿。

销售者未按照第一款规定给予修理、更换、退货或者赔偿损失的，由市场监督管理部门责令改正。

生产者之间，销售者之间，生产者与销售者之间订立的买卖合同、承揽合同有不同约定的，合同当事人按照合同约定执行。

第四十一条 因产品存在缺陷造成人身、缺陷产品以外的其他财产（以下简称他人财产）损害的，生产者应当承担赔偿责任。

生产者能够证明有下列情形之一的，不承担赔偿责任：

（一）未将产品投入流通的；

（二）产品投入流通时，引起损害的缺陷尚不存在的；

（三）将产品投入流通时的科学技术水平尚不能发现缺陷的存在的。

第四十二条 由于销售者的过错使产品存在缺陷，造成人身、他人财产损害的，销售者应当承担赔偿责任。

销售者不能指明缺陷产品的生产者也不能指明缺陷产品的供货者的，销售者应当承担赔偿责任。

第四十三条　因产品存在缺陷造成人身、他人财产损害的，受害人可以向产品的生产者要求赔偿，也可以向产品的销售者要求赔偿。属于产品的生产者的责任，产品的销售者赔偿的，产品的销售者有权向产品的生产者追偿。属于产品的销售者的责任，产品的生产者赔偿的，产品的生产者有权向产品的销售者追偿。

第四十四条　因产品存在缺陷造成受害人人身伤害的，侵害人应当赔偿医疗费、治疗期间的护理费、因误工减少的收入等费用；造成残疾的，还应当支付残疾者生活自助具费、生活补助费、残疾赔偿金以及由其扶养的人所必需的生活费等费用；造成受害人死亡的，并应当支付丧葬费、死亡赔偿金以及由死者生前扶养的人所必需的生活费等费用。

因产品存在缺陷造成受害人财产损失的，侵害人应当恢复原状或者折价赔偿。受害人因此遭受其他重大损失的，侵害人应当赔偿损失。

第四十五条　因产品存在缺陷造成损害要求赔偿的诉讼时效期间为二年，自当事人知道或者应当知道其权益受到损害时起计算。

因产品存在缺陷造成损害要求赔偿的请求权，在造成损害的缺陷产品交付最初消费者满十年丧失；但是，尚未超过明示的安全使用期的除外。

第四十六条　本法所称缺陷，是指产品存在危及人身、他人财产安全的不合理的危险；产品有保障人体健康和人身、财产安全的国家标准、行业标准的，是指不符合该标准。

第四十七条　因产品质量发生民事纠纷时，当事人可以通过协商或者调解解决。当事人不愿通过协商、调解解决或者协商、调解不成的，可以根据当事人各方的协议向仲裁机构申请仲裁；当事人各方没有达成仲裁协议或者仲裁协议无效的，可以直接向人民法院起诉。

第四十八条　仲裁机构或者人民法院可以委托本法第十九条规定的产品质量检验机构，对有关产品质量进行检验。

中华人民共和国食品安全法

（2009 年 2 月 28 日第十一届全国人民代表大会常务委员会第七次会议通过　2015 年 4 月 24 日第十二届全国人民代表大会常务委员会第十四次会议修订　根据 2018 年 12 月 29 日第十三届全国人民代表大会常务委员会第七次会议《关于修改〈中华人民共和国产品质量法〉等五部法律的决定》第一次修正　根据 2021 年 4 月 29 日第十三届全国人民代表大会常务委员会第二十八次会议《关于修改〈中华人民共和国道路交通安全法〉等八部法律的决定》第二次修正）

第一章　总　　则

第一条　为了保证食品安全，保障公众身体健康和生命安全，制定本法。

第二条　在中华人民共和国境内从事下列活动，应当遵守本法：

（一）食品生产和加工（以下称食品生产），食品销售和餐饮服务（以下称食品经营）；

（二）食品添加剂的生产经营；

（三）用于食品的包装材料、容器、洗涤剂、消毒剂和用于食品生产经营的工具、设备（以下称食品相关产品）的生产经营；

（四）食品生产经营者使用食品添加剂、食品相关产品；

（五）食品的贮存和运输；

（六）对食品、食品添加剂、食品相关产品的安全管理。

供食用的源于农业的初级产品（以下称食用农产品）的质量安全管理，遵守《中华人民共和国农产品质量安全法》的规定。但是，食用农产品的市场销售、有关质量安全标准的制定、有关安全信息的公布和本法对农业投入品作出规定的，应当遵守本法的规定。

第三条　食品安全工作实行预防为主、风险管理、全程控制、社会共治，建立科学、严格的监督管理制度。

第四条　食品生产经营者对其生产经营食品的安全负责。

食品生产经营者应当依照法律、法规和食品安全标准从事生产经营活动，保证食品安全，诚信自律，对社会和公众负责，接受社会监督，承担社会责任。

第五条　国务院设立食品安全委员会，其职责由国务院规定。

国务院食品安全监督管理部门依照本法和国务院规定的职责，对食品生产经营活动实施监督管理。

国务院卫生行政部门依照本法和国务院规定的职责，组织开展食品安全风险监测和风险评估，会同国务院食品安全监督管理部门制定并公布食品安全国家标准。

国务院其他有关部门依照本法和国务院规定的职责，承担有关食品安全工作。

第六条　县级以上地方人民政府对本行政区域的食品安全监督管理工作负责，统一领导、组织、协调本行政区域的食品安全监督管理工作以及食品安全突发事件应对工作，建立健全食品安全全程监督管理工作机制和信息共享机制。

县级以上地方人民政府依照本法和国务院的规定，确定本级食品安全监督管理、卫生行政部门和其他有关部门的职责。有关部门在各自职责范围内负责本行政区域的食品安全监督管理工作。

县级人民政府食品安全监督管理部门可以在乡镇或者特定区域设立派出机构。

第七条　县级以上地方人民政府实行食品安全监督管理责任制。上级人民政府负责对下一级人民政府的食品安全监督管理工作进行评议、考核。县级以上地方人民政府负责对本级食品安全监督管理部门和其他有关部门的食品安全监督管理工作进行评议、考核。

第八条　县级以上人民政府应当将食品安全工作纳入本级国民经济和社会发展规划，将食品安全工作经费列入本级政府财政预算，加强食品安全监督管理能力建设，为食品安全工作提供保障。

县级以上人民政府食品安全监督管理部门和其他有关部门应当加强沟通、密切配合，按照各自职责分工，依法行使职权，承担责任。

第九条 食品行业协会应当加强行业自律，按照章程建立健全行业规范和奖惩机制，提供食品安全信息、技术等服务，引导和督促食品生产经营者依法生产经营，推动行业诚信建设，宣传、普及食品安全知识。

消费者协会和其他消费者组织对违反本法规定，损害消费者合法权益的行为，依法进行社会监督。

第十条 各级人民政府应当加强食品安全的宣传教育，普及食品安全知识，鼓励社会组织、基层群众性自治组织、食品生产经营者开展食品安全法律、法规以及食品安全标准和知识的普及工作，倡导健康的饮食方式，增强消费者食品安全意识和自我保护能力。

新闻媒体应当开展食品安全法律、法规以及食品安全标准和知识的公益宣传，并对食品安全违法行为进行舆论监督。有关食品安全的宣传报道应当真实、公正。

第十一条 国家鼓励和支持开展与食品安全有关的基础研究、应用研究，鼓励和支持食品生产经营者为提高食品安全水平采用先进技术和先进管理规范。

国家对农药的使用实行严格的管理制度，加快淘汰剧毒、高毒、高残留农药，推动替代产品的研发和应用，鼓励使用高效低毒低残留农药。

第十二条 任何组织或者个人有权举报食品安全违法行为，依法向有关部门了解食品安全信息，对食品安全监督管理工作提出意见和建议。

第十三条 对在食品安全工作中做出突出贡献的单位和个人，按照国家有关规定给予表彰、奖励。

第二章 食品安全风险监测和评估

第十四条 国家建立食品安全风险监测制度，对食源性疾病、食品污染以及食品中的有害因素进行监测。

国务院卫生行政部门会同国务院食品安全监督管理等部门，制定、实施国家食品安全风险监测计划。

国务院食品安全监督管理部门和其他有关部门获知有关食品安全风险信息后，应当立即核实并向国务院卫生行政部门通报。对有关部门通报的食品安全风险信息以及医疗机构报告的食源性疾病等有关疾病信息，国务院卫生行政部门应当会同国务院有关部门分析研究，认为必要的，及时调整国家食品安全风险监测计划。

省、自治区、直辖市人民政府卫生行政部门会同同级食品安全监督管理等部门，根据国家食品安全风险监测计划，结合本行政区域的具体情况，制定、调整本行政区域的食品安全风险监测方案，报国务院卫生行政部门备案并实施。

第十五条　承担食品安全风险监测工作的技术机构应当根据食品安全风险监测计划和监测方案开展监测工作，保证监测数据真实、准确，并按照食品安全风险监测计划和监测方案的要求报送监测数据和分析结果。

食品安全风险监测工作人员有权进入相关食用农产品种植养殖、食品生产经营场所采集样品、收集相关数据。采集样品应当按照市场价格支付费用。

第十六条　食品安全风险监测结果表明可能存在食品安全隐患的，县级以上人民政府卫生行政部门应当及时将相关信息通报同级食品安全监督管理等部门，并报告本级人民政府和上级人民政府卫生行政部门。食品安全监督管理等部门应当组织开展进一步调查。

第十七条　国家建立食品安全风险评估制度，运用科学方法，根据食品安全风险监测信息、科学数据以及有关信息，对食品、食品添加剂、食品相关产品中生物性、化学性和物理性危害因素进行风险评估。

国务院卫生行政部门负责组织食品安全风险评估工作，成立由医学、农业、食品、营养、生物、环境等方面的专家组成的食品安全风险评估专家委员会进行食品安全风险评估。食品安全风险评估结果由国务院卫生行政部门公布。

对农药、肥料、兽药、饲料和饲料添加剂等的安全性评估，应当有食品安全风险评估专家委员会的专家参加。

食品安全风险评估不得向生产经营者收取费用，采集样品应当按照市场价格支付费用。

第十八条　有下列情形之一的，应当进行食品安全风险评估：

（一）通过食品安全风险监测或者接到举报发现食品、食品添加剂、食品相关产品可能存在安全隐患的；

（二）为制定或者修订食品安全国家标准提供科学依据需要进行风险评估的；

（三）为确定监督管理的重点领域、重点品种需要进行风险评估的；

（四）发现新的可能危害食品安全因素的；

（五）需要判断某一因素是否构成食品安全隐患的；

（六）国务院卫生行政部门认为需要进行风险评估的其他情形。

第十九条　国务院食品安全监督管理、农业行政等部门在监督管理工作中发现需要进行食品安全风险评估的，应当向国务院卫生行政部门提出食品安全风险评估的建议，并提供风险来源、相关检验数据和结论等信息、资料。属于本法第十八条规定情形的，国务院卫生行政部门应当及时进行食品安全风险评估，并向国务院有关部门通报评估结果。

第二十条　省级以上人民政府卫生行政、农业行政部门应当及时相互通报食品、食用农产品安全风险监测信息。

国务院卫生行政、农业行政部门应当及时相互通报食品、食用农产品安全风险评估结果等信息。

第二十一条　食品安全风险评估结果是制定、修订食品安全标准和实施食品安全监督管理的科学依据。

经食品安全风险评估，得出食品、食品添加剂、食品相关产品不安全结论的，国务院食品安全监督管理等部门应当依据各自职责立即向社会公告，告知消费者停止食用或者使用，并采取相应措施，确保该食品、食品添加剂、食品相关产品停止生产经营；需要制定、修订相关食品安全国家标准的，国务院卫生行政部门应当会同国务院食品安全监督管理部门立即制定、修订。

第二十二条　国务院食品安全监督管理部门应当会同国务院有关部门，根据食品安全风险评估结果、食品安全监督管理信息，对食品安全状况进行综合分析。对经综合分析表明可能具有较高程度安全风险的食品，国务院食品安全监督管理部门应当及时提出食品安全风险警示，并向社会公布。

第二十三条　县级以上人民政府食品安全监督管理部门和其他有关部门、食品安全风险评估专家委员会及其技术机构，应当按照科学、客观、及时、公开的原则，组织食品生产经营者、食品检验机构、认证机构、食品行业协会、消费者协会以及新闻媒体等，就食品安全风险评估信息和食品安全监督管理信息进行交流沟通。

第三章　食品安全标准

第二十四条　制定食品安全标准，应当以保障公众身体健康为宗旨，做到科学合理、安全可靠。

第二十五条　食品安全标准是强制执行的标准。除食品安全标准外，不得制定其他食品强制性标准。

第二十六条　食品安全标准应当包括下列内容：

（一）食品、食品添加剂、食品相关产品中的致病性微生物，农药残留、兽药残留、生物毒素、重金属等污染物质以及其他危害人体健康物质的限量规定；

（二）食品添加剂的品种、使用范围、用量；

（三）专供婴幼儿和其他特定人群的主辅食品的营养成分要求；

（四）对与卫生、营养等食品安全要求有关的标签、标志、说明书的要求；

（五）食品生产经营过程的卫生要求；

（六）与食品安全有关的质量要求；

（七）与食品安全有关的食品检验方法与规程；

（八）其他需要制定为食品安全标准的内容。

第二十七条　食品安全国家标准由国务院卫生行政部门会同国务院食品安全监督管理部门制定、公布，国务院标准化行政部门提供国家标准编号。

食品中农药残留、兽药残留的限量规定及其检验方法与规程由国务院卫生行政部门、国务院农业行政部门会同国务院食品安全监督管理部门制定。

屠宰畜、禽的检验规程由国务院农业行政部门会同国务院卫生行政部门制定。

第二十八条　制定食品安全国家标准，应当依据食品安全风险评估结果并充分考虑食用农产品安全风险评估结果，参照相关的国际标准和国际食品安全风险评估结果，并将食品安全国家标准草案向社会公布，广泛听取食品生产经营者、消费者、有关部门等方面的意见。

食品安全国家标准应当经国务院卫生行政部门组织的食品安全国家标

准审评委员会审查通过。食品安全国家标准审评委员会由医学、农业、食品、营养、生物、环境等方面的专家以及国务院有关部门、食品行业协会、消费者协会的代表组成，对食品安全国家标准草案的科学性和实用性等进行审查。

第二十九条　对地方特色食品，没有食品安全国家标准的，省、自治区、直辖市人民政府卫生行政部门可以制定并公布食品安全地方标准，报国务院卫生行政部门备案。食品安全国家标准制定后，该地方标准即行废止。

第三十条　国家鼓励食品生产企业制定严于食品安全国家标准或者地方标准的企业标准，在本企业适用，并报省、自治区、直辖市人民政府卫生行政部门备案。

第三十一条　省级以上人民政府卫生行政部门应当在其网站上公布制定和备案的食品安全国家标准、地方标准和企业标准，供公众免费查阅、下载。

对食品安全标准执行过程中的问题，县级以上人民政府卫生行政部门应当会同有关部门及时给予指导、解答。

第三十二条　省级以上人民政府卫生行政部门应当会同同级食品安全监督管理、农业行政等部门，分别对食品安全国家标准和地方标准的执行情况进行跟踪评价，并根据评价结果及时修订食品安全标准。

省级以上人民政府食品安全监督管理、农业行政等部门应当对食品安全标准执行中存在的问题进行收集、汇总，并及时向同级卫生行政部门通报。

食品生产经营者、食品行业协会发现食品安全标准在执行中存在问题的，应当立即向卫生行政部门报告。

第四章　食品生产经营

第一节　一 般 规 定

第三十三条　食品生产经营应当符合食品安全标准，并符合下列要求：

（一）具有与生产经营的食品品种、数量相适应的食品原料处理和食品加工、包装、贮存等场所，保持该场所环境整洁，并与有毒、有害场所以及其他污染源保持规定的距离；

（二）具有与生产经营的食品品种、数量相适应的生产经营设备或者设施，有相应的消毒、更衣、盥洗、采光、照明、通风、防腐、防尘、防蝇、防鼠、防虫、洗涤以及处理废水、存放垃圾和废弃物的设备或者设施；

（三）有专职或者兼职的食品安全专业技术人员、食品安全管理人员和保证食品安全的规章制度；

（四）具有合理的设备布局和工艺流程，防止待加工食品与直接入口食品、原料与成品交叉污染，避免食品接触有毒物、不洁物；

（五）餐具、饮具和盛放直接入口食品的容器，使用前应当洗净、消毒，炊具、用具用后应当洗净，保持清洁；

（六）贮存、运输和装卸食品的容器、工具和设备应当安全、无害，保持清洁，防止食品污染，并符合保证食品安全所需的温度、湿度等特殊要求，不得将食品与有毒、有害物品一同贮存、运输；

（七）直接入口的食品应当使用无毒、清洁的包装材料、餐具、饮具和容器；

（八）食品生产经营人员应当保持个人卫生，生产经营食品时，应当将手洗净，穿戴清洁的工作衣、帽等；销售无包装的直接入口食品时，应当使用无毒、清洁的容器、售货工具和设备；

（九）用水应当符合国家规定的生活饮用水卫生标准；

（十）使用的洗涤剂、消毒剂应当对人体安全、无害；

（十一）法律、法规规定的其他要求。

非食品生产经营者从事食品贮存、运输和装卸的，应当符合前款第六项的规定。

第三十四条　禁止生产经营下列食品、食品添加剂、食品相关产品：

（一）用非食品原料生产的食品或者添加食品添加剂以外的化学物质和其他可能危害人体健康物质的食品，或者用回收食品作为原料生产的食品；

（二）致病性微生物，农药残留、兽药残留、生物毒素、重金属等污染物质以及其他危害人体健康的物质含量超过食品安全标准限量的食品、食品添加剂、食品相关产品；

（三）用超过保质期的食品原料、食品添加剂生产的食品、食品添加剂；

（四）超范围、超限量使用食品添加剂的食品；

（五）营养成分不符合食品安全标准的专供婴幼儿和其他特定人群的主

辅食品；

（六）腐败变质、油脂酸败、霉变生虫、污秽不洁、混有异物、掺假掺杂或者感官性状异常的食品、食品添加剂；

（七）病死、毒死或者死因不明的禽、畜、兽、水产动物肉类及其制品；

（八）未按规定进行检疫或者检疫不合格的肉类，或者未经检验或者检验不合格的肉类制品；

（九）被包装材料、容器、运输工具等污染的食品、食品添加剂；

（十）标注虚假生产日期、保质期或者超过保质期的食品、食品添加剂；

（十一）无标签的预包装食品、食品添加剂；

（十二）国家为防病等特殊需要明令禁止生产经营的食品；

（十三）其他不符合法律、法规或者食品安全标准的食品、食品添加剂、食品相关产品。

第三十五条 国家对食品生产经营实行许可制度。从事食品生产、食品销售、餐饮服务，应当依法取得许可。但是，销售食用农产品和仅销售预包装食品的，不需要取得许可。仅销售预包装食品的，应当报所在地县级以上地方人民政府食品安全监督管理部门备案。

县级以上地方人民政府食品安全监督管理部门应当依照《中华人民共和国行政许可法》的规定，审核申请人提交的本法第三十三条第一款第一项至第四项规定要求的相关资料，必要时对申请人的生产经营场所进行现场核查；对符合规定条件的，准予许可；对不符合规定条件的，不予许可并书面说明理由。

第三十六条 食品生产加工小作坊和食品摊贩等从事食品生产经营活动，应当符合本法规定的与其生产经营规模、条件相适应的食品安全要求，保证所生产经营的食品卫生、无毒、无害，食品安全监督管理部门应当对其加强监督管理。

县级以上地方人民政府应当对食品生产加工小作坊、食品摊贩等进行综合治理，加强服务和统一规划，改善其生产经营环境，鼓励和支持其改进生产经营条件，进入集中交易市场、店铺等固定场所经营，或者在指定的临时经营区域、时段经营。

食品生产加工小作坊和食品摊贩等的具体管理办法由省、自治区、直辖市制定。

第三十七条　利用新的食品原料生产食品，或者生产食品添加剂新品种、食品相关产品新品种，应当向国务院卫生行政部门提交相关产品的安全性评估材料。国务院卫生行政部门应当自收到申请之日起六十日内组织审查；对符合食品安全要求的，准予许可并公布；对不符合食品安全要求的，不予许可并书面说明理由。

第三十八条　生产经营的食品中不得添加药品，但是可以添加按照传统既是食品又是中药材的物质。按照传统既是食品又是中药材的物质目录由国务院卫生行政部门会同国务院食品安全监督管理部门制定、公布。

第三十九条　国家对食品添加剂生产实行许可制度。从事食品添加剂生产，应当具有与所生产食品添加剂品种相适应的场所、生产设备或者设施、专业技术人员和管理制度，并依照本法第三十五条第二款规定的程序，取得食品添加剂生产许可。

生产食品添加剂应当符合法律、法规和食品安全国家标准。

第四十条　食品添加剂应当在技术上确有必要且经过风险评估证明安全可靠，方可列入允许使用的范围；有关食品安全国家标准应当根据技术必要性和食品安全风险评估结果及时修订。

食品生产经营者应当按照食品安全国家标准使用食品添加剂。

第四十一条　生产食品相关产品应当符合法律、法规和食品安全国家标准。对直接接触食品的包装材料等具有较高风险的食品相关产品，按照国家有关工业产品生产许可证管理的规定实施生产许可。食品安全监督管理部门应当加强对食品相关产品生产活动的监督管理。

第四十二条　国家建立食品安全全程追溯制度。

食品生产经营者应当依照本法的规定，建立食品安全追溯体系，保证食品可追溯。国家鼓励食品生产经营者采用信息化手段采集、留存生产经营信息，建立食品安全追溯体系。

国务院食品安全监督管理部门会同国务院农业行政等有关部门建立食品安全全程追溯协作机制。

第四十三条　地方各级人民政府应当采取措施鼓励食品规模化生产和连锁经营、配送。

国家鼓励食品生产经营企业参加食品安全责任保险。

第二节　生产经营过程控制

第四十四条　食品生产经营企业应当建立健全食品安全管理制度，对职工进行食品安全知识培训，加强食品检验工作，依法从事生产经营活动。

食品生产经营企业的主要负责人应当落实企业食品安全管理制度，对本企业的食品安全工作全面负责。

食品生产经营企业应当配备食品安全管理人员，加强对其培训和考核。经考核不具备食品安全管理能力的，不得上岗。食品安全监督管理部门应当对企业食品安全管理人员随机进行监督抽查考核并公布考核情况。监督抽查考核不得收取费用。

第四十五条　食品生产经营者应当建立并执行从业人员健康管理制度。患有国务院卫生行政部门规定的有碍食品安全疾病的人员，不得从事接触直接入口食品的工作。

从事接触直接入口食品工作的食品生产经营人员应当每年进行健康检查，取得健康证明后方可上岗工作。

第四十六条　食品生产企业应当就下列事项制定并实施控制要求，保证所生产的食品符合食品安全标准：

（一）原料采购、原料验收、投料等原料控制；

（二）生产工序、设备、贮存、包装等生产关键环节控制；

（三）原料检验、半成品检验、成品出厂检验等检验控制；

（四）运输和交付控制。

第四十七条　食品生产经营者应当建立食品安全自查制度，定期对食品安全状况进行检查评价。生产经营条件发生变化，不再符合食品安全要求的，食品生产经营者应当立即采取整改措施；有发生食品安全事故潜在风险的，应当立即停止食品生产经营活动，并向所在地县级人民政府食品安全监督管理部门报告。

第四十八条　国家鼓励食品生产经营企业符合良好生产规范要求，实施危害分析与关键控制点体系，提高食品安全管理水平。

对通过良好生产规范、危害分析与关键控制点体系认证的食品生产经营企业，认证机构应当依法实施跟踪调查；对不再符合认证要求的企业，应当依法撤销认证，及时向县级以上人民政府食品安全监督管理部门通报，并向社会公布。认证机构实施跟踪调查不得收取费用。

第四十九条　食用农产品生产者应当按照食品安全标准和国家有关规定使用农药、肥料、兽药、饲料和饲料添加剂等农业投入品，严格执行农业投入品使用安全间隔期或者休药期的规定，不得使用国家明令禁止的农业投入品。禁止将剧毒、高毒农药用于蔬菜、瓜果、茶叶和中草药材等国家规定的农作物。

食用农产品的生产企业和农民专业合作经济组织应当建立农业投入品使用记录制度。

县级以上人民政府农业行政部门应当加强对农业投入品使用的监督管理和指导，建立健全农业投入品安全使用制度。

第五十条　食品生产者采购食品原料、食品添加剂、食品相关产品，应当查验供货者的许可证和产品合格证明；对无法提供合格证明的食品原料，应当按照食品安全标准进行检验；不得采购或者使用不符合食品安全标准的食品原料、食品添加剂、食品相关产品。

食品生产企业应当建立食品原料、食品添加剂、食品相关产品进货查验记录制度，如实记录食品原料、食品添加剂、食品相关产品的名称、规格、数量、生产日期或者生产批号、保质期、进货日期以及供货者名称、地址、联系方式等内容，并保存相关凭证。记录和凭证保存期限不得少于产品保质期满后六个月；没有明确保质期的，保存期限不得少于二年。

第五十一条　食品生产企业应当建立食品出厂检验记录制度，查验出厂食品的检验合格证和安全状况，如实记录食品的名称、规格、数量、生产日期或者生产批号、保质期、检验合格证号、销售日期以及购货者名称、地址、联系方式等内容，并保存相关凭证。记录和凭证保存期限应当符合本法第五十条第二款的规定。

第五十二条　食品、食品添加剂、食品相关产品的生产者，应当按照食品安全标准对所生产的食品、食品添加剂、食品相关产品进行检验，检验合格后方可出厂或者销售。

第五十三条　食品经营者采购食品，应当查验供货者的许可证和食品出厂检验合格证或者其他合格证明（以下称合格证明文件）。

食品经营企业应当建立食品进货查验记录制度，如实记录食品的名称、规格、数量、生产日期或者生产批号、保质期、进货日期以及供货者名称、地址、联系方式等内容，并保存相关凭证。记录和凭证保存期限应当符合本法第五十条第二款的规定。

实行统一配送经营方式的食品经营企业，可以由企业总部统一查验供货者的许可证和食品合格证明文件，进行食品进货查验记录。

从事食品批发业务的经营企业应当建立食品销售记录制度，如实记录批发食品的名称、规格、数量、生产日期或者生产批号、保质期、销售日期以及购货者名称、地址、联系方式等内容，并保存相关凭证。记录和凭证保存期限应当符合本法第五十条第二款的规定。

第五十四条　食品经营者应当按照保证食品安全的要求贮存食品，定期检查库存食品，及时清理变质或者超过保质期的食品。

食品经营者贮存散装食品，应当在贮存位置标明食品的名称、生产日期或者生产批号、保质期、生产者名称及联系方式等内容。

第五十五条　餐饮服务提供者应当制定并实施原料控制要求，不得采购不符合食品安全标准的食品原料。倡导餐饮服务提供者公开加工过程，公示食品原料及其来源等信息。

餐饮服务提供者在加工过程中应当检查待加工的食品及原料，发现有本法第三十四条第六项规定情形的，不得加工或者使用。

第五十六条　餐饮服务提供者应当定期维护食品加工、贮存、陈列等设施、设备；定期清洗、校验保温设施及冷藏、冷冻设施。

餐饮服务提供者应当按照要求对餐具、饮具进行清洗消毒，不得使用未经清洗消毒的餐具、饮具；餐饮服务提供者委托清洗消毒餐具、饮具的，应当委托符合本法规定条件的餐具、饮具集中消毒服务单位。

第五十七条　学校、托幼机构、养老机构、建筑工地等集中用餐单位的食堂应当严格遵守法律、法规和食品安全标准；从供餐单位订餐的，应当从取得食品生产经营许可的企业订购，并按照要求对订购的食品进行查验。供餐单位应当严格遵守法律、法规和食品安全标准，当餐加工，确保食品安全。

学校、托幼机构、养老机构、建筑工地等集中用餐单位的主管部门应当加强对集中用餐单位的食品安全教育和日常管理，降低食品安全风险，及时消除食品安全隐患。

第五十八条　餐具、饮具集中消毒服务单位应当具备相应的作业场所、清洗消毒设备或者设施,用水和使用的洗涤剂、消毒剂应当符合相关食品安全国家标准和其他国家标准、卫生规范。

餐具、饮具集中消毒服务单位应当对消毒餐具、饮具进行逐批检验,检验合格后方可出厂,并应当随附消毒合格证明。消毒后的餐具、饮具应当在独立包装上标注单位名称、地址、联系方式、消毒日期以及使用期限等内容。

第五十九条　食品添加剂生产者应当建立食品添加剂出厂检验记录制度,查验出厂产品的检验合格证和安全状况,如实记录食品添加剂的名称、规格、数量、生产日期或者生产批号、保质期、检验合格证号、销售日期以及购货者名称、地址、联系方式等相关内容,并保存相关凭证。记录和凭证保存期限应当符合本法第五十条第二款的规定。

第六十条　食品添加剂经营者采购食品添加剂,应当依法查验供货者的许可证和产品合格证明文件,如实记录食品添加剂的名称、规格、数量、生产日期或者生产批号、保质期、进货日期以及供货者名称、地址、联系方式等内容,并保存相关凭证。记录和凭证保存期限应当符合本法第五十条第二款的规定。

第六十一条　集中交易市场的开办者、柜台出租者和展销会举办者,应当依法审查入场食品经营者的许可证,明确其食品安全管理责任,定期对其经营环境和条件进行检查,发现其有违反本法规定行为的,应当及时制止并立即报告所在地县级人民政府食品安全监督管理部门。

第六十二条　网络食品交易第三方平台提供者应当对入网食品经营者进行实名登记,明确其食品安全管理责任;依法应当取得许可证的,还应当审查其许可证。

网络食品交易第三方平台提供者发现入网食品经营者有违反本法规定行为的,应当及时制止并立即报告所在地县级人民政府食品安全监督管理部门;发现严重违法行为的,应当立即停止提供网络交易平台服务。

第六十三条　国家建立食品召回制度。食品生产者发现其生产的食品不符合食品安全标准或者有证据证明可能危害人体健康的,应当立即停止生产,召回已经上市销售的食品,通知相关生产经营者和消费者,并记录召回和通知情况。

食品经营者发现其经营的食品有前款规定情形的,应当立即停止经营,通知相关生产经营者和消费者,并记录停止经营和通知情况。食品生产者认为应当召回的,应当立即召回。由于食品经营者的原因造成其经营的食品有前款规定情形的,食品经营者应当召回。

食品生产经营者应当对召回的食品采取无害化处理、销毁等措施,防止其再次流入市场。但是,对因标签、标志或者说明书不符合食品安全标准而被召回的食品,食品生产者在采取补救措施且能保证食品安全的情况下可以继续销售;销售时应当向消费者明示补救措施。

食品生产经营者应当将食品召回和处理情况向所在地县级人民政府食品安全监督管理部门报告;需要对召回的食品进行无害化处理、销毁的,应当提前报告时间、地点。食品安全监督管理部门认为必要的,可以实施现场监督。

食品生产经营者未依照本条规定召回或者停止经营的,县级以上人民政府食品安全监督管理部门可以责令其召回或者停止经营。

第六十四条　食用农产品批发市场应当配备检验设备和检验人员或者委托符合本法规定的食品检验机构,对进入该批发市场销售的食用农产品进行抽样检验;发现不符合食品安全标准的,应当要求销售者立即停止销售,并向食品安全监督管理部门报告。

第六十五条　食用农产品销售者应当建立食用农产品进货查验记录制度,如实记录食用农产品的名称、数量、进货日期以及供货者名称、地址、联系方式等内容,并保存相关凭证。记录和凭证保存期限不得少于六个月。

第六十六条　进入市场销售的食用农产品在包装、保鲜、贮存、运输中使用保鲜剂、防腐剂等食品添加剂和包装材料等食品相关产品,应当符合食品安全国家标准。

第三节　标签、说明书和广告

第六十七条　预包装食品的包装上应当有标签。标签应当标明下列事项:

(一)名称、规格、净含量、生产日期;

(二)成分或者配料表;

(三)生产者的名称、地址、联系方式;

（四）保质期；

（五）产品标准代号；

（六）贮存条件；

（七）所使用的食品添加剂在国家标准中的通用名称；

（八）生产许可证编号；

（九）法律、法规或者食品安全标准规定应当标明的其他事项。

专供婴幼儿和其他特定人群的主辅食品，其标签还应当标明主要营养成分及其含量。

食品安全国家标准对标签标注事项另有规定的，从其规定。

第六十八条　食品经营者销售散装食品，应当在散装食品的容器、外包装上标明食品的名称、生产日期或者生产批号、保质期以及生产经营者名称、地址、联系方式等内容。

第六十九条　生产经营转基因食品应当按照规定显著标示。

第七十条　食品添加剂应当有标签、说明书和包装。标签、说明书应当载明本法第六十七条第一款第一项至第六项、第八项、第九项规定的事项，以及食品添加剂的使用范围、用量、使用方法，并在标签上载明"食品添加剂"字样。

第七十一条　食品和食品添加剂的标签、说明书，不得含有虚假内容，不得涉及疾病预防、治疗功能。生产经营者对其提供的标签、说明书的内容负责。

食品和食品添加剂的标签、说明书应当清楚、明显，生产日期、保质期等事项应当显著标注，容易辨识。

食品和食品添加剂与其标签、说明书的内容不符的，不得上市销售。

第七十二条　食品经营者应当按照食品标签标示的警示标志、警示说明或者注意事项的要求销售食品。

第七十三条　食品广告的内容应当真实合法，不得含有虚假内容，不得涉及疾病预防、治疗功能。食品生产经营者对食品广告内容的真实性、合法性负责。

县级以上人民政府食品安全监督管理部门和其他有关部门以及食品检验机构、食品行业协会不得以广告或者其他形式向消费者推荐食品。消费者组织不得以收取费用或者其他牟取利益的方式向消费者推荐食品。

第四节　特殊食品

第七十四条　国家对保健食品、特殊医学用途配方食品和婴幼儿配方食品等特殊食品实行严格监督管理。

第七十五条　保健食品声称保健功能，应当具有科学依据，不得对人体产生急性、亚急性或者慢性危害。

保健食品原料目录和允许保健食品声称的保健功能目录，由国务院食品安全监督管理部门会同国务院卫生行政部门、国家中医药管理部门制定、调整并公布。

保健食品原料目录应当包括原料名称、用量及其对应的功效；列入保健食品原料目录的原料只能用于保健食品生产，不得用于其他食品生产。

第七十六条　使用保健食品原料目录以外原料的保健食品和首次进口的保健食品应当经国务院食品安全监督管理部门注册。但是，首次进口的保健食品中属于补充维生素、矿物质等营养物质的，应当报国务院食品安全监督管理部门备案。其他保健食品应当报省、自治区、直辖市人民政府食品安全监督管理部门备案。

进口的保健食品应当是出口国（地区）主管部门准许上市销售的产品。

第七十七条　依法应当注册的保健食品，注册时应当提交保健食品的研发报告、产品配方、生产工艺、安全性和保健功能评价、标签、说明书等材料及样品，并提供相关证明文件。国务院食品安全监督管理部门经组织技术审评，对符合安全和功能声称要求的，准予注册；对不符合要求的，不予注册并书面说明理由。对使用保健食品原料目录以外原料的保健食品作出准予注册决定的，应当及时将该原料纳入保健食品原料目录。

依法应当备案的保健食品，备案时应当提交产品配方、生产工艺、标签、说明书以及表明产品安全性和保健功能的材料。

第七十八条　保健食品的标签、说明书不得涉及疾病预防、治疗功能，内容应当真实，与注册或者备案的内容相一致，载明适宜人群、不适宜人群、功效成分或者标志性成分及其含量等，并声明“本品不能代替药物”。保健食品的功能和成分应当与标签、说明书相一致。

第七十九条　保健食品广告除应当符合本法第七十三条第一款的规定外，还应当声明“本品不能代替药物”；其内容应当经生产企业所在地省、自治区、直辖市人民政府食品安全监督管理部门审查批准，取得保健食品广告批准文件。省、自治区、直辖市人民政府食品安全监督管理部门应当公布并及时更新已经批准的保健食品广告目录以及批准的广告内容。

第八十条　特殊医学用途配方食品应当经国务院食品安全监督管理部门注册。注册时，应当提交产品配方、生产工艺、标签、说明书以及表明产品安全性、营养充足性和特殊医学用途临床效果的材料。

特殊医学用途配方食品广告适用《中华人民共和国广告法》和其他法律、行政法规关于药品广告管理的规定。

第八十一条　婴幼儿配方食品生产企业应当实施从原料进厂到成品出厂的全过程质量控制，对出厂的婴幼儿配方食品实施逐批检验，保证食品安全。

生产婴幼儿配方食品使用的生鲜乳、辅料等食品原料、食品添加剂等，应当符合法律、行政法规的规定和食品安全国家标准，保证婴幼儿生长发育所需的营养成分。

婴幼儿配方食品生产企业应当将食品原料、食品添加剂、产品配方及标签等事项向省、自治区、直辖市人民政府食品安全监督管理部门备案。

婴幼儿配方乳粉的产品配方应当经国务院食品安全监督管理部门注册。注册时，应当提交配方研发报告和其他表明配方科学性、安全性的材料。

不得以分装方式生产婴幼儿配方乳粉，同一企业不得用同一配方生产不同品牌的婴幼儿配方乳粉。

第八十二条　保健食品、特殊医学用途配方食品、婴幼儿配方乳粉的注册人或者备案人应当对其提交材料的真实性负责。

省级以上人民政府食品安全监督管理部门应当及时公布注册或者备案的保健食品、特殊医学用途配方食品、婴幼儿配方乳粉目录，并对注册或者备案中获知的企业商业秘密予以保密。

保健食品、特殊医学用途配方食品、婴幼儿配方乳粉生产企业应当按照注册或者备案的产品配方、生产工艺等技术要求组织生产。

第八十三条　生产保健食品，特殊医学用途配方食品、婴幼儿配方食品和其他专供特定人群的主辅食品的企业，应当按照良好生产规范的要求建立与所生产食品相适应的生产质量管理体系，定期对该体系的运行情况进行自查，保证其有效运行，并向所在地县级人民政府食品安全监督管理部门提交自查报告。

第五章　食品检验

第八十四条　食品检验机构按照国家有关认证认可的规定取得资质认定后，方可从事食品检验活动。但是，法律另有规定的除外。

食品检验机构的资质认定条件和检验规范，由国务院食品安全监督管理部门规定。

符合本法规定的食品检验机构出具的检验报告具有同等效力。

县级以上人民政府应当整合食品检验资源，实现资源共享。

第八十五条　食品检验由食品检验机构指定的检验人独立进行。

检验人应当依照有关法律、法规的规定，并按照食品安全标准和检验规范对食品进行检验，尊重科学，恪守职业道德，保证出具的检验数据和结论客观、公正，不得出具虚假检验报告。

第八十六条　食品检验实行食品检验机构与检验人负责制。食品检验报告应当加盖食品检验机构公章，并有检验人的签名或者盖章。食品检验机构和检验人对出具的食品检验报告负责。

第八十七条　县级以上人民政府食品安全监督管理部门应当对食品进行定期或者不定期的抽样检验，并依据有关规定公布检验结果，不得免检。进行抽样检验，应当购买抽取的样品，委托符合本法规定的食品检验机构进行检验，并支付相关费用；不得向食品生产经营者收取检验费和其他费用。

第八十八条　对依照本法规定实施的检验结论有异议的，食品生产经营者可以自收到检验结论之日起七个工作日内向实施抽样检验的食品安全监督管理部门或者其上一级食品安全监督管理部门提出复检申请，由受理复检申请的食品安全监督管理部门在公布的复检机构名录中随机确定复检机构进行复检。复检机构出具的复检结论为最终检验结论。复检机构与初检机构不得为同一机构。复检机构名录由国务院认证认可监督管理、食品安全监督管理、卫生行政、农业行政等部门共同公布。

采用国家规定的快速检测方法对食用农产品进行抽查检测，被抽查人对检测结果有异议的，可以自收到检测结果时起四小时内申请复检。复检不得采用快速检测方法。

第八十九条　食品生产企业可以自行对所生产的食品进行检验，也可以委托符合本法规定的食品检验机构进行检验。

食品行业协会和消费者协会等组织、消费者需要委托食品检验机构对食品进行检验的，应当委托符合本法规定的食品检验机构进行。

第九十条　食品添加剂的检验，适用本法有关食品检验的规定。

第六章　食品进出口

第九十一条　国家出入境检验检疫部门对进出口食品安全实施监督管理。

第九十二条　进口的食品、食品添加剂、食品相关产品应当符合我国食品安全国家标准。

进口的食品、食品添加剂应当经出入境检验检疫机构依照进出口商品检验相关法律、行政法规的规定检验合格。

进口的食品、食品添加剂应当按照国家出入境检验检疫部门的要求随附合格证明材料。

第九十三条　进口尚无食品安全国家标准的食品，由境外出口商、境外生产企业或者其委托的进口商向国务院卫生行政部门提交所执行的相关国家（地区）标准或者国际标准。国务院卫生行政部门对相关标准进行审查，认为符合食品安全要求的，决定暂予适用，并及时制定相应的食品安全国家标准。进口利用新的食品原料生产的食品或者进口食品添加剂新品种、食品相关产品新品种，依照本法第三十七条的规定办理。

出入境检验检疫机构按照国务院卫生行政部门的要求，对前款规定的食品、食品添加剂、食品相关产品进行检验。检验结果应当公开。

第九十四条　境外出口商、境外生产企业应当保证向我国出口的食品、食品添加剂、食品相关产品符合本法以及我国其他有关法律、行政法规的规定和食品安全国家标准的要求，并对标签、说明书的内容负责。

进口商应当建立境外出口商、境外生产企业审核制度，重点审核前款规定的内容;审核不合格的,不得进口。

发现进口食品不符合我国食品安全国家标准或者有证据证明可能危害人体健康的,进口商应当立即停止进口,并依照本法第六十三条的规定召回。

第九十五条　境外发生的食品安全事件可能对我国境内造成影响,或者在进口食品、食品添加剂、食品相关产品中发现严重食品安全问题的,国家出入境检验检疫部门应当及时采取风险预警或者控制措施,并向国务院食品安全监督管理、卫生行政、农业行政部门通报。接到通报的部门应当及时采取相应措施。

县级以上人民政府食品安全监督管理部门对国内市场上销售的进口食品、食品添加剂实施监督管理。发现存在严重食品安全问题的,国务院食品安全监督管理部门应当及时向国家出入境检验检疫部门通报。国家出入境检验检疫部门应当及时采取相应措施。

第九十六条　向我国境内出口食品的境外出口商或者代理商、进口食品的进口商应当向国家出入境检验检疫部门备案。向我国境内出口食品的境外食品生产企业应当经国家出入境检验检疫部门注册。已经注册的境外食品生产企业提供虚假材料,或者因其自身的原因致使进口食品发生重大食品安全事故的,国家出入境检验检疫部门应当撤销注册并公告。

国家出入境检验检疫部门应当定期公布已经备案的境外出口商、代理商、进口商和已经注册的境外食品生产企业名单。

第九十七条　进口的预包装食品、食品添加剂应当有中文标签;依法应当有说明书的,还应当有中文说明书。标签、说明书应当符合本法以及我国其他有关法律、行政法规的规定和食品安全国家标准的要求,并载明食品的原产地以及境内代理商的名称、地址、联系方式。预包装食品没有中文标签、中文说明书或者标签、说明书不符合本条规定的,不得进口。

第九十八条　进口商应当建立食品、食品添加剂进口和销售记录制度,如实记录食品、食品添加剂的名称、规格、数量、生产日期、生产或者进口批号、保质期、境外出口商和购货者名称、地址及联系方式、交货日期等内容,并保存相关凭证。记录和凭证保存期限应当符合本法第五十条第二款的规定。

第九十九条　出口食品生产企业应当保证其出口食品符合进口国(地区)的标准或者合同要求。

出口食品生产企业和出口食品原料种植、养殖场应当向国家出入境检验检疫部门备案。

第一百条　国家出入境检验检疫部门应当收集、汇总下列进出口食品安全信息，并及时通报相关部门、机构和企业：

（一）出入境检验检疫机构对进出口食品实施检验检疫发现的食品安全信息；

（二）食品行业协会和消费者协会等组织、消费者反映的进口食品安全信息；

（三）国际组织、境外政府机构发布的风险预警信息及其他食品安全信息，以及境外食品行业协会等组织、消费者反映的食品安全信息；

（四）其他食品安全信息。

国家出入境检验检疫部门应当对进出口食品的进口商、出口商和出口食品生产企业实施信用管理，建立信用记录，并依法向社会公布。对有不良记录的进口商、出口商和出口食品生产企业，应当加强对其进出口食品的检验检疫。

第一百零一条　国家出入境检验检疫部门可以对向我国境内出口食品的国家（地区）的食品安全管理体系和食品安全状况进行评估和审查，并根据评估和审查结果，确定相应检验检疫要求。

第七章　食品安全事故处置

第一百零二条　国务院组织制定国家食品安全事故应急预案。

县级以上地方人民政府应当根据有关法律、法规的规定和上级人民政府的食品安全事故应急预案以及本行政区域的实际情况，制定本行政区域的食品安全事故应急预案，并报上一级人民政府备案。

食品安全事故应急预案应当对食品安全事故分级、事故处置组织指挥体系与职责、预防预警机制、处置程序、应急保障措施等作出规定。

食品生产经营企业应当制定食品安全事故处置方案，定期检查本企业各项食品安全防范措施的落实情况，及时消除事故隐患。

第一百零三条　发生食品安全事故的单位应当立即采取措施，防止事故扩大。事故单位和接收病人进行治疗的单位应当及时向事故发生地县级人民政府食品安全监督管理、卫生行政部门报告。

县级以上人民政府农业行政等部门在日常监督管理中发现食品安全事故或者接到事故举报，应当立即向同级食品安全监督管理部门通报。

发生食品安全事故，接到报告的县级人民政府食品安全监督管理部门应当按照应急预案的规定向本级人民政府和上级人民政府食品安全监督管理部门报告。县级人民政府和上级人民政府食品安全监督管理部门应当按照应急预案的规定上报。

任何单位和个人不得对食品安全事故隐瞒、谎报、缓报，不得隐匿、伪造、毁灭有关证据。

第一百零四条 医疗机构发现其接收的病人属于食源性疾病病人或者疑似病人的，应当按照规定及时将相关信息向所在地县级人民政府卫生行政部门报告。县级人民政府卫生行政部门认为与食品安全有关的，应当及时通报同级食品安全监督管理部门。

县级以上人民政府卫生行政部门在调查处理传染病或者其他突发公共卫生事件中发现与食品安全相关的信息，应当及时通报同级食品安全监督管理部门。

第一百零五条 县级以上人民政府食品安全监督管理部门接到食品安全事故的报告后，应当立即会同同级卫生行政、农业行政等部门进行调查处理，并采取下列措施，防止或者减轻社会危害：

（一）开展应急救援工作，组织救治因食品安全事故导致人身伤害的人员；

（二）封存可能导致食品安全事故的食品及其原料，并立即进行检验；对确认属于被污染的食品及其原料，责令食品生产经营者依照本法第六十三条的规定召回或者停止经营；

（三）封存被污染的食品相关产品，并责令进行清洗消毒；

（四）做好信息发布工作，依法对食品安全事故及其处理情况进行发布，并对可能产生的危害加以解释、说明。

发生食品安全事故需要启动应急预案的，县级以上人民政府应当立即成立事故处置指挥机构，启动应急预案，依照前款和应急预案的规定进行处置。

发生食品安全事故，县级以上疾病预防控制机构应当对事故现场进行卫生处理，并对与事故有关的因素开展流行病学调查，有关部门应当予以协助。县级以上疾病预防控制机构应当向同级食品安全监督管理、卫生行政部门提交流行病学调查报告。

第一百零六条　发生食品安全事故，设区的市级以上人民政府食品安全监督管理部门应当立即会同有关部门进行事故责任调查，督促有关部门履行职责，向本级人民政府和上一级人民政府食品安全监督管理部门提出事故责任调查处理报告。

涉及两个以上省、自治区、直辖市的重大食品安全事故由国务院食品安全监督管理部门依照前款规定组织事故责任调查。

第一百零七条　调查食品安全事故，应当坚持实事求是、尊重科学的原则，及时、准确查清事故性质和原因，认定事故责任，提出整改措施。

调查食品安全事故，除了查明事故单位的责任，还应当查明有关监督管理部门、食品检验机构、认证机构及其工作人员的责任。

第一百零八条　食品安全事故调查部门有权向有关单位和个人了解与事故有关的情况，并要求提供相关资料和样品。有关单位和个人应当予以配合，按照要求提供相关资料和样品，不得拒绝。

任何单位和个人不得阻挠、干涉食品安全事故的调查处理。

第八章　监督管理

第一百零九条　县级以上人民政府食品安全监督管理部门根据食品安全风险监测、风险评估结果和食品安全状况等，确定监督管理的重点、方式和频次，实施风险分级管理。

县级以上地方人民政府组织本级食品安全监督管理、农业行政等部门制定本行政区域的食品安全年度监督管理计划，向社会公布并组织实施。

食品安全年度监督管理计划应当将下列事项作为监督管理的重点：

（一）专供婴幼儿和其他特定人群的主辅食品；

（二）保健食品生产过程中的添加行为和按照注册或者备案的技术要求组织生产的情况，保健食品标签、说明书以及宣传材料中有关功能宣传的情况；

（三）发生食品安全事故风险较高的食品生产经营者；

（四）食品安全风险监测结果表明可能存在食品安全隐患的事项。

第一百一十条　县级以上人民政府食品安全监督管理部门履行食品安

全监督管理职责，有权采取下列措施，对生产经营者遵守本法的情况进行监督检查：

（一）进入生产经营场所实施现场检查；

（二）对生产经营的食品、食品添加剂、食品相关产品进行抽样检验；

（三）查阅、复制有关合同、票据、账簿以及其他有关资料；

（四）查封、扣押有证据证明不符合食品安全标准或者有证据证明存在安全隐患以及用于违法生产经营的食品、食品添加剂、食品相关产品；

（五）查封违法从事生产经营活动的场所。

第一百一十一条 对食品安全风险评估结果证明食品存在安全隐患，需要制定、修订食品安全标准的，在制定、修订食品安全标准前，国务院卫生行政部门应当及时会同国务院有关部门规定食品中有害物质的临时限量值和临时检验方法，作为生产经营和监督管理的依据。

第一百一十二条 县级以上人民政府食品安全监督管理部门在食品安全监督管理工作中可以采用国家规定的快速检测方法对食品进行抽查检测。

对抽查检测结果表明可能不符合食品安全标准的食品，应当依照本法第八十七条的规定进行检验。抽查检测结果确定有关食品不符合食品安全标准的，可以作为行政处罚的依据。

第一百一十三条 县级以上人民政府食品安全监督管理部门应当建立食品生产经营者食品安全信用档案，记录许可颁发、日常监督检查结果、违法行为查处等情况，依法向社会公布并实时更新；对有不良信用记录的食品生产经营者增加监督检查频次，对违法行为情节严重的食品生产经营者，可以通报投资主管部门、证券监督管理机构和有关的金融机构。

第一百一十四条 食品生产经营过程中存在食品安全隐患，未及时采取措施消除的，县级以上人民政府食品安全监督管理部门可以对食品生产经营者的法定代表人或者主要负责人进行责任约谈。食品生产经营者应当立即采取措施，进行整改，消除隐患。责任约谈情况和整改情况应当纳入食品生产经营者食品安全信用档案。

第一百一十五条 县级以上人民政府食品安全监督管理等部门应当公布本部门的电子邮件地址或者电话，接受咨询、投诉、举报。接到咨询、投诉、举报，对属于本部门职责的，应当受理并在法定期限内及时答复、核实、处理；对不属于本部门职责的，应当移交有权处理的部门并书面通知咨询、投诉、举报人。有权处理的部门应当在法定期限内及时处理,不得推诿。对查证属实的举报,给予举报人奖励。

有关部门应当对举报人的信息予以保密,保护举报人的合法权益。举报人举报所在企业的,该企业不得以解除、变更劳动合同或者其他方式对举报人进行打击报复。

第一百一十六条　县级以上人民政府食品安全监督管理等部门应当加强对执法人员食品安全法律、法规、标准和专业知识与执法能力等的培训,并组织考核。不具备相应知识和能力的,不得从事食品安全执法工作。

食品生产经营者、食品行业协会、消费者协会等发现食品安全执法人员在执法过程中有违反法律、法规规定的行为以及不规范执法行为的,可以向本级或者上级人民政府食品安全监督管理等部门或者监察机关投诉、举报。接到投诉、举报的部门或者机关应当进行核实,并将经核实的情况向食品安全执法人员所在部门通报;涉嫌违法违纪的,按照本法和有关规定处理。

第一百一十七条　县级以上人民政府食品安全监督管理等部门未及时发现食品安全系统性风险,未及时消除监督管理区域内的食品安全隐患的,本级人民政府可以对其主要负责人进行责任约谈。

地方人民政府未履行食品安全职责,未及时消除区域性重大食品安全隐患的,上级人民政府可以对其主要负责人进行责任约谈。

被约谈的食品安全监督管理等部门、地方人民政府应当立即采取措施,对食品安全监督管理工作进行整改。

责任约谈情况和整改情况应当纳入地方人民政府和有关部门食品安全监督管理工作评议、考核记录。

第一百一十八条　国家建立统一的食品安全信息平台,实行食品安全信息统一公布制度。国家食品安全总体情况、食品安全风险警示信息、重大食品安全事故及其调查处理信息和国务院确定需要统一公布的其他信息由国务院食品安全监督管理部门统一公布。食品安全风险警示信息和重大食品安全事故及其调查处理信息的影响限于特定区域的,也可以由有关省、自治区、直辖市人民政府食品安全监督管理部门公布。未经授权不得发布上述信息。

县级以上人民政府食品安全监督管理、农业行政部门依据各自职责公布食品安全日常监督管理信息。

公布食品安全信息，应当做到准确、及时，并进行必要的解释说明，避免误导消费者和社会舆论。

第一百一十九条　县级以上地方人民政府食品安全监督管理、卫生行政、农业行政部门获知本法规定需要统一公布的信息，应当向上级主管部门报告，由上级主管部门立即报告国务院食品安全监督管理部门；必要时，可以直接向国务院食品安全监督管理部门报告。

县级以上人民政府食品安全监督管理、卫生行政、农业行政部门应当相互通报获知的食品安全信息。

第一百二十条　任何单位和个人不得编造、散布虚假食品安全信息。

县级以上人民政府食品安全监督管理部门发现可能误导消费者和社会舆论的食品安全信息，应当立即组织有关部门、专业机构、相关食品生产经营者等进行核实、分析，并及时公布结果。

第一百二十一条　县级以上人民政府食品安全监督管理等部门发现涉嫌食品安全犯罪的，应当按照有关规定及时将案件移送公安机关。对移送的案件，公安机关应当及时审查；认为有犯罪事实需要追究刑事责任的，应当立案侦查。

公安机关在食品安全犯罪案件侦查过程中认为没有犯罪事实，或者犯罪事实显著轻微，不需要追究刑事责任，但依法应当追究行政责任的，应当及时将案件移送食品安全监督管理等部门和监察机关，有关部门应当依法处理。

公安机关商请食品安全监督管理、生态环境等部门提供检验结论、认定意见以及对涉案物品进行无害化处理等协助的，有关部门应当及时提供，予以协助。

第九章　法律责任

第一百二十二条　违反本法规定，未取得食品生产经营许可从事食品生产经营活动，或者未取得食品添加剂生产许可从事食品添加剂生产活动的，由县级以上人民政府食品安全监督管理部门没收违法所得和违法生产经营的食品、食品添加剂以及用于违法生产经营的工具、设备、原料等物品；违法生产经营的食品、食品添加剂货值金额不足一万元的，并处五万元以上十万元以下罚款；货值金额一万元以上的，并处货值金额十倍以上二十倍以下罚款。

明知从事前款规定的违法行为,仍为其提供生产经营场所或者其他条件的,由县级以上人民政府食品安全监督管理部门责令停止违法行为,没收违法所得,并处五万元以上十万元以下罚款;使消费者的合法权益受到损害的,应当与食品、食品添加剂生产经营者承担连带责任。

第一百二十三条　违反本法规定,有下列情形之一,尚不构成犯罪的,由县级以上人民政府食品安全监督管理部门没收违法所得和违法生产经营的食品,并可以没收用于违法生产经营的工具、设备、原料等物品;违法生产经营的食品货值金额不足一万元的,并处十万元以上十五万元以下罚款;货值金额一万元以上的,并处货值金额十五倍以上三十倍以下罚款;情节严重的,吊销许可证,并可以由公安机关对其直接负责的主管人员和其他直接责任人员处五日以上十五日以下拘留:

(一)用非食品原料生产食品、在食品中添加食品添加剂以外的化学物质和其他可能危害人体健康的物质,或者用回收食品作为原料生产食品,或者经营上述食品;

(二)生产经营营养成分不符合食品安全标准的专供婴幼儿和其他特定人群的主辅食品;

(三)经营病死、毒死或者死因不明的禽、畜、兽、水产动物肉类,或者生产经营其制品;

(四)经营未按规定进行检疫或者检疫不合格的肉类,或者生产经营未经检验或者检验不合格的肉类制品;

(五)生产经营国家为防病等特殊需要明令禁止生产经营的食品;

(六)生产经营添加药品的食品。

明知从事前款规定的违法行为,仍为其提供生产经营场所或者其他条件的,由县级以上人民政府食品安全监督管理部门责令停止违法行为,没收违法所得,并处十万元以上二十万元以下罚款;使消费者的合法权益受到损害的,应当与食品生产经营者承担连带责任。

违法使用剧毒、高毒农药的,除依照有关法律、法规规定给予处罚外,可以由公安机关依照第一款规定给予拘留。

第一百二十四条　违反本法规定,有下列情形之一,尚不构成犯罪的,由县级以上人民政府食品安全监督管理部门没收违法所得和违法生产经营的食品、食品添加剂，并可以没收用于违法生产经营的工具、设备、原料等物品；违法生产经营的食品、食品添加剂货值金额不足一万元的，并处五万元以上十万元以下罚款；货值金额一万元以上的，并处货值金额十倍以上二十倍以下罚款；情节严重的，吊销许可证：

（一）生产经营致病性微生物，农药残留、兽药残留、生物毒素、重金属等污染物质以及其他危害人体健康的物质含量超过食品安全标准限量的食品、食品添加剂；

（二）用超过保质期的食品原料、食品添加剂生产食品、食品添加剂，或者经营上述食品、食品添加剂；

（三）生产经营超范围、超限量使用食品添加剂的食品；

（四）生产经营腐败变质、油脂酸败、霉变生虫、污秽不洁、混有异物、掺假掺杂或者感官性状异常的食品、食品添加剂；

（五）生产经营标注虚假生产日期、保质期或者超过保质期的食品、食品添加剂；

（六）生产经营未按规定注册的保健食品、特殊医学用途配方食品、婴幼儿配方乳粉，或者未按注册的产品配方、生产工艺等技术要求组织生产；

（七）以分装方式生产婴幼儿配方乳粉，或者同一企业以同一配方生产不同品牌的婴幼儿配方乳粉；

（八）利用新的食品原料生产食品，或者生产食品添加剂新品种，未通过安全性评估；

（九）食品生产经营者在食品安全监督管理部门责令其召回或者停止经营后，仍拒不召回或者停止经营。

除前款和本法第一百二十三条、第一百二十五条规定的情形外，生产经营不符合法律、法规或者食品安全标准的食品、食品添加剂的，依照前款规定给予处罚。

生产食品相关产品新品种，未通过安全性评估，或者生产不符合食品安全标准的食品相关产品的，由县级以上人民政府食品安全监督管理部门依照第一款规定给予处罚。

第一百二十五条　违反本法规定，有下列情形之一的，由县级以上人民政府食品安全监督管理部门没收违法所得和违法生产经营的食品、食品添加剂，并可以没收用于违法生产经营的工具、设备、原料等物品；违法生产经营的食品、食品添加剂货值金额不足一万元的,并处五千元以上五万元以下罚款;货值金额一万元以上的,并处货值金额五倍以上十倍以下罚款;情节严重的,责令停产停业,直至吊销许可证:

(一)生产经营被包装材料、容器、运输工具等污染的食品、食品添加剂;

(二)生产经营无标签的预包装食品、食品添加剂或者标签、说明书不符合本法规定的食品、食品添加剂;

(三)生产经营转基因食品未按规定进行标示;

(四)食品生产经营者采购或者使用不符合食品安全标准的食品原料、食品添加剂、食品相关产品。

生产经营的食品、食品添加剂的标签、说明书存在瑕疵但不影响食品安全且不会对消费者造成误导的,由县级以上人民政府食品安全监督管理部门责令改正;拒不改正的,处二千元以下罚款。

第一百二十六条　违反本法规定,有下列情形之一的,由县级以上人民政府食品安全监督管理部门责令改正,给予警告;拒不改正的,处五千元以上五万元以下罚款;情节严重的,责令停产停业,直至吊销许可证:

(一)食品、食品添加剂生产者未按规定对采购的食品原料和生产的食品、食品添加剂进行检验;

(二)食品生产经营企业未按规定建立食品安全管理制度,或者未按规定配备或者培训、考核食品安全管理人员;

(三)食品、食品添加剂生产经营者进货时未查验许可证和相关证明文件,或者未按规定建立并遵守进货查验记录、出厂检验记录和销售记录制度;

(四)食品生产经营企业未制定食品安全事故处置方案;

(五)餐具、饮具和盛放直接入口食品的容器,使用前未经洗净、消毒或者清洗消毒不合格,或者餐饮服务设施、设备未按规定定期维护、清洗、校验;

(六)食品生产经营者安排未取得健康证明或者患有国务院卫生行政部门规定的有碍食品安全疾病的人员从事接触直接入口食品的工作;

(七)食品经营者未按规定要求销售食品;

(八)保健食品生产企业未按规定向食品安全监督管理部门备案,或者未按备案的产品配方、生产工艺等技术要求组织生产;

(九)婴幼儿配方食品生产企业未将食品原料、食品添加剂、产品配方、标签等向食品安全监督管理部门备案;

（十）特殊食品生产企业未按规定建立生产质量管理体系并有效运行，或者未定期提交自查报告；

（十一）食品生产经营者未定期对食品安全状况进行检查评价，或者生产经营条件发生变化，未按规定处理；

（十二）学校、托幼机构、养老机构、建筑工地等集中用餐单位未按规定履行食品安全管理责任；

（十三）食品生产企业、餐饮服务提供者未按规定制定、实施生产经营过程控制要求。

餐具、饮具集中消毒服务单位违反本法规定用水，使用洗涤剂、消毒剂，或者出厂的餐具、饮具未按规定检验合格并随附消毒合格证明，或者未按规定在独立包装上标注相关内容的，由县级以上人民政府卫生行政部门依照前款规定给予处罚。

食品相关产品生产者未按规定对生产的食品相关产品进行检验的，由县级以上人民政府食品安全监督管理部门依照第一款规定给予处罚。

食用农产品销售者违反本法第六十五条规定的，由县级以上人民政府食品安全监督管理部门依照第一款规定给予处罚。

第一百二十七条 对食品生产加工小作坊、食品摊贩等的违法行为的处罚，依照省、自治区、直辖市制定的具体管理办法执行。

第一百二十八条 违反本法规定，事故单位在发生食品安全事故后未进行处置、报告的，由有关主管部门按照各自职责分工责令改正，给予警告；隐匿、伪造、毁灭有关证据的，责令停产停业，没收违法所得，并处十万元以上五十万元以下罚款；造成严重后果的，吊销许可证。

第一百二十九条 违反本法规定，有下列情形之一的，由出入境检验检疫机构依照本法第一百二十四条的规定给予处罚：

（一）提供虚假材料，进口不符合我国食品安全国家标准的食品、食品添加剂、食品相关产品；

（二）进口尚无食品安全国家标准的食品，未提交所执行的标准并经国务院卫生行政部门审查，或者进口利用新的食品原料生产的食品或者进口食品添加剂新品种、食品相关产品新品种，未通过安全性评估；

（三）未遵守本法的规定出口食品；

（四）进口商在有关主管部门责令其依照本法规定召回进口的食品后，

仍拒不召回。

违反本法规定，进口商未建立并遵守食品、食品添加剂进口和销售记录制度、境外出口商或者生产企业审核制度的，由出入境检验检疫机构依照本法第一百二十六条的规定给予处罚。

第一百三十条　违反本法规定，集中交易市场的开办者、柜台出租者、展销会的举办者允许未依法取得许可的食品经营者进入市场销售食品，或者未履行检查、报告等义务的，由县级以上人民政府食品安全监督管理部门责令改正，没收违法所得，并处五万元以上二十万元以下罚款；造成严重后果的，责令停业，直至由原发证部门吊销许可证；使消费者的合法权益受到损害的，应当与食品经营者承担连带责任。

食用农产品批发市场违反本法第六十四条规定的，依照前款规定承担责任。

第一百三十一条　违反本法规定，网络食品交易第三方平台提供者未对入网食品经营者进行实名登记、审查许可证，或者未履行报告、停止提供网络交易平台服务等义务的，由县级以上人民政府食品安全监督管理部门责令改正，没收违法所得，并处五万元以上二十万元以下罚款；造成严重后果的，责令停业，直至由原发证部门吊销许可证；使消费者的合法权益受到损害的，应当与食品经营者承担连带责任。

消费者通过网络食品交易第三方平台购买食品，其合法权益受到损害的，可以向入网食品经营者或者食品生产者要求赔偿。网络食品交易第三方平台提供者不能提供入网食品经营者的真实名称、地址和有效联系方式的，由网络食品交易第三方平台提供者赔偿。网络食品交易第三方平台提供者赔偿后，有权向入网食品经营者或者食品生产者追偿。网络食品交易第三方平台提供者作出更有利于消费者承诺的，应当履行其承诺。

第一百三十二条　违反本法规定，未按要求进行食品贮存、运输和装卸的，由县级以上人民政府食品安全监督管理等部门按照各自职责分工责令改正，给予警告；拒不改正的，责令停产停业，并处一万元以上五万元以下罚款；情节严重的，吊销许可证。

第一百三十三条　违反本法规定，拒绝、阻挠、干涉有关部门、机构及其工作人员依法开展食品安全监督检查、事故调查处理、风险监测和风险评估的，由有关主管部门按照各自职责分工责令停产停业，并处二千元以上五万元以下罚款；情节严重的，吊销许可证；构成违反治安管理行为的，由公安机关依法给予治安管理处罚。

违反本法规定，对举报人以解除、变更劳动合同或者其他方式打击报复的，应当依照有关法律的规定承担责任。

第一百三十四条 食品生产经营者在一年内累计三次因违反本法规定受到责令停产停业、吊销许可证以外处罚的，由食品安全监督管理部门责令停产停业，直至吊销许可证。

第一百三十五条 被吊销许可证的食品生产经营者及其法定代表人、直接负责的主管人员和其他直接责任人员自处罚决定作出之日起五年内不得申请食品生产经营许可，或者从事食品生产经营管理工作、担任食品生产经营企业食品安全管理人员。

因食品安全犯罪被判处有期徒刑以上刑罚的，终身不得从事食品生产经营管理工作，也不得担任食品生产经营企业食品安全管理人员。

食品生产经营者聘用人员违反前两款规定的，由县级以上人民政府食品安全监督管理部门吊销许可证。

第一百三十六条 食品经营者履行了本法规定的进货查验等义务，有充分证据证明其不知道所采购的食品不符合食品安全标准，并能如实说明其进货来源的，可以免予处罚，但应当依法没收其不符合食品安全标准的食品；造成人身、财产或者其他损害的，依法承担赔偿责任。

第一百三十七条 违反本法规定，承担食品安全风险监测、风险评估工作的技术机构、技术人员提供虚假监测、评估信息的，依法对技术机构直接负责的主管人员和技术人员给予撤职、开除处分；有执业资格的，由授予其资格的主管部门吊销执业证书。

第一百三十八条 违反本法规定，食品检验机构、食品检验人员出具虚假检验报告的，由授予其资质的主管部门或者机构撤销该食品检验机构的检验资质，没收所收取的检验费用，并处检验费用五倍以上十倍以下罚款，检验费用不足一万元的，并处五万元以上十万元以下罚款；依法对食品检验机构直接负责的主管人员和食品检验人员给予撤职或者开除处分；导致发生重大食品安全事故的，对直接负责的主管人员和食品检验人员给予开除处分。

违反本法规定，受到开除处分的食品检验机构人员，自处分决定作出之日起十年内不得从事食品检验工作；因食品安全违法行为受到刑事处罚或者因出具虚假检验报告导致发生重大食品安全事故受到开除处分的食品检验机构人员，终身不得从事食品检验工作。食品检验机构聘用不得从事食品检验工作的人员的，由授予其资质的主管部门或者机构撤销该食品检验机构的检验资质。

食品检验机构出具虚假检验报告，使消费者的合法权益受到损害的，应当与食品生产经营者承担连带责任。

第一百三十九条　违反本法规定，认证机构出具虚假认证结论，由认证认可监督管理部门没收所收取的认证费用，并处认证费用五倍以上十倍以下罚款，认证费用不足一万元的，并处五万元以上十万元以下罚款；情节严重的，责令停业，直至撤销认证机构批准文件，并向社会公布；对直接负责的主管人员和负有直接责任的认证人员，撤销其执业资格。

认证机构出具虚假认证结论，使消费者的合法权益受到损害的，应当与食品生产经营者承担连带责任。

第一百四十条　违反本法规定，在广告中对食品作虚假宣传，欺骗消费者，或者发布未取得批准文件、广告内容与批准文件不一致的保健食品广告的，依照《中华人民共和国广告法》的规定给予处罚。

广告经营者、发布者设计、制作、发布虚假食品广告，使消费者的合法权益受到损害的，应当与食品生产经营者承担连带责任。

社会团体或者其他组织、个人在虚假广告或者其他虚假宣传中向消费者推荐食品，使消费者的合法权益受到损害的，应当与食品生产经营者承担连带责任。

违反本法规定，食品安全监督管理等部门、食品检验机构、食品行业协会以广告或者其他形式向消费者推荐食品，消费者组织以收取费用或者其他牟取利益的方式向消费者推荐食品的，由有关主管部门没收违法所得，依法对直接负责的主管人员和其他直接责任人员给予记大过、降级或者撤职处分；情节严重的，给予开除处分。

对食品作虚假宣传且情节严重的，由省级以上人民政府食品安全监督管理部门决定暂停销售该食品，并向社会公布；仍然销售该食品的，由县级以上人民政府食品安全监督管理部门没收违法所得和违法销售的食品，并处二万元以上五万元以下罚款。

第一百四十一条　违反本法规定，编造、散布虚假食品安全信息，构成违反治安管理行为的，由公安机关依法给予治安管理处罚。

媒体编造、散布虚假食品安全信息的，由有关主管部门依法给予处罚，并对直接负责的主管人员和其他直接责任人员给予处分；使公民、法人或者其他组织的合法权益受到损害的，依法承担消除影响、恢复名誉、赔偿损失、赔礼道歉等民事责任。

第一百四十二条　违反本法规定，县级以上地方人民政府有下列行为之一的，对直接负责的主管人员和其他直接责任人员给予记大过处分；情节较重的，给予降级或者撤职处分；情节严重的，给予开除处分；造成严重后果的，其主要负责人还应当引咎辞职：

（一）对发生在本行政区域内的食品安全事故，未及时组织协调有关部门开展有效处置，造成不良影响或者损失；

（二）对本行政区域内涉及多环节的区域性食品安全问题，未及时组织整治，造成不良影响或者损失；

（三）隐瞒、谎报、缓报食品安全事故；

（四）本行政区域内发生特别重大食品安全事故，或者连续发生重大食品安全事故。

第一百四十三条　违反本法规定，县级以上地方人民政府有下列行为之一的，对直接负责的主管人员和其他直接责任人员给予警告、记过或者记大过处分；造成严重后果的，给予降级或者撤职处分：

（一）未确定有关部门的食品安全监督管理职责，未建立健全食品安全全程监督管理工作机制和信息共享机制，未落实食品安全监督管理责任制；

（二）未制定本行政区域的食品安全事故应急预案，或者发生食品安全事故后未按规定立即成立事故处置指挥机构、启动应急预案。

第一百四十四条　违反本法规定，县级以上人民政府食品安全监督管理、卫生行政、农业行政等部门有下列行为之一的，对直接负责的主管人员和其他直接责任人员给予记大过处分；情节较重的，给予降级或者撤职处分；情节严重的，给予开除处分；造成严重后果的，其主要负责人还应当引咎辞职：

（一）隐瞒、谎报、缓报食品安全事故；

（二）未按规定查处食品安全事故，或者接到食品安全事故报告未及时处理，造成事故扩大或者蔓延；

（三）经食品安全风险评估得出食品、食品添加剂、食品相关产品不安全结论后，未及时采取相应措施，造成食品安全事故或者不良社会影响；

（四）对不符合条件的申请人准予许可，或者超越法定职权准予许可；

（五）不履行食品安全监督管理职责，导致发生食品安全事故。

第一百四十五条　违反本法规定，县级以上人民政府食品安全监督管理、卫生行政、农业行政等部门有下列行为之一，造成不良后果的，对直接负责的主管人员和其他直接责任人员给予警告、记过或者记大过处分；情节较重的，给予降级或者撤职处分；情节严重的，给予开除处分：

（一）在获知有关食品安全信息后，未按规定向上级主管部门和本级人民政府报告，或者未按规定相互通报；

（二）未按规定公布食品安全信息；

（三）不履行法定职责，对查处食品安全违法行为不配合，或者滥用职权、玩忽职守、徇私舞弊。

第一百四十六条　食品安全监督管理等部门在履行食品安全监督管理职责过程中，违法实施检查、强制等执法措施，给生产经营者造成损失的，应当依法予以赔偿，对直接负责的主管人员和其他直接责任人员依法给予处分。

第一百四十七条　违反本法规定，造成人身、财产或者其他损害的，依法承担赔偿责任。生产经营者财产不足以同时承担民事赔偿责任和缴纳罚款、罚金时，先承担民事赔偿责任。

第一百四十八条　消费者因不符合食品安全标准的食品受到损害的，可以向经营者要求赔偿损失，也可以向生产者要求赔偿损失。接到消费者赔偿要求的生产经营者，应当实行首负责任制，先行赔付，不得推诿；属于生产者责任的，经营者赔偿后有权向生产者追偿；属于经营者责任的，生产者赔偿后有权向经营者追偿。

生产不符合食品安全标准的食品或者经营明知是不符合食品安全标准的食品，消费者除要求赔偿损失外，还可以向生产者或者经营者要求支付价款十倍或者损失三倍的赔偿金；增加赔偿的金额不足一千元的，为一千元。但是，食品的标签、说明书存在不影响食品安全且不会对消费者造成误导的瑕疵的除外。

第一百四十九条　违反本法规定，构成犯罪的，依法追究刑事责任。

第十章　附　　则

第一百五十条　本法下列用语的含义：

食品，指各种供人食用或者饮用的成品和原料以及按照传统既是食品又是中药材的物品，但是不包括以治疗为目的的物品。

食品安全，指食品无毒、无害，符合应当有的营养要求，对人体健康不造成任何急性、亚急性或者慢性危害。

预包装食品，指预先定量包装或者制作在包装材料、容器中的食品。

食品添加剂，指为改善食品品质和色、香、味以及为防腐、保鲜和加工工艺的需要而加入食品中的人工合成或者天然物质，包括营养强化剂。

用于食品的包装材料和容器，指包装、盛放食品或者食品添加剂用的纸、竹、木、金属、搪瓷、陶瓷、塑料、橡胶、天然纤维、化学纤维、玻璃等制品和直接接触食品或者食品添加剂的涂料。

用于食品生产经营的工具、设备，指在食品或者食品添加剂生产、销售、使用过程中直接接触食品或者食品添加剂的机械、管道、传送带、容器、用具、餐具等。

用于食品的洗涤剂、消毒剂，指直接用于洗涤或者消毒食品、餐具、饮具以及直接接触食品的工具、设备或者食品包装材料和容器的物质。

食品保质期，指食品在标明的贮存条件下保持品质的期限。

食源性疾病，指食品中致病因素进入人体引起的感染性、中毒性等疾病，包括食物中毒。

食品安全事故，指食源性疾病、食品污染等源于食品，对人体健康有危害或者可能有危害的事故。

第一百五十一条　转基因食品和食盐的食品安全管理，本法未作规定的，适用其他法律、行政法规的规定。

第一百五十二条　铁路、民航运营中食品安全的管理办法由国务院食品安全监督管理部门会同国务院有关部门依照本法制定。

保健食品的具体管理办法由国务院食品安全监督管理部门依照本法制定。

食品相关产品生产活动的具体管理办法由国务院食品安全监督管理部

门依照本法制定。

国境口岸食品的监督管理由出入境检验检疫机构依照本法以及有关法律、行政法规的规定实施。

军队专用食品和自供食品的食品安全管理办法由中央军事委员会依照本法制定。

第一百五十三条　国务院根据实际需要，可以对食品安全监督管理体制作出调整。

第一百五十四条　本法自2015年10月1日起施行。

中华人民共和国
消费者权益保护法（节录）

（1993年10月31日第八届全国人民代表大会常务委员会第四次会议通过　根据2009年8月27日第十一届全国人民代表大会常务委员会第十次会议《关于修改部分法律的决定》第一次修正　根据2013年10月25日第十二届全国人民代表大会常务委员会第五次会议《关于修改〈中华人民共和国消费者权益保护法〉的决定》第二次修正）

第二章　消费者的权利

第七条　消费者在购买、使用商品和接受服务时享有人身、财产安全不受损害的权利。

消费者有权要求经营者提供的商品和服务，符合保障人身、财产安全的要求。

第八条　消费者享有知悉其购买、使用的商品或者接受的服务的真实情况的权利。

消费者有权根据商品或者服务的不同情况，要求经营者提供商品的价格、产地、生产者、用途、性能、规格、等级、主要成份、生产日期、有效期限、检验合格证明、使用方法说明书、售后服务，或者服务的内容、规格、费用等有关情况。

第九条　消费者享有自主选择商品或者服务的权利。

消费者有权自主选择提供商品或者服务的经营者，自主选择商品品种或者服务方式，自主决定购买或者不购买任何一种商品、接受或者不接受任何一项服务。

消费者在自主选择商品或者服务时，有权进行比较、鉴别和挑选。

第十条　消费者享有公平交易的权利。

消费者在购买商品或者接受服务时，有权获得质量保障、价格合理、计量正确等公平交易条件，有权拒绝经营者的强制交易行为。

第十一条　消费者因购买、使用商品或者接受服务受到人身、财产损害的，享有依法获得赔偿的权利。

第十二条　消费者享有依法成立维护自身合法权益的社会组织的权利。

第十三条　消费者享有获得有关消费和消费者权益保护方面的知识的权利。

消费者应当努力掌握所需商品或者服务的知识和使用技能，正确使用商品，提高自我保护意识。

第十四条　消费者在购买、使用商品和接受服务时，享有人格尊严、民族风俗习惯得到尊重的权利，享有个人信息依法得到保护的权利。

第十五条　消费者享有对商品和服务以及保护消费者权益工作进行监督的权利。

消费者有权检举、控告侵害消费者权益的行为和国家机关及其工作人员在保护消费者权益工作中的违法失职行为，有权对保护消费者权益工作提出批评、建议。

第三章　经营者的义务

第十六条　经营者向消费者提供商品或者服务，应当依照本法和其他有关法律、法规的规定履行义务。

经营者和消费者有约定的，应当按照约定履行义务，但双方的约定不得违背法律、法规的规定。

经营者向消费者提供商品或者服务，应当恪守社会公德，诚信经营，保障消费者的合法权益；不得设定不公平、不合理的交易条件，不得强制交易。

第十七条　经营者应当听取消费者对其提供的商品或者服务的意见，接受消费者的监督。

第十八条　经营者应当保证其提供的商品或者服务符合保障人身、财产安全的要求。对可能危及人身、财产安全的商品和服务，应当向消费者作出真实的说明和明确的警示，并说明和标明正确使用商品或者接受服务的方法以及防止危害发生的方法。

宾馆、商场、餐馆、银行、机场、车站、港口、影剧院等经营场所的经营者，应当对消费者尽到安全保障义务。

第十九条　经营者发现其提供的商品或者服务存在缺陷，有危及人身、财产安全危险的，应当立即向有关行政部门报告和告知消费者，并采取停止销售、警示、召回、无害化处理、销毁、停止生产或者服务等措施。采取召回措施的，经营者应当承担消费者因商品被召回支出的必要费用。

第二十条　经营者向消费者提供有关商品或者服务的质量、性能、用途、有效期限等信息，应当真实、全面，不得作虚假或者引人误解的宣传。

经营者对消费者就其提供的商品或者服务的质量和使用方法等问题提出的询问，应当作出真实、明确的答复。

经营者提供商品或者服务应当明码标价。

第二十一条　经营者应当标明其真实名称和标记。

租赁他人柜台或者场地的经营者，应当标明其真实名称和标记。

第二十二条　经营者提供商品或者服务，应当按照国家有关规定或者商业惯例向消费者出具发票等购货凭证或者服务单据；消费者索要发票等购货凭证或者服务单据的，经营者必须出具。

第二十三条　经营者应当保证在正常使用商品或者接受服务的情况下其提供的商品或者服务应当具有的质量、性能、用途和有效期限；但消费者在购买该商品或者接受该服务前已经知道其存在瑕疵，且存在该瑕疵不违反法律强制性规定的除外。

经营者以广告、产品说明、实物样品或者其他方式表明商品或者服务的质量状况的，应当保证其提供的商品或者服务的实际质量与表明的质量状况相符。

经营者提供的机动车、计算机、电视机、电冰箱、空调器、洗衣机等耐用商品或者装饰装修等服务，消费者自接受商品或者服务之日起六个月内发现瑕疵，发生争议的，由经营者承担有关瑕疵的举证责任。

第二十四条　经营者提供的商品或者服务不符合质量要求的，消费者可以依照国家规定、当事人约定退货，或者要求经营者履行更换、修理等义务。没有国家规定和当事人约定的，消费者可以自收到商品之日起七日内退货；七日后符合法定解除合同条件的，消费者可以及时退货，不符合法定解除合同条件的，可以要求经营者履行更换、修理等义务。

依照前款规定进行退货、更换、修理的，经营者应当承担运输等必要费用。

第二十五条　经营者采用网络、电视、电话、邮购等方式销售商品，消费者有权自收到商品之日起七日内退货，且无需说明理由，但下列商品除外：

（一）消费者定作的；

（二）鲜活易腐的；

（三）在线下载或者消费者拆封的音像制品、计算机软件等数字化商品；

（四）交付的报纸、期刊。

除前款所列商品外，其他根据商品性质并经消费者在购买时确认不宜退货的商品，不适用无理由退货。

消费者退货的商品应当完好。经营者应当自收到退回商品之日起七日内返还消费者支付的商品价款。退回商品的运费由消费者承担；经营者和消费者另有约定的，按照约定。

第二十六条　经营者在经营活动中使用格式条款的，应当以显著方式提请消费者注意商品或者服务的数量和质量、价款或者费用、履行期限和方式、安全注意事项和风险警示、售后服务、民事责任等与消费者有重大利害关系的内容，并按照消费者的要求予以说明。

经营者不得以格式条款、通知、声明、店堂告示等方式，作出排除或者限制消费者权利、减轻或者免除经营者责任、加重消费者责任等对消费者不公平、不合理的规定，不得利用格式条款并借助技术手段强制交易。

格式条款、通知、声明、店堂告示等含有前款所列内容的，其内容无效。

第二十七条　经营者不得对消费者进行侮辱、诽谤，不得搜查消费者的身体及其携带的物品，不得侵犯消费者的人身自由。

第二十八条　采用网络、电视、电话、邮购等方式提供商品或者服务的经营者，以及提供证券、保险、银行等金融服务的经营者，应当向消费者提供经营地址、联系方式、商品或者服务的数量和质量、价款或者费用、履行期限和方式、安全注意事项和风险警示、售后服务、民事责任等信息。

第二十九条　经营者收集、使用消费者个人信息，应当遵循合法、正当、必要的原则，明示收集、使用信息的目的、方式和范围，并经消费者同意。经营者收集、使用消费者个人信息，应当公开其收集、使用规则，不得违反法律、法规的规定和双方的约定收集、使用信息。

经营者及其工作人员对收集的消费者个人信息必须严格保密，不得泄露、出售或者非法向他人提供。经营者应当采取技术措施和其他必要措施，确保信息安全，防止消费者个人信息泄露、丢失。在发生或者可能发生信息泄露、丢失的情况时，应当立即采取补救措施。

经营者未经消费者同意或者请求，或者消费者明确表示拒绝的，不得向其发送商业性信息。

第五章　消费者组织

第三十六条　消费者协会和其他消费者组织是依法成立的对商品和服务进行社会监督的保护消费者合法权益的社会组织。

第三十七条　消费者协会履行下列公益性职责：

（一）向消费者提供消费信息和咨询服务，提高消费者维护自身合法权益的能力，引导文明、健康、节约资源和保护环境的消费方式；

（二）参与制定有关消费者权益的法律、法规、规章和强制性标准；

（三）参与有关行政部门对商品和服务的监督、检查；

（四）就有关消费者合法权益的问题，向有关部门反映、查询，提出建议；

（五）受理消费者的投诉，并对投诉事项进行调查、调解；

（六）投诉事项涉及商品和服务质量问题的，可以委托具备资格的鉴定人鉴定，鉴定人应当告知鉴定意见；

（七）就损害消费者合法权益的行为，支持受损害的消费者提起诉讼或者依照本法提起诉讼；

（八）对损害消费者合法权益的行为，通过大众传播媒介予以揭露、批评。

各级人民政府对消费者协会履行职责应当予以必要的经费等支持。

消费者协会应当认真履行保护消费者合法权益的职责，听取消费者的意见和建议，接受社会监督。

依法成立的其他消费者组织依照法律、法规及其章程的规定，开展保护消费者合法权益的活动。

第三十八条　消费者组织不得从事商品经营和营利性服务，不得以收取费用或者其他牟取利益的方式向消费者推荐商品和服务。

第六章　争议的解决

第三十九条　消费者和经营者发生消费者权益争议的，可以通过下列途径解决：

（一）与经营者协商和解；

（二）请求消费者协会或者依法成立的其他调解组织调解；

（三）向有关行政部门投诉；

（四）根据与经营者达成的仲裁协议提请仲裁机构仲裁；

（五）向人民法院提起诉讼。

第四十条　消费者在购买、使用商品时，其合法权益受到损害的，可以向销售者要求赔偿。销售者赔偿后，属于生产者的责任或者属于向销售者提供商品的其他销售者的责任的，销售者有权向生产者或者其他销售者追偿。

消费者或者其他受害人因商品缺陷造成人身、财产损害的，可以向销售者要求赔偿，也可以向生产者要求赔偿。属于生产者责任的，销售者赔偿后，有权向生产者追偿。属于销售者责任的，生产者赔偿后，有权向销售者追偿。

消费者在接受服务时，其合法权益受到损害的，可以向服务者要求赔偿。

第四十一条　消费者在购买、使用商品或者接受服务时，其合法权益受到损害，因原企业分立、合并的，可以向变更后承受其权利义务的企业要求赔偿。

第四十二条　使用他人营业执照的违法经营者提供商品或者服务，损害消费者合法权益的，消费者可以向其要求赔偿，也可以向营业执照的持有人要求赔偿。

第四十三条　消费者在展销会、租赁柜台购买商品或者接受服务，其合法权益受到损害的，可以向销售者或者服务者要求赔偿。展销会结束或者柜台租赁期满后，也可以向展销会的举办者、柜台的出租者要求赔偿。展销会的举办者、柜台的出租者赔偿后，有权向销售者或者服务者追偿。

第四十四条　消费者通过网络交易平台购买商品或者接受服务，其合法权益受到损害的，可以向销售者或者服务者要求赔偿。网络交易平台提供者不能提供销售者或者服务者的真实名称、地址和有效联系方式的，消费者也可以向网络交易平台提供者要求赔偿；网络交易平台提供者作出更有利于消费者的承诺的，应当履行承诺。网络交易平台提供者赔偿后，有权向销售者或者服务者追偿。

网络交易平台提供者明知或者应知销售者或者服务者利用其平台侵害消费者合法权益，未采取必要措施的，依法与该销售者或者服务者承担连带责任。

第四十五条　消费者因经营者利用虚假广告或者其他虚假宣传方式提供商品或者服务，其合法权益受到损害的，可以向经营者要求赔偿。广告经营者、发布者发布虚假广告的，消费者可以请求行政主管部门予以惩处。广告经营者、发布者不能提供经营者的真实名称、地址和有效联系方式的，应当承担赔偿责任。

广告经营者、发布者设计、制作、发布关系消费者生命健康商品或者服务的虚假广告，造成消费者损害的，应当与提供该商品或者服务的经营者承担连带责任。

社会团体或者其他组织、个人在关系消费者生命健康商品或者服务的虚假广告或者其他虚假宣传中向消费者推荐商品或者服务，造成消费者损害的，应当与提供该商品或者服务的经营者承担连带责任。

第四十六条　消费者向有关行政部门投诉的，该部门应当自收到投诉之日起七个工作日内，予以处理并告知消费者。

第四十七条　对侵害众多消费者合法权益的行为，中国消费者协会以及在省、自治区、直辖市设立的消费者协会，可以向人民法院提起诉讼。

第七章　法律责任

第四十八条　经营者提供商品或者服务有下列情形之一的，除本法另有规定外，应当依照其他有关法律、法规的规定，承担民事责任：

（一）商品或者服务存在缺陷的；

（二）不具备商品应当具备的使用性能而出售时未作说明的；

（三）不符合在商品或者其包装上注明采用的商品标准的；

（四）不符合商品说明、实物样品等方式表明的质量状况的；

（五）生产国家明令淘汰的商品或者销售失效、变质的商品的；

（六）销售的商品数量不足的；

（七）服务的内容和费用违反约定的；

（八）对消费者提出的修理、重作、更换、退货、补足商品数量、退还货款和服务费用或者赔偿损失的要求，故意拖延或者无理拒绝的；

（九）法律、法规规定的其他损害消费者权益的情形。

经营者对消费者未尽到安全保障义务，造成消费者损害的，应当承担侵权责任。

第四十九条　经营者提供商品或者服务，造成消费者或者其他受害人人身伤害的，应当赔偿医疗费、护理费、交通费等为治疗和康复支出的合理费用，以及因误工减少的收入。造成残疾的，还应当赔偿残疾生活辅助具费和残疾赔偿金。造成死亡的，还应当赔偿丧葬费和死亡赔偿金。

第五十条　经营者侵害消费者的人格尊严、侵犯消费者人身自由或者侵害消费者个人信息依法得到保护的权利的，应当停止侵害、恢复名誉、消除影响、赔礼道歉，并赔偿损失。

第五十一条　经营者有侮辱诽谤、搜查身体、侵犯人身自由等侵害消费者或者其他受害人人身权益的行为，造成严重精神损害的，受害人可以要求精神损害赔偿。

第五十二条　经营者提供商品或者服务，造成消费者财产损害的，应当依照法律规定或者当事人约定承担修理、重作、更换、退货、补足商品数量、退还货款和服务费用或者赔偿损失等民事责任。

第五十三条　经营者以预收款方式提供商品或者服务的，应当按照约定提供。未按照约定提供的，应当按照消费者的要求履行约定或者退回预付款；并应当承担预付款的利息、消费者必须支付的合理费用。

第五十四条　依法经有关行政部门认定为不合格的商品，消费者要求退货的，经营者应当负责退货。

第五十五条　经营者提供商品或者服务有欺诈行为的，应当按照消费者的要求增加赔偿其受到的损失，增加赔偿的金额为消费者购买商品的价款或者接受服务的费用的三倍；增加赔偿的金额不足五百元的，为五百元。法律另有规定的，依照其规定。

经营者明知商品或者服务存在缺陷，仍然向消费者提供，造成消费者或者其他受害人死亡或者健康严重损害的，受害人有权要求经营者依照本法第四十九条、第五十一条等法律规定赔偿损失，并有权要求所受损失二倍以下的惩罚性赔偿。

第五十六条　经营者有下列情形之一，除承担相应的民事责任外，其他有关法律、法规对处罚机关和处罚方式有规定的，依照法律、法规的规定执行；法律、法规未作规定的，由工商行政管理部门或者其他有关行政部门责令改正，可以根据情节单处或者并处警告、没收违法所得、处以违法所得一倍以上十倍以下的罚款，没有违法所得的，处以五十万元以下的罚款；情节严重的，责令停业整顿、吊销营业执照：

（一）提供的商品或者服务不符合保障人身、财产安全要求的；

（二）在商品中掺杂、掺假，以假充真，以次充好，或者以不合格商品冒充合格商品的；

（三）生产国家明令淘汰的商品或者销售失效、变质的商品的；

（四）伪造商品的产地，伪造或者冒用他人的厂名、厂址，篡改生产日期，伪造或者冒用认证标志等质量标志的；

（五）销售的商品应当检验、检疫而未检验、检疫或者伪造检验、检疫结果的；

（六）对商品或者服务作虚假或者引人误解的宣传的；

（七）拒绝或者拖延有关行政部门责令对缺陷商品或者服务采取停止销售、警示、召回、无害化处理、销毁、停止生产或者服务等措施的；

（八）对消费者提出的修理、重作、更换、退货、补足商品数量、退还货款和服务费用或者赔偿损失的要求，故意拖延或者无理拒绝的；

（九）侵害消费者人格尊严、侵犯消费者人身自由或者侵害消费者个人信息依法得到保护的权利的；

（十）法律、法规规定的对损害消费者权益应当予以处罚的其他情形。

经营者有前款规定情形的，除依照法律、法规规定予以处罚外，处罚机关应当记入信用档案，向社会公布。

第五十七条　经营者违反本法规定提供商品或者服务，侵害消费者合法权益，构成犯罪的，依法追究刑事责任。

第五十八条　经营者违反本法规定，应当承担民事赔偿责任和缴纳罚款、罚金，其财产不足以同时支付的，先承担民事赔偿责任。

第五十九条　经营者对行政处罚决定不服的，可以依法申请行政复议或者提起行政诉讼。

第六十条　以暴力、威胁等方法阻碍有关行政部门工作人员依法执行职务的，依法追究刑事责任；拒绝、阻碍有关行政部门工作人员依法执行职务，未使用暴力、威胁方法的，由公安机关依照《中华人民共和国治安管理处罚法》的规定处罚。

第六十一条　国家机关工作人员玩忽职守或者包庇经营者侵害消费者合法权益的行为的，由其所在单位或者上级机关给予行政处分；情节严重，构成犯罪的，依法追究刑事责任。

中华人民共和国道路交通安全法(节录)

(2003年10月28日第十届全国人民代表大会常务委员会第五次会议通过　根据2007年12月29日第十届全国人民代表大会常务委员会第三十一次会议《关于修改〈中华人民共和国道路交通安全法〉的决定》第一次修正　根据2011年4月22日第十一届全国人民代表大会常务委员会第二十次会议《关于修改〈中华人民共和国道路交通安全法〉的决定》第二次修正　根据2021年4月29日第十三届全国人民代表大会常务委员会第二十八次会议《关于修改〈中华人民共和国道路交通安全法〉等八部法律的决定》第三次修正)

第五章　交通事故处理

第七十条　在道路上发生交通事故,车辆驾驶人应当立即停车,保护现场;造成人身伤亡的,车辆驾驶人应当立即抢救受伤人员,并迅速报告执勤的交通警察或者公安机关交通管理部门。因抢救受伤人员变动现场的,应当标明位置。乘车人、过往车辆驾驶人、过往行人应当予以协助。

在道路上发生交通事故,未造成人身伤亡,当事人对事实及成因无争议的,可以即行撤离现场,恢复交通,自行协商处理损害赔偿事宜;不即行撤离现场的,应当迅速报告执勤的交通警察或者公安机关交通管理部门。

在道路上发生交通事故,仅造成轻微财产损失,并且基本事实清楚的,当事人应当先撤离现场再进行协商处理。

第七十一条　车辆发生交通事故后逃逸的,事故现场目击人员和其他知情人员应当向公安机关交通管理部门或者交通警察举报。举报属实的,公安机关交通管理部门应当给予奖励。

第七十二条 公安机关交通管理部门接到交通事故报警后,应当立即派交通警察赶赴现场,先组织抢救受伤人员,并采取措施,尽快恢复交通。

交通警察应当对交通事故现场进行勘验、检查,收集证据;因收集证据的需要,可以扣留事故车辆,但是应当妥善保管,以备核查。

对当事人的生理、精神状况等专业性较强的检验,公安机关交通管理部门应当委托专门机构进行鉴定。鉴定结论应当由鉴定人签名。

第七十三条 公安机关交通管理部门应当根据交通事故现场勘验、检查、调查情况和有关的检验、鉴定结论,及时制作交通事故认定书,作为处理交通事故的证据。交通事故认定书应当载明交通事故的基本事实、成因和当事人的责任,并送达当事人。

第七十四条 对交通事故损害赔偿的争议,当事人可以请求公安机关交通管理部门调解,也可以直接向人民法院提起民事诉讼。

经公安机关交通管理部门调解,当事人未达成协议或者调解书生效后不履行的,当事人可以向人民法院提起民事诉讼。

第七十五条 医疗机构对交通事故中的受伤人员应当及时抢救,不得因抢救费用未及时支付而拖延救治。肇事车辆参加机动车第三者责任强制保险的,由保险公司在责任限额范围内支付抢救费用;抢救费用超过责任限额的,未参加机动车第三者责任强制保险或者肇事后逃逸的,由道路交通事故社会救助基金先行垫付部分或者全部抢救费用,道路交通事故社会救助基金管理机构有权向交通事故责任人追偿。

第七十六条 机动车发生交通事故造成人身伤亡、财产损失的,由保险公司在机动车第三者责任强制保险责任限额范围内予以赔偿;不足的部分,按照下列规定承担赔偿责任:

(一)机动车之间发生交通事故的,由有过错的一方承担赔偿责任;双方都有过错的,按照各自过错的比例分担责任。

(二)机动车与非机动车驾驶人、行人之间发生交通事故,非机动车驾驶人、行人没有过错的,由机动车一方承担赔偿责任;有证据证明非机动车驾驶人、行人有过错的,根据过错程度适当减轻机动车一方的赔偿责任;机动车一方没有过错的,承担不超过百分之十的赔偿责任。

交通事故的损失是由非机动车驾驶人、行人故意碰撞机动车造成的，机动车一方不承担赔偿责任。

第七十七条　车辆在道路以外通行时发生的事故，公安机关交通管理部门接到报案的，参照本法有关规定办理。

中华人民共和国铁路法（节录）

（1990年9月7日第七届全国人民代表大会常务委员会第十五次会议通过　根据2009年8月27日第十一届全国人民代表大会常务委员会第十次会议《关于修改部分法律的决定》第一次修正　根据2015年4月24日第十二届全国人民代表大会常务委员会第十四次会议《关于修改〈中华人民共和国义务教育法〉等五部法律的决定》第二次修正）

第五十七条　发生铁路交通事故，铁路运输企业应当依照国务院和国务院有关主管部门关于事故调查处理的规定办理，并及时恢复正常行车，任何单位和个人不得阻碍铁路线路开通和列车运行。

第五十八条　因铁路行车事故及其他铁路运营事故造成人身伤亡的，铁路运输企业应当承担赔偿责任；如果人身伤亡是因不可抗力或者由于受害人自身的原因造成的，铁路运输企业不承担赔偿责任。

违章通过平交道口或者人行过道，或者在铁路线路上行走、坐卧造成的人身伤亡，属于受害人自身的原因造成的人身伤亡。

中华人民共和国民用航空法(节录)

(1995年10月30日第八届全国人民代表大会常务委员会第十六次会议通过　根据2009年8月27日第十一届全国人民代表大会常务委员会第十次会议《关于修改部分法律的决定》第一次修正　根据2015年4月24日第十二届全国人民代表大会常务委员会第十四次会议《关于修改〈中华人民共和国计量法〉等五部法律的决定》第二次修正　根据2016年11月7日第十二届全国人民代表大会常务委员会第二十四次会议《关于修改〈中华人民共和国对外贸易法〉等十二部法律的决定》第三次修正　根据2017年11月4日第十二届全国人民代表大会常务委员会第三十次会议《关于修改〈中华人民共和国会计法〉等十一部法律的决定》第四次修正　根据2018年12月29日第十三届全国人民代表大会常务委员会第七次会议《关于修改〈中华人民共和国劳动法〉等七部法律的决定》第五次修正　根据2021年4月29日第十三届全国人民代表大会常务委员会第二十八次会议《关于修改〈中华人民共和国道路交通安全法〉等八部法律的决定》第六次修正)

第九章　公共航空运输

第一节　一般规定

第一百零六条　本章适用于公共航空运输企业使用民用航空器经营的旅客、行李或者货物的运输,包括公共航空运输企业使用民用航空器办理的免费运输。

本章不适用于使用民用航空器办理的邮件运输。

对多式联运方式的运输,本章规定适用于其中的航空运输部分。

第一百零七条　本法所称国内航空运输,是指根据当事人订立的航空运输合同,运输的出发地点、约定的经停地点和目的地点均在中华人民共和国境内的运输。

本法所称国际航空运输,是指根据当事人订立的航空运输合同,无论运输有无间断或者有无转运,运输的出发地点、目的地点或者约定的经停地点之一不在中华人民共和国境内的运输。

第一百零八条　航空运输合同各方认为几个连续的航空运输承运人办理的运输是一项单一业务活动的,无论其形式是以一个合同订立或者数个合同订立,应当视为一项不可分割的运输。

第二节　运 输 凭 证

第一百零九条　承运人运送旅客,应当出具客票。旅客乘坐民用航空器,应当交验有效客票。

第一百一十条　客票应当包括的内容由国务院民用航空主管部门规定,至少应当包括以下内容:

(一)出发地点和目的地点;

(二)出发地点和目的地点均在中华人民共和国境内,而在境外有一个或者数个约定的经停地点的,至少注明一个经停地点;

(三)旅客航程的最终目的地点、出发地点或者约定的经停地点之一不在中华人民共和国境内,依照所适用的国际航空运输公约的规定,应当在客票上声明此项运输适用该公约的,客票上应当载有该项声明。

第一百一十一条　客票是航空旅客运输合同订立和运输合同条件的初步证据。

旅客未能出示客票、客票不符合规定或者客票遗失,不影响运输合同的存在或者有效。

在国内航空运输中,承运人同意旅客不经其出票而乘坐民用航空器的,承运人无权援用本法第一百二十八条有关赔偿责任限制的规定。

在国际航空运输中，承运人同意旅客不经其出票而乘坐民用航空器的，或者客票上未依照本法第一百一十条第（三）项的规定声明的，承运人无权援用本法第一百二十九条有关赔偿责任限制的规定。

第一百一十二条　承运人载运托运行李时，行李票可以包含在客票之内或者与客票相结合。除本法第一百一十条的规定外，行李票还应当包括下列内容：

（一）托运行李的件数和重量；

（二）需要声明托运行李在目的地点交付时的利益的，注明声明金额。

行李票是行李托运和运输合同条件的初步证据。

旅客未能出示行李票、行李票不符合规定或者行李票遗失，不影响运输合同的存在或者有效。

在国内航空运输中，承运人载运托运行李而不出具行李票的，承运人无权援用本法第一百二十八条有关赔偿责任限制的规定。

在国际航空运输中，承运人载运托运行李而不出具行李票的，或者行李票上未依照本法第一百一十条第（三）项的规定声明的，承运人无权援用本法第一百二十九条有关赔偿责任限制的规定。

第一百一十三条　承运人有权要求托运人填写航空货运单，托运人有权要求承运人接受该航空货运单。托运人未能出示航空货运单、航空货运单不符合规定或者航空货运单遗失，不影响运输合同的存在或者有效。

第一百一十四条　托运人应当填写航空货运单正本一式三份，连同货物交给承运人。

航空货运单第一份注明“交承运人”，由托运人签字、盖章；第二份注明“交收货人”，由托运人和承运人签字、盖章；第三份由承运人在接受货物后签字、盖章，交给托运人。

承运人根据托运人的请求填写航空货运单的，在没有相反证据的情况下，应当视为代托运人填写。

第一百一十五条　航空货运单应当包括的内容由国务院民用航空主管部门规定，至少应当包括以下内容：

（一）出发地点和目的地点；

（二）出发地点和目的地点均在中华人民共和国境内，而在境外有一个或者数个约定的经停地点的，至少注明一个经停地点；

（三）货物运输的最终目的地点、出发地点或者约定的经停地点之一不在中华人民共和国境内，依照所适用的国际航空运输公约的规定，应当在货运单上声明此项运输适用该公约的，货运单上应当载有该项声明。

第一百一十六条　在国内航空运输中，承运人同意未经填具航空货运单而载运货物的，承运人无权援用本法第一百二十八条有关赔偿责任限制的规定。

在国际航空运输中，承运人同意未经填具航空货运单而载运货物的，或者航空货运单上未依照本法第一百一十五条第（三）项的规定声明的，承运人无权援用本法第一百二十九条有关赔偿责任限制的规定。

第一百一十七条　托运人应当对航空货运单上所填关于货物的说明和声明的正确性负责。

因航空货运单上所填的说明和声明不符合规定、不正确或者不完全，给承运人或者承运人对之负责的其他人造成损失的，托运人应当承担赔偿责任。

第一百一十八条　航空货运单是航空货物运输合同订立和运输条件以及承运人接受货物的初步证据。

航空货运单上关于货物的重量、尺寸、包装和包装件数的说明具有初步证据的效力。除经过承运人和托运人当面查对并在航空货运单上注明经过查对或者书写关于货物的外表情况的说明外，航空货运单上关于货物的数量、体积和情况的说明不能构成不利于承运人的证据。

第一百一十九条　托运人在履行航空货物运输合同规定的义务的条件下，有权在出发地机场或者目的地机场将货物提回，或者在途中经停时中止运输，或者在目的地点或者途中要求将货物交给非航空货运单上指定的收货人，或者要求将货物运回出发地机场；但是，托运人不得因行使此种权利而使承运人或者其他托运人遭受损失，并应当偿付由此产生的费用。

托运人的指示不能执行的，承运人应当立即通知托运人。

承运人按照托运人的指示处理货物，没有要求托运人出示其所收执的航空货运单，给该航空货运单的合法持有人造成损失的，承运人应当承担责任，但是不妨碍承运人向托运人追偿。

收货人的权利依照本法第一百二十条规定开始时，托运人的权利即告终止；但是，收货人拒绝接受航空货运单或者货物，或者承运人无法同收货人联系的，托运人恢复其对货物的处置权。

第一百二十条　除本法第一百一十九条所列情形外，收货人于货物到达目的地点，并在缴付应付款项和履行航空货运单上所列运输条件后，有权要求承运人移交航空货运单并交付货物。

除另有约定外，承运人应当在货物到达后立即通知收货人。

承运人承认货物已经遗失，或者货物在应当到达之日起七日后仍未到达的，收货人有权向承运人行使航空货物运输合同所赋予的权利。

第一百二十一条　托运人和收货人在履行航空货物运输合同规定的义务的条件下，无论为本人或者他人的利益，可以以本人的名义分别行使本法第一百一十九条和第一百二十条所赋予的权利。

第一百二十二条　本法第一百一十九条、第一百二十条和第一百二十一条的规定，不影响托运人同收货人之间的相互关系，也不影响从托运人或者收货人获得权利的第三人之间的关系。

任何与本法第一百一十九条、第一百二十条和第一百二十一条规定不同的合同条款，应当在航空货运单上载明。

第一百二十三条　托运人应当提供必需的资料和文件，以便在货物交付收货人前完成法律、行政法规规定的有关手续；因没有此种资料、文件，或者此种资料、文件不充足或者不符合规定造成的损失，除由于承运人或者其受雇人、代理人的过错造成的外，托运人应当对承运人承担责任。

除法律、行政法规另有规定外，承运人没有对前款规定的资料或者文件进行检查的义务。

第三节　承运人的责任

第一百二十四条　因发生在民用航空器上或者在旅客上、下民用航空器过程中的事件，造成旅客人身伤亡的，承运人应当承担责任；但是，旅客的人身伤亡完全是由于旅客本人的健康状况造成的，承运人不承担责任。

第一百二十五条　因发生在民用航空器上或者在旅客上、下民用航空器过程中的事件，造成旅客随身携带物品毁灭、遗失或者损坏的，承运人应当承担责任。因发生在航空运输期间的事件，造成旅客的托运行李毁灭、遗失或者损坏的，承运人应当承担责任。

旅客随身携带物品或者托运行李的毁灭、遗失或者损坏完全是由于行李本身的自然属性、质量或者缺陷造成的，承运人不承担责任。

本章所称行李，包括托运行李和旅客随身携带的物品。

因发生在航空运输期间的事件，造成货物毁灭、遗失或者损坏的，承运人应当承担责任；但是，承运人证明货物的毁灭、遗失或者损坏完全是由于下列原因之一造成的，不承担责任：

（一）货物本身的自然属性、质量或者缺陷；

（二）承运人或者其受雇人、代理人以外的人包装货物的，货物包装不良；

（三）战争或者武装冲突；

（四）政府有关部门实施的与货物入境、出境或者过境有关的行为。

本条所称航空运输期间，是指在机场内、民用航空器上或者机场外降落的任何地点，托运行李、货物处于承运人掌管之下的全部期间。

航空运输期间，不包括机场外的任何陆路运输、海上运输、内河运输过程；但是，此种陆路运输、海上运输、内河运输是为了履行航空运输合同而装载、交付或者转运，在没有相反证据的情况下，所发生的损失视为在航空运输期间发生的损失。

第一百二十六条　旅客、行李或者货物在航空运输中因延误造成的损失，承运人应当承担责任；但是，承运人证明本人或者其受雇人、代理人为了避免损失的发生，已经采取一切必要措施或者不可能采取此种措施的，不承担责任。

第一百二十七条　在旅客、行李运输中，经承运人证明，损失是由索赔人的过错造成或者促成的，应当根据造成或者促成此种损失的过错的程度，相应免除或者减轻承运人的责任。旅客以外的其他人就旅客死亡或者受伤提出赔偿请求时，经承运人证明，死亡或者受伤是旅客本人的过错造成或者促成的，同样应当根据造成或者促成此种损失的过错的程度，相应免除或者减轻承运人的责任。

在货物运输中，经承运人证明，损失是由索赔人或者代行权利人的过错造成或者促成的，应当根据造成或者促成此种损失的过错的程度，相应免除或者减轻承运人的责任。

第一百二十八条　国内航空运输承运人的赔偿责任限额由国务院民用航空主管部门制定,报国务院批准后公布执行。

旅客或者托运人在交运托运行李或者货物时,特别声明在目的地点交付时的利益,并在必要时支付附加费的,除承运人证明旅客或者托运人声明的金额高于托运行李或者货物在目的地点交付时的实际利益外,承运人应当在声明金额范围内承担责任;本法第一百二十九条的其他规定,除赔偿责任限额外,适用于国内航空运输。

第一百二十九条　国际航空运输承运人的赔偿责任限额按照下列规定执行:

(一)对每名旅客的赔偿责任限额为16600计算单位;但是,旅客可以同承运人书面约定高于本项规定的赔偿责任限额。

(二)对托运行李或者货物的赔偿责任限额,每公斤为17计算单位。旅客或者托运人在交运托运行李或者货物时,特别声明在目的地点交付时的利益,并在必要时支付附加费的,除承运人证明旅客或者托运人声明的金额高于托运行李或者货物在目的地点交付时的实际利益外,承运人应当在声明金额范围内承担责任。

托运行李或者货物的一部分或者托运行李、货物中的任何物件毁灭、遗失、损坏或者延误的,用以确定承运人赔偿责任限额的重量,仅为该一包件或者数包件的总重量;但是,因托运行李或者货物的一部分或者托运行李、货物中的任何物件的毁灭、遗失、损坏或者延误,影响同一份行李票或者同一份航空货运单所列其他包件的价值的,确定承运人的赔偿责任限额时,此种包件的总重量也应当考虑在内。

(三)对每名旅客随身携带的物品的赔偿责任限额为332计算单位。

第一百三十条　任何旨在免除本法规定的承运人责任或者降低本法规定的赔偿责任限额的条款,均属无效;但是,此种条款的无效,不影响整个航空运输合同的效力。

第一百三十一条　有关航空运输中发生的损失的诉讼,不论其根据如何,只能依照本法规定的条件和赔偿责任限额提出,但是不妨碍谁有权提起诉讼以及他们各自的权利。

第一百三十二条　经证明,航空运输中的损失是由于承运人或者其受雇人、代理人的故意或者明知可能造成损失而轻率地作为或者不作为造成的,承运人无权援用本法第一百二十八条、第一百二十九条有关赔偿责任限制的规定；证明承运人的受雇人、代理人有此种作为或者不作为的，还应当证明该受雇人、代理人是在受雇、代理范围内行事。

第一百三十三条　就航空运输中的损失向承运人的受雇人、代理人提起诉讼时，该受雇人、代理人证明他是在受雇、代理范围内行事的，有权援用本法第一百二十八条、第一百二十九条有关赔偿责任限制的规定。

在前款规定情形下，承运人及其受雇人、代理人的赔偿总额不得超过法定的赔偿责任限额。

经证明，航空运输中的损失是由于承运人的受雇人、代理人的故意或者明知可能造成损失而轻率地作为或者不作为造成的，不适用本条第一款和第二款的规定。

第一百三十四条　旅客或者收货人收受托运行李或者货物而未提出异议，为托运行李或者货物已经完好交付并与运输凭证相符的初步证据。

托运行李或者货物发生损失的，旅客或者收货人应当在发现损失后向承运人提出异议。托运行李发生损失的，至迟应当自收到托运行李之日起七日内提出；货物发生损失的，至迟应当自收到货物之日起十四日内提出。托运行李或者货物发生延误的，至迟应当自托运行李或者货物交付旅客或者收货人处置之日起二十一日内提出。

任何异议均应当在前款规定的期间内写在运输凭证上或者另以书面提出。

除承运人有欺诈行为外，旅客或者收货人未在本条第二款规定的期间内提出异议的，不能向承运人提出索赔诉讼。

第一百三十五条　航空运输的诉讼时效期间为二年，自民用航空器到达目的地点、应当到达目的地点或者运输终止之日起计算。

第一百三十六条　由几个航空承运人办理的连续运输，接受旅客、行李或者货物的每一个承运人应当受本法规定的约束，并就其根据合同办理的运输区段作为运输合同的订约一方。

对前款规定的连续运输，除合同明文约定第一承运人应当对全程运输承担责任外，旅客或者其继承人只能对发生事故或者延误的运输区段的承运人提起诉讼。

托运行李或者货物的毁灭、遗失、损坏或者延误，旅客或者托运人有权对第一承运人提起诉讼,旅客或者收货人有权对最后承运人提起诉讼,旅客、托运人和收货人均可以对发生毁灭、遗失、损坏或者延误的运输区段的承运人提起诉讼。上述承运人应当对旅客、托运人或者收货人承担连带责任。

第四节 实际承运人履行航空运输的特别规定

第一百三十七条 本节所称缔约承运人,是指以本人名义与旅客或者托运人,或者与旅客或者托运人的代理人,订立本章调整的航空运输合同的人。

本节所称实际承运人,是指根据缔约承运人的授权,履行前款全部或者部分运输的人,不是指本章规定的连续承运人;在没有相反证明时,此种授权被认为是存在的。

第一百三十八条 除本节另有规定外,缔约承运人和实际承运人都应当受本章规定的约束。缔约承运人应当对合同约定的全部运输负责。实际承运人应当对其履行的运输负责。

第一百三十九条 实际承运人的作为和不作为,实际承运人的受雇人、代理人在受雇、代理范围内的作为和不作为,关系到实际承运人履行的运输的,应当视为缔约承运人的作为和不作为。

缔约承运人的作为和不作为,缔约承运人的受雇人、代理人在受雇、代理范围内的作为和不作为,关系到实际承运人履行的运输的,应当视为实际承运人的作为和不作为;但是,实际承运人承担的责任不因此种作为或者不作为而超过法定的赔偿责任限额。

任何有关缔约承运人承担本章未规定的义务或者放弃本章赋予的权利的特别协议,或者任何有关依照本法第一百二十八条、第一百二十九条规定所作的在目的地点交付时利益的特别声明,除经实际承运人同意外,均不得影响实际承运人。

第一百四十条 依照本章规定提出的索赔或者发出的指示,无论是向缔约承运人还是向实际承运人提出或者发出的,具有同等效力;但是,本法第一百一十九条规定的指示,只在向缔约承运人发出时,方有效。

第一百四十一条 实际承运人的受雇人、代理人或者缔约承运人的受雇人、代理人,证明他是在受雇、代理范围内行事的,就实际承运人履行的运输而言,有权援用本法第一百二十八条、第一百二十九条有关赔偿责任限制的规定,但是依照本法规定不得援用赔偿责任限制规定的除外。

第一百四十二条　对于实际承运人履行的运输,实际承运人、缔约承运人以及他们的在受雇、代理范围内行事的受雇人、代理人的赔偿总额不得超过依照本法得以从缔约承运人或者实际承运人获得赔偿的最高数额;但是,其中任何人都不承担超过对他适用的赔偿责任限额。

第一百四十三条　对实际承运人履行的运输提起的诉讼,可以分别对实际承运人或者缔约承运人提起,也可以同时对实际承运人和缔约承运人提起;被提起诉讼的承运人有权要求另一承运人参加应诉。

第一百四十四条　除本法第一百四十三条规定外,本节规定不影响实际承运人和缔约承运人之间的权利、义务。

第十二章　对地面第三人损害的赔偿责任

第一百五十七条　因飞行中的民用航空器或者从飞行中的民用航空器上落下的人或者物,造成地面(包括水面,下同)上的人身伤亡或者财产损害的,受害人有权获得赔偿;但是,所受损害并非造成损害的事故的直接后果,或者所受损害仅是民用航空器依照国家有关的空中交通规则在空中通过造成的,受害人无权要求赔偿。

前款所称飞行中,是指自民用航空器为实际起飞而使用动力时起至着陆冲程终了时止;就轻于空气的民用航空器而言,飞行中是指自其离开地面时起至其重新着地时止。

第一百五十八条　本法第一百五十七条规定的赔偿责任,由民用航空器的经营人承担。

前款所称经营人,是指损害发生时使用民用航空器的人。民用航空器的使用权已经直接或者间接地授予他人,本人保留对该民用航空器的航行控制权的,本人仍被视为经营人。

经营人的受雇人、代理人在受雇、代理过程中使用民用航空器,无论是否在其受雇、代理范围内行事,均视为经营人使用民用航空器。

民用航空器登记的所有人应当被视为经营人，并承担经营人的责任；除非在判定其责任的诉讼中，所有人证明经营人是他人，并在法律程序许可的范围内采取适当措施使该人成为诉讼当事人之一。

第一百五十九条 未经对民用航空器有航行控制权的人同意而使用民用航空器，对地面第三人造成损害的，有航行控制权的人除证明本人已经适当注意防止此种使用外，应当与该非法使用人承担连带责任。

第一百六十条 损害是武装冲突或者骚乱的直接后果，依照本章规定应当承担责任的人不承担责任。

依照本章规定应当承担责任的人对民用航空器的使用权业经国家机关依法剥夺的，不承担责任。

第一百六十一条 依照本章规定应当承担责任的人证明损害是完全由于受害人或者其受雇人、代理人的过错造成的，免除其赔偿责任；应当承担责任的人证明损害是部分由于受害人或者其受雇人、代理人的过错造成的，相应减轻其赔偿责任。但是，损害是由于受害人的受雇人、代理人的过错造成时，受害人证明其受雇人、代理人的行为超出其所授权的范围的，不免除或者不减轻应当承担责任的人的赔偿责任。

一人对另一人的死亡或者伤害提起诉讼，请求赔偿时，损害是该另一人或者其受雇人、代理人的过错造成的，适用前款规定。

第一百六十二条 两个以上的民用航空器在飞行中相撞或者相扰，造成本法第一百五十七条规定的应当赔偿的损害，或者两个以上的民用航空器共同造成此种损害的，各有关民用航空器均应当被认为已经造成此种损害，各有关民用航空器的经营人均应当承担责任。

第一百六十三条 本法第一百五十八条第四款和第一百五十九条规定的人，享有依照本章规定经营人所能援用的抗辩权。

第一百六十四条 除本章有明确规定外，经营人、所有人和本法第一百五十九条规定的应当承担责任的人，以及他们的受雇人、代理人，对于飞行中的民用航空器或者从飞行中的民用航空器上落下的人或者物造成的地面上的损害不承担责任，但是故意造成此种损害的人除外。

第一百六十五条 本章不妨碍依照本章规定应当对损害承担责任的人向他人追偿的权利。

第一百六十六条 民用航空器的经营人应当投保地面第三人责任险或

者取得相应的责任担保。

第一百六十七条　保险人和担保人除享有与经营人相同的抗辩权，以及对伪造证件进行抗辩的权利外，对依照本章规定提出的赔偿请求只能进行下列抗辩：

（一）损害发生在保险或者担保终止有效后；然而保险或者担保在飞行中期满的，该项保险或者担保在飞行计划中所载下一次降落前继续有效，但是不得超过二十四小时；

（二）损害发生在保险或者担保所指定的地区范围外，除非飞行超出该范围是由于不可抗力、援助他人所必需，或者驾驶、航行或者领航上的差错造成的。

前款关于保险或者担保继续有效的规定，只在对受害人有利时适用。

第一百六十八条　仅在下列情形下，受害人可以直接对保险人或者担保人提起诉讼，但是不妨碍受害人根据有关保险合同或者担保合同的法律规定提起直接诉讼的权利：

（一）根据本法第一百六十七条第（一）项、第（二）项规定，保险或者担保继续有效的；

（二）经营人破产的。

除本法第一百六十七条第一款规定的抗辩权，保险人或者担保人对受害人依照本章规定提起的直接诉讼不得以保险或者担保的无效或者追溯力终止为由进行抗辩。

第一百六十九条　依照本法第一百六十六条规定提供的保险或者担保，应当被专门指定优先支付本章规定的赔偿。

第一百七十条　保险人应当支付给经营人的款项，在本章规定的第三人的赔偿请求未满足前，不受经营人的债权人的扣留和处理。

第一百七十一条　地面第三人损害赔偿的诉讼时效期间为二年，自损害发生之日起计算；但是，在任何情况下，时效期间不得超过自损害发生之日起三年。

第一百七十二条　本章规定不适用于下列损害：

（一）对飞行中的民用航空器或者对该航空器上的人或者物造成的损害；

（二）为受害人同经营人或者同发生损害时对民用航空器有使用权的人订立的合同所约束，或者为适用两方之间的劳动合同的法律有关职工赔偿的规定所约束的损害；

（三）核损害。

第十六章　附　　则

第二百一十三条　本法所称计算单位，是指国际货币基金组织规定的特别提款权；其人民币数额为法院判决之日、仲裁机构裁决之日或者当事人协议之日，按照国家外汇主管机关规定的国际货币基金组织的特别提款权对人民币的换算办法计算得出的人民币数额。

第二百一十四条　国务院、中央军事委员会对无人驾驶航空器的管理另有规定的，从其规定。

第二百一十五条　本法自1996年3月1日起施行。

中华人民共和国
海洋环境保护法（节录）

（1982年8月23日第五届全国人民代表大会常务委员会第二十四次会议通过　1999年12月25日第九届全国人民代表大会常务委员会第十三次会议第一次修订　根据2013年12月28日第十二届全国人民代表大会常务委员会第六次会议《关于修改〈中华人民共和国海洋环境保护法〉等七部法律的决定》第一次修正　根据2016年11月7日第十二届全国人民代表大会常务委员会第二十四次会议《关于修改〈中华人民共和国海洋环境保护法〉的决定》第二次修正　根据2017年11月4日第十二届全国人民代表大会常务委员会第三十次会议《关于修改〈中华人民共和国会计法〉等十一部法律的决定》第三次修正　2023年10月24日第十四届全国人民代表大会常务委员会第六次会议第二次修订）

第一百一十四条　对污染海洋环境、破坏海洋生态，造成他人损害的，依照《中华人民共和国民法典》等法律的规定承担民事责任。

对污染海洋环境、破坏海洋生态，给国家造成重大损失的，由依照本法规定行使海洋环境监督管理权的部门代表国家对责任者提出损害赔偿要求。

前款规定的部门不提起诉讼的，人民检察院可以向人民法院提起诉讼。前款规定的部门提起诉讼的，人民检察院可以支持起诉。

第一百一十五条 对违反本法规定，造成海洋环境污染、生态破坏事故的单位，除依法承担赔偿责任外，由依照本法规定行使海洋环境监督管理权的部门或者机构处以罚款；对直接负责的主管人员和其他直接责任人员可以处上一年度从本单位取得收入百分之五十以下的罚款；直接负责的主管人员和其他直接责任人员属于公职人员的，依法给予处分。

对造成一般或者较大海洋环境污染、生态破坏事故的，按照直接损失的百分之二十计算罚款；对造成重大或者特大海洋环境污染、生态破坏事故的，按照直接损失的百分之三十计算罚款。

第一百一十六条 完全属于下列情形之一，经过及时采取合理措施，仍然不能避免对海洋环境造成污染损害的，造成污染损害的有关责任者免予承担责任：

（一）战争；

（二）不可抗拒的自然灾害；

（三）负责灯塔或者其他助航设备的主管部门，在执行职责时的疏忽，或者其他过失行为。

中华人民共和国
水污染防治法(节录)

(1984年5月11日第六届全国人民代表大会常务委员会第五次会议通过 根据1996年5月15日第八届全国人民代表大会常务委员会第十九次会议《关于修改〈中华人民共和国水污染防治法〉的决定》第一次修正 2008年2月28日第十届全国人民代表大会常务委员会第三十二次会议修订 根据2017年6月27日第十二届全国人民代表大会常务委员会第二十八次会议《关于修改〈中华人民共和国水污染防治法〉的决定》第二次修正)

第九十六条 因水污染受到损害的当事人,有权要求排污方排除危害和赔偿损失。

由于不可抗力造成水污染损害的,排污方不承担赔偿责任;法律另有规定的除外。

水污染损害是由受害人故意造成的,排污方不承担赔偿责任。水污染损害是由受害人重大过失造成的,可以减轻排污方的赔偿责任。

水污染损害是由第三人造成的,排污方承担赔偿责任后,有权向第三人追偿。

第九十七条 因水污染引起的损害赔偿责任和赔偿金额的纠纷,可以根据当事人的请求,由环境保护主管部门或者海事管理机构、渔业主管部门按照职责分工调解处理;调解不成的,当事人可以向人民法院提起诉讼。当事人也可以直接向人民法院提起诉讼。

第九十八条 因水污染引起的损害赔偿诉讼,由排污方就法律规定的免责事由及其行为与损害结果之间不存在因果关系承担举证责任。

第九十九条　因水污染受到损害的当事人人数众多的，可以依法由当事人推选代表人进行共同诉讼。

环境保护主管部门和有关社会团体可以依法支持因水污染受到损害的当事人向人民法院提起诉讼。

国家鼓励法律服务机构和律师为水污染损害诉讼中的受害人提供法律援助。

第一百条　因水污染引起的损害赔偿责任和赔偿金额的纠纷，当事人可以委托环境监测机构提供监测数据。环境监测机构应当接受委托，如实提供有关监测数据。

中华人民共和国
噪声污染防治法（节录）

（2021年12月24日第十三届全国人民代表大会常务委员会第三十二次会议通过　2021年12月24日中华人民共和国主席令第104号公布　自2022年6月5日起施行）

第八十六条　受到噪声侵害的单位和个人，有权要求侵权人依法承担民事责任。

对赔偿责任和赔偿金额纠纷，可以根据当事人的请求，由相应的负有噪声污染防治监督管理职责的部门、人民调解委员会调解处理。

国家鼓励排放噪声的单位、个人和公共场所管理者与受到噪声侵害的单位和个人友好协商，通过调整生产经营时间、施工作业时间，采取减少振动、降低噪声措施，支付补偿金、异地安置等方式，妥善解决噪声纠纷。

学生伤害事故处理办法

（2002年6月25日教育部令第12号公布　根据2010年12月13日教育部令第30号《关于修改和废止部分规章的决定》修正）

第一章　总　　则

第一条　为积极预防、妥善处理在校学生伤害事故，保护学生、学校的合法权益，根据《中华人民共和国教育法》、《中华人民共和国未成年人保护法》和其他相关法律、行政法规及有关规定，制定本办法。

第二条　在学校实施的教育教学活动或者学校组织的校外活动中，以及在学校负有管理责任的校舍、场地、其他教育教学设施、生活设施内发生的，造成在校学生人身损害后果的事故的处理，适用本办法。

第三条　学生伤害事故应当遵循依法、客观公正、合理适当的原则，及时、妥善地处理。

第四条　学校的举办者应当提供符合安全标准的校舍、场地、其他教育教学设施和生活设施。

教育行政部门应当加强学校安全工作，指导学校落实预防学生伤害事故的措施，指导、协助学校妥善处理学生伤害事故，维护学校正常的教育教学秩序。

第五条　学校应当对在校学生进行必要的安全教育和自护自救教育；应当按照规定，建立健全安全制度，采取相应的管理措施，预防和消除教育教学环境中存在的安全隐患；当发生伤害事故时，应当及时采取措施救助受伤害学生。

学校对学生进行安全教育、管理和保护，应当针对学生年龄、认知能力和法律行为能力的不同，采用相应的内容和预防措施。

第六条　学生应当遵守学校的规章制度和纪律；在不同的受教育阶段，

应当根据自身的年龄、认知能力和法律行为能力，避免和消除相应的危险。

第七条 未成年学生的父母或者其他监护人（以下称为监护人）应当依法履行监护职责，配合学校对学生进行安全教育、管理和保护工作。

学校对未成年学生不承担监护职责，但法律有规定的或者学校依法接受委托承担相应监护职责的情形除外。

第二章 事故与责任

第八条 发生学生伤害事故，造成学生人身损害的，学校应当按照《中华人民共和国侵权责任法》及相关法律、法规的规定，承担相应的事故责任。

第九条 因下列情形之一造成的学生伤害事故，学校应当依法承担相应的责任：

（一）学校的校舍、场地、其他公共设施，以及学校提供给学生使用的学具、教育教学和生活设施、设备不符合国家规定的标准，或者有明显不安全因素的；

（二）学校的安全保卫、消防、设施设备管理等安全管理制度有明显疏漏，或者管理混乱，存在重大安全隐患，而未及时采取措施的；

（三）学校向学生提供的药品、食品、饮用水等不符合国家或者行业的有关标准、要求的；

（四）学校组织学生参加教育教学活动或者校外活动，未对学生进行相应的安全教育，并未在可预见的范围内采取必要的安全措施的；

（五）学校知道教师或者其他工作人员患有不适宜担任教育教学工作的疾病，但未采取必要措施的；

（六）学校违反有关规定，组织或者安排未成年学生从事不宜未成年人参加的劳动、体育运动或者其他活动的；

（七）学生有特异体质或者特定疾病，不宜参加某种教育教学活动，学校知道或者应当知道，但未予以必要的注意的；

（八）学生在校期间突发疾病或者受到伤害，学校发现，但未根据实际情况及时采取相应措施，导致不良后果加重的；

（九）学校教师或者其他工作人员体罚或者变相体罚学生，或者在履行职责过程中违反工作要求、操作规程、职业道德或者其他有关规定的；

（十）学校教师或者其他工作人员在负有组织、管理未成年学生的职责期间，发现学生行为具有危险性，但未进行必要的管理、告诫或者制止的；

（十一）对未成年学生擅自离校等与学生人身安全直接相关的信息，学校发现或者知道，但未及时告知未成年学生的监护人，导致未成年学生因脱离监护人的保护而发生伤害的；

（十二）学校有未依法履行职责的其他情形的。

第十条　学生或者未成年学生监护人由于过错，有下列情形之一，造成学生伤害事故，应当依法承担相应的责任：

（一）学生违反法律法规的规定，违反社会公共行为准则、学校的规章制度或者纪律，实施按其年龄和认知能力应当知道具有危险或者可能危及他人的行为的；

（二）学生行为具有危险性，学校、教师已经告诫、纠正，但学生不听劝阻、拒不改正的；

（三）学生或者其监护人知道学生有特异体质，或者患有特定疾病，但未告知学校的；

（四）未成年学生的身体状况、行为、情绪等有异常情况，监护人知道或者已被学校告知，但未履行相应监护职责的；

（五）学生或者未成年学生监护人有其他过错的。

第十一条　学校安排学生参加活动，因提供场地、设备、交通工具、食品及其他消费与服务的经营者，或者学校以外的活动组织者的过错造成的学生伤害事故，有过错的当事人应当依法承担相应的责任。

第十二条　因下列情形之一造成的学生伤害事故，学校已履行了相应职责，行为并无不当的，无法律责任：

（一）地震、雷击、台风、洪水等不可抗的自然因素造成的；

（二）来自学校外部的突发性、偶发性侵害造成的；

（三）学生有特异体质、特定疾病或者异常心理状态，学校不知道或者难于知道的；

（四）学生自杀、自伤的；

（五）在对抗性或者具有风险性的体育竞赛活动中发生意外伤害的；

（六）其他意外因素造成的。

第十三条　下列情形下发生的造成学生人身损害后果的事故，学校行为并无不当的，不承担事故责任；事故责任应当按有关法律法规或者其他有关规定认定：

（一）在学生自行上学、放学、返校、离校途中发生的；

（二）在学生自行外出或者擅自离校期间发生的；

（三）在放学后、节假日或者假期等学校工作时间以外，学生自行滞留学校或者自行到校发生的；

（四）其他在学校管理职责范围外发生的。

第十四条　因学校教师或者其他工作人员与其职务无关的个人行为，或者因学生、教师及其他个人故意实施的违法犯罪行为，造成学生人身损害的，由致害人依法承担相应的责任。

第三章　事故处理程序

第十五条　发生学生伤害事故，学校应当及时救助受伤害学生，并应当及时告知未成年学生的监护人；有条件的，应当采取紧急救援等方式救助。

第十六条　发生学生伤害事故，情形严重的，学校应当及时向主管教育行政部门及有关部门报告；属于重大伤亡事故的，教育行政部门应当按照有关规定及时向同级人民政府和上一级教育行政部门报告。

第十七条　学校的主管教育行政部门应学校要求或者认为必要，可以指导、协助学校进行事故的处理工作，尽快恢复学校正常的教育教学秩序。

第十八条　发生学生伤害事故，学校与受伤害学生或者学生家长可以通过协商方式解决；双方自愿，可以书面请求主管教育行政部门进行调解。

成年学生或者未成年学生的监护人也可以依法直接提起诉讼。

第十九条　教育行政部门收到调解申请，认为必要的，可以指定专门人员进行调解，并应当在受理申请之日起60日内完成调解。

第二十条　经教育行政部门调解，双方就事故处理达成一致意见的，应当在调解人员的见证下签订调解协议，结束调解；在调解期限内，双方不能达成一致意见，或者调解过程中一方提起诉讼，人民法院已经受理的，应当终止调解。

调解结束或者终止，教育行政部门应当书面通知当事人。

第二十一条　对经调解达成的协议，一方当事人不履行或者反悔的，双方可以依法提起诉讼。

第二十二条　事故处理结束，学校应当将事故处理结果书面报告主管的教育行政部门；重大伤亡事故的处理结果，学校主管的教育行政部门应当向同级人民政府和上一级教育行政部门报告。

第四章　事故损害的赔偿

第二十三条　对发生学生伤害事故负有责任的组织或者个人，应当按照法律法规的有关规定，承担相应的损害赔偿责任。

第二十四条　学生伤害事故赔偿的范围与标准，按照有关行政法规、地方性法规或者最高人民法院司法解释中的有关规定确定。

教育行政部门进行调解时，认为学校有责任的，可以依照有关法律法规及国家有关规定，提出相应的调解方案。

第二十五条　对受伤害学生的伤残程度存在争议的，可以委托当地具有相应鉴定资格的医院或者有关机构，依据国家规定的人体伤残标准进行鉴定。

第二十六条　学校对学生伤害事故负有责任的，根据责任大小，适当予以经济赔偿，但不承担解决户口、住房、就业等与救助受伤害学生、赔偿相应经济损失无直接关系的其他事项。

学校无责任的，如果有条件，可以根据实际情况，本着自愿和可能的原则，对受伤害学生给予适当的帮助。

第二十七条　因学校教师或者其他工作人员在履行职务中的故意或者重大过失造成的学生伤害事故，学校予以赔偿后，可以向有关责任人员追偿。

第二十八条　未成年学生对学生伤害事故负有责任的，由其监护人依法承担相应的赔偿责任。

学生的行为侵害学校教师及其他工作人员以及其他组织、个人的合法权益，造成损失的，成年学生或者未成年学生的监护人应当依法予以赔偿。

第二十九条　根据双方达成的协议、经调解形成的协议或者人民法院的生效判决，应当由学校负担的赔偿金，学校应当负责筹措；学校无力完全筹措的，由学校的主管部门或者举办者协助筹措。

第三十条　县级以上人民政府教育行政部门或者学校举办者有条件的，

可以通过设立学生伤害赔偿准备金等多种形式，依法筹措伤害赔偿金。

第三十一条　学校有条件的，应当依据保险法的有关规定，参加学校责任保险。

教育行政部门可以根据实际情况，鼓励中小学参加学校责任保险。

提倡学生自愿参加意外伤害保险。在尊重学生意愿的前提下，学校可以为学生参加意外伤害保险创造便利条件，但不得从中收取任何费用。

第五章　事故责任者的处理

第三十二条　发生学生伤害事故，学校负有责任且情节严重的，教育行政部门应当根据有关规定，对学校的直接负责的主管人员和其他直接责任人员，分别给予相应的行政处分；有关责任人的行为触犯刑律的，应当移送司法机关依法追究刑事责任。

第三十三条　学校管理混乱，存在重大安全隐患的，主管的教育行政部门或者其他有关部门应当责令其限期整顿；对情节严重或者拒不改正的，应当依据法律法规的有关规定，给予相应的行政处罚。

第三十四条　教育行政部门未履行相应职责，对学生伤害事故的发生负有责任的，由有关部门对直接负责的主管人员和其他直接责任人员分别给予相应的行政处分；有关责任人的行为触犯刑律的，应当移送司法机关依法追究刑事责任。

第三十五条　违反学校纪律，对造成学生伤害事故负有责任的学生，学校可以给予相应的处分；触犯刑律的，由司法机关依法追究刑事责任。

第三十六条　受伤害学生的监护人、亲属或者其他有关人员，在事故处理过程中无理取闹，扰乱学校正常教育教学秩序，或者侵犯学校、学校教师或者其他工作人员的合法权益的，学校应当报告公安机关依法处理；造成损失的，可以依法要求赔偿。

第六章　附　　则

第三十七条　本办法所称学校，是指国家或者社会力量举办的全日制的中小学(含特殊教育学校)、各类中等职业学校、高等学校。

本办法所称学生是指在上述学校中全日制就读的受教育者。

第三十八条 幼儿园发生的幼儿伤害事故,应当根据幼儿为完全无行为能力人的特点,参照本办法处理。

第三十九条 其他教育机构发生的学生伤害事故,参照本办法处理。

在学校注册的其他受教育者在学校管理范围内发生的伤害事故,参照本办法处理。

第四十条 本办法自2002年9月1日起实施,原国家教委、教育部颁布的与学生人身安全事故处理有关的规定,与本办法不符的,以本办法为准。

在本办法实施之前已处理完毕的学生伤害事故不再重新处理。

中华人民共和国旅游法(节录)

(2013年4月25日第十二届全国人民代表大会常务委员会第二次会议通过 根据2016年11月7日第十二届全国人民代表大会常务委员会第二十四次会议《关于修改〈中华人民共和国对外贸易法〉等十二部法律的决定》第一次修正 根据2018年10月26日第十三届全国人民代表大会常务委员会第六次会议《关于修改〈中华人民共和国野生动物保护法〉等十五部法律的决定》第二次修正)

第十二条 旅游者在人身、财产安全遇有危险时,有请求救助和保护的权利。

旅游者人身、财产受到侵害的,有依法获得赔偿的权利。

第十五条 旅游者购买、接受旅游服务时,应当向旅游经营者如实告知与旅游活动相关的个人健康信息,遵守旅游活动中的安全警示规定。

旅游者对国家应对重大突发事件暂时限制旅游活动的措施以及有关部门、机构或者旅游经营者采取的安全防范和应急处置措施,应当予以配合。

旅游者违反安全警示规定,或者对国家应对重大突发事件暂时限制旅游活动的措施、安全防范和应急处置措施不予配合的,依法承担相应责任。

第三十一条　旅行社应当按照规定交纳旅游服务质量保证金,用于旅游者权益损害赔偿和垫付旅游者人身安全遇有危险时紧急救助的费用。

第七十九条　旅游经营者应当严格执行安全生产管理和消防安全管理的法律、法规和国家标准、行业标准,具备相应的安全生产条件,制定旅游者安全保护制度和应急预案。

旅游经营者应当对直接为旅游者提供服务的从业人员开展经常性应急救助技能培训,对提供的产品和服务进行安全检验、监测和评估,采取必要措施防止危害发生。

旅游经营者组织、接待老年人、未成年人、残疾人等旅游者,应当采取相应的安全保障措施。

第八十条　旅游经营者应当就旅游活动中的下列事项,以明示的方式事先向旅游者作出说明或者警示:

(一)正确使用相关设施、设备的方法;

(二)必要的安全防范和应急措施;

(三)未向旅游者开放的经营、服务场所和设施、设备;

(四)不适宜参加相关活动的群体;

(五)可能危及旅游者人身、财产安全的其他情形。

第八十一条　突发事件或者旅游安全事故发生后,旅游经营者应当立即采取必要的救助和处置措施,依法履行报告义务,并对旅游者作出妥善安排。

第八十二条　旅游者在人身、财产安全遇有危险时,有权请求旅游经营者、当地政府和相关机构进行及时救助。

中国出境旅游者在境外陷于困境时,有权请求我国驻当地机构在其职责范围内给予协助和保护。

旅游者接受相关组织或者机构的救助后,应当支付应由个人承担的费用。

最高人民法院关于适用《中华人民共和国民法典》侵权责任编的解释（一）

（2023年12月18日最高人民法院审判委员会第1909次会议通过　2024年9月25日公布　法释〔2024〕12号　自2024年9月27日起施行）

为正确审理侵权责任纠纷案件，根据《中华人民共和国民法典》、《中华人民共和国民事诉讼法》等法律规定，结合审判实践，制定本解释。

第一条　非法使被监护人脱离监护，监护人请求赔偿为恢复监护状态而支出的合理费用等财产损失的，人民法院应予支持。

第二条　非法使被监护人脱离监护，导致父母子女关系或者其他近亲属关系受到严重损害的，应当认定为民法典第一千一百八十三条第一款规定的严重精神损害。

第三条　非法使被监护人脱离监护，被监护人在脱离监护期间死亡，作为近亲属的监护人既请求赔偿人身损害，又请求赔偿监护关系受侵害产生的损失的，人民法院依法予以支持。

第四条　无民事行为能力人、限制民事行为能力人造成他人损害，被侵权人请求监护人承担侵权责任，或者合并请求监护人和受托履行监护职责的人承担侵权责任的，人民法院应当将无民事行为能力人、限制民事行为能力人列为共同被告。

第五条　无民事行为能力人、限制民事行为能力人造成他人损害，被侵权人请求监护人承担侵权人应承担的全部责任的，人民法院应予支持，并在判决中明确,赔偿费用可以先从被监护人财产中支付,不足部分由监护人支付。

监护人抗辩主张承担补充责任,或者被侵权人、监护人主张人民法院判令有财产的无民事行为能力人、限制民事行为能力人承担赔偿责任的,人民法院不予支持。

从被监护人财产中支付赔偿费用的,应当保留被监护人所必需的生活费和完成义务教育所必需的费用。

第六条 行为人在侵权行为发生时不满十八周岁,被诉时已满十八周岁的,被侵权人请求原监护人承担侵权人应承担的全部责任的,人民法院应予支持,并在判决中明确,赔偿费用可以先从被监护人财产中支付,不足部分由监护人支付。

前款规定情形,被侵权人仅起诉行为人的,人民法院应当向原告释明申请追加原监护人为共同被告。

第七条 未成年子女造成他人损害,被侵权人请求父母共同承担侵权责任的,人民法院依照民法典第二十七条第一款、第一千零六十八条以及第一千一百八十八条的规定予以支持。

第八条 夫妻离婚后,未成年子女造成他人损害,被侵权人请求离异夫妻共同承担侵权责任的,人民法院依照民法典第一千零六十八条、第一千零八十四条以及第一千一百八十八条的规定予以支持。一方以未与该子女共同生活为由主张不承担或者少承担责任的,人民法院不予支持。

离异夫妻之间的责任份额,可以由双方协议确定;协议不成的,人民法院可以根据双方履行监护职责的约定和实际履行情况等确定。实际承担责任超过自己责任份额的一方向另一方追偿的,人民法院应予支持。

第九条 未成年子女造成他人损害的,依照民法典第一千零七十二条第二款的规定,未与该子女形成抚养教育关系的继父或者继母不承担监护人的侵权责任,由该子女的生父母依照本解释第八条的规定承担侵权责任。

第十条 无民事行为能力人、限制民事行为能力人造成他人损害,被侵权人合并请求监护人和受托履行监护职责的人承担侵权责任的,依照民法典第一千一百八十九条的规定,监护人承担侵权人应承担的全部责任;受托人在过错范围内与监护人共同承担责任,但责任主体实际支付的赔偿费用总和不应超出被侵权人应受偿的损失数额。

监护人承担责任后向受托人追偿的，人民法院可以参照民法典第九百二十九条的规定处理。

仅有一般过失的无偿受托人承担责任后向监护人追偿的，人民法院应予支持。

第十一条　教唆、帮助无民事行为能力人、限制民事行为能力人实施侵权行为，教唆人、帮助人以其不知道且不应当知道行为人为无民事行为能力人、限制民事行为能力人为由，主张不承担侵权责任或者与行为人的监护人承担连带责任的，人民法院不予支持。

第十二条　教唆、帮助无民事行为能力人、限制民事行为能力人实施侵权行为，被侵权人合并请求教唆人、帮助人以及监护人承担侵权责任的，依照民法典第一千一百六十九条第二款的规定，教唆人、帮助人承担侵权人应承担的全部责任；监护人在未尽到监护职责的范围内与教唆人、帮助人共同承担责任，但责任主体实际支付的赔偿费用总和不应超出被侵权人应受偿的损失数额。

监护人先行支付赔偿费用后，就超过自己相应责任的部分向教唆人、帮助人追偿的，人民法院应予支持。

第十三条　教唆、帮助无民事行为能力人、限制民事行为能力人实施侵权行为，被侵权人合并请求教唆人、帮助人与监护人以及受托履行监护职责的人承担侵权责任的，依照本解释第十条、第十二条的规定认定民事责任。

第十四条　无民事行为能力人或者限制民事行为能力人在幼儿园、学校或者其他教育机构学习、生活期间，受到教育机构以外的第三人人身损害，第三人、教育机构作为共同被告且依法应承担侵权责任的，人民法院应当在判决中明确，教育机构在人民法院就第三人的财产依法强制执行后仍不能履行的范围内，承担与其过错相应的补充责任。

被侵权人仅起诉教育机构的，人民法院应当向原告释明申请追加实施侵权行为的第三人为共同被告。

第三人不确定的，未尽到管理职责的教育机构先行承担与其过错相应的责任；教育机构承担责任后向已经确定的第三人追偿的，人民法院依照民法典第一千二百零一条的规定予以支持。

第十五条　与用人单位形成劳动关系的工作人员、执行用人单位工作任务的其他人员，因执行工作任务造成他人损害，被侵权人依照民法典第一千一百九十一条第一款的规定，请求用人单位承担侵权责任的，人民法院应予支持。

个体工商户的从业人员因执行工作任务造成他人损害的，适用民法典第一千一百九十一条第一款的规定认定民事责任。

第十六条　劳务派遣期间，被派遣的工作人员因执行工作任务造成他人损害，被侵权人合并请求劳务派遣单位与接受劳务派遣的用工单位承担侵权责任的，依照民法典第一千一百九十一条第二款的规定，接受劳务派遣的用工单位承担侵权人应承担的全部责任；劳务派遣单位在不当选派工作人员、未依法履行培训义务等过错范围内，与接受劳务派遣的用工单位共同承担责任，但责任主体实际支付的赔偿费用总和不应超出被侵权人应受偿的损失数额。

劳务派遣单位先行支付赔偿费用后，就超过自己相应责任的部分向接受劳务派遣的用工单位追偿的，人民法院应予支持，但双方另有约定的除外。

第十七条　工作人员在执行工作任务中实施的违法行为造成他人损害，构成自然人犯罪的，工作人员承担刑事责任不影响用人单位依法承担民事责任。依照民法典第一千一百九十一条规定用人单位应当承担侵权责任的，在刑事案件中已完成的追缴、退赔可以在民事判决书中明确并扣减，也可以在执行程序中予以扣减。

第十八条　承揽人在完成工作过程中造成第三人损害的，人民法院依照民法典第一千一百六十五条的规定认定承揽人的民事责任。

被侵权人合并请求定作人和承揽人承担侵权责任的，依照民法典第一千一百六十五条、第一千一百九十三条的规定，造成损害的承揽人承担侵权人应承担的全部责任；定作人在定作、指示或者选任过错范围内与承揽人共同承担责任，但责任主体实际支付的赔偿费用总和不应超出被侵权人应受偿的损失数额。

定作人先行支付赔偿费用后，就超过自己相应责任的部分向承揽人追偿的，人民法院应予支持，但双方另有约定的除外。

第十九条　因产品存在缺陷造成买受人财产损害，买受人请求产品的生产者或者销售者赔偿缺陷产品本身损害以及其他财产损害的，人民法院依照民法典第一千二百零二条、第一千二百零三条的规定予以支持。

第二十条　以买卖或者其他方式转让拼装或者已经达到报废标准的机动车，发生交通事故造成损害，转让人、受让人以其不知道且不应当知道该机动车系拼装或者已经达到报废标准为由，主张不承担侵权责任的，人民法院不予支持。

第二十一条　未依法投保强制保险的机动车发生交通事故造成损害，投保义务人和交通事故责任人不是同一人，被侵权人合并请求投保义务人和交通事故责任人承担侵权责任的，交通事故责任人承担侵权人应承担的全部责任；投保义务人在机动车强制保险责任限额范围内与交通事故责任人共同承担责任，但责任主体实际支付的赔偿费用总和不应超出被侵权人应受偿的损失数额。

投保义务人先行支付赔偿费用后，就超出机动车强制保险责任限额范围部分向交通事故责任人追偿的，人民法院应予支持。

第二十二条　机动车驾驶人离开本车后，因未采取制动措施等自身过错受到本车碰撞、碾压造成损害，机动车驾驶人请求承保本车机动车强制保险的保险人在强制保险责任限额范围内，以及承保本车机动车商业第三者责任保险的保险人按照保险合同的约定赔偿的，人民法院不予支持，但可以依据机动车车上人员责任保险的有关约定支持相应的赔偿请求。

第二十三条　禁止饲养的烈性犬等危险动物造成他人损害，动物饲养人或者管理人主张不承担责任或者减轻责任的，人民法院不予支持。

第二十四条　物业服务企业等建筑物管理人未采取必要的安全保障措施防止从建筑物中抛掷物品或者从建筑物上坠落的物品造成他人损害，具体侵权人、物业服务企业等建筑物管理人作为共同被告的，人民法院应当依照民法典第一千一百九十八条第二款、第一千二百五十四条的规定，在判决中明确，未采取必要安全保障措施的物业服务企业等建筑物管理人在人民法院就具体侵权人的财产依法强制执行后仍不能履行的范围内，承担与其过错相应的补充责任。

第二十五条　物业服务企业等建筑物管理人未采取必要的安全保障措施防止从建筑物中抛掷物品或者从建筑物上坠落的物品造成他人损害，经公安等机关调查，在民事案件一审法庭辩论终结前仍难以确定具体侵权人的，未采取必要安全保障措施的物业服务企业等建筑物管理人承担与其过错相应的责任。被侵权人其余部分的损害，由可能加害的建筑物使用人给予适当补偿。

具体侵权人确定后，已经承担责任的物业服务企业等建筑物管理人、可能加害的建筑物使用人向具体侵权人追偿的，人民法院依照民法典第一千一百九十八条第二款、第一千二百五十四条第一款的规定予以支持。

第二十六条　本解释自2024年9月27日起施行。

本解释施行后，人民法院尚未审结的一审、二审案件适用本解释。本解释施行前已经终审，当事人申请再审或者按照审判监督程序决定再审的，适用当时的法律、司法解释规定。

最高人民法院关于审理人身损害赔偿案件适用法律若干问题的解释

［2003年12月4日最高人民法院审判委员会第1299次会议通过、2003年12月26日公布、自2004年5月1日起施行（法释〔2003〕20号）　根据2020年12月23日最高人民法院审判委员会第1823次会议通过、2020年12月29日公布、自2021年1月1日起施行的《最高人民法院关于修改〈最高人民法院关于在民事审判工作中适用《中华人民共和国工会法》若干问题的解释〉等二十七件民事类司法解释的决定》（法释〔2020〕17号）第一次修正　根据2022年2月15日最高人民法院审判委员会第1864次会议通过、2022年4月24日公布、自2022年5月1日起施行的《最高人民法院关于修改〈最高人民法院关于审理人身损害赔偿案件适用法律若干问题的解释〉的决定》（法释〔2022〕14号）第二次修正］

为正确审理人身损害赔偿案件，依法保护当事人的合法权益，根据《中华人民共和国民法典》《中华人民共和国民事诉讼法》等有关法律规定，结合审判实践，制定本解释。

第一条　因生命、身体、健康遭受侵害，赔偿权利人起诉请求赔偿义务人赔偿物质损害和精神损害的，人民法院应予受理。

本条所称“赔偿权利人”，是指因侵权行为或者其他致害原因直接遭受人身损害的受害人以及死亡受害人的近亲属。

本条所称“赔偿义务人”，是指因自己或者他人的侵权行为以及其他致害原因依法应当承担民事责任的自然人、法人或者非法人组织。

第二条　赔偿权利人起诉部分共同侵权人的，人民法院应当追加其他共同侵权人作为共同被告。赔偿权利人在诉讼中放弃对部分共同侵权人的诉讼请求的，其他共同侵权人对被放弃诉讼请求的被告应当承担的赔偿份额不承担连带责任。责任范围难以确定的，推定各共同侵权人承担同等责任。

人民法院应当将放弃诉讼请求的法律后果告知赔偿权利人，并将放弃诉讼请求的情况在法律文书中叙明。

第三条　依法应当参加工伤保险统筹的用人单位的劳动者，因工伤事故遭受人身损害，劳动者或者其近亲属向人民法院起诉请求用人单位承担民事赔偿责任的，告知其按《工伤保险条例》的规定处理。

因用人单位以外的第三人侵权造成劳动者人身损害，赔偿权利人请求第三人承担民事赔偿责任的，人民法院应予支持。

第四条　无偿提供劳务的帮工人，在从事帮工活动中致人损害的，被帮工人应当承担赔偿责任。被帮工人承担赔偿责任后向有故意或者重大过失的帮工人追偿的，人民法院应予支持。被帮工人明确拒绝帮工的，不承担赔偿责任。

第五条　无偿提供劳务的帮工人因帮工活动遭受人身损害的，根据帮工人和被帮工人各自的过错承担相应的责任；被帮工人明确拒绝帮工的，被帮工人不承担赔偿责任，但可以在受益范围内予以适当补偿。

帮工人在帮工活动中因第三人的行为遭受人身损害的，有权请求第三人承担赔偿责任，也有权请求被帮工人予以适当补偿。被帮工人补偿后，可以向第三人追偿。

第六条　医疗费根据医疗机构出具的医药费、住院费等收款凭证，结合病历和诊断证明等相关证据确定。赔偿义务人对治疗的必要性和合理性有异议的，应当承担相应的举证责任。

医疗费的赔偿数额，按照一审法庭辩论终结前实际发生的数额确定。器官功能恢复训练所必要的康复费、适当的整容费以及其他后续治疗费，赔偿权利人可以待实际发生后另行起诉。但根据医疗证明或者鉴定结论确定必然发生的费用，可以与已经发生的医疗费一并予以赔偿。

第七条　误工费根据受害人的误工时间和收入状况确定。

误工时间根据受害人接受治疗的医疗机构出具的证明确定。受害人因伤致残持续误工的，误工时间可以计算至定残日前一天。

受害人有固定收入的，误工费按照实际减少的收入计算。受害人无固定收入的，按照其最近三年的平均收入计算；受害人不能举证证明其最近三年的平均收入状况的，可以参照受诉法院所在地相同或者相近行业上一年度职工的平均工资计算。

第八条　护理费根据护理人员的收入状况和护理人数、护理期限确定。

护理人员有收入的，参照误工费的规定计算；护理人员没有收入或者雇佣护工的，参照当地护工从事同等级别护理的劳务报酬标准计算。护理人员原则上为一人，但医疗机构或者鉴定机构有明确意见的，可以参照确定护理人员人数。

护理期限应计算至受害人恢复生活自理能力时止。受害人因残疾不能恢复生活自理能力的，可以根据其年龄、健康状况等因素确定合理的护理期限，但最长不超过二十年。

受害人定残后的护理，应当根据其护理依赖程度并结合配制残疾辅助器具的情况确定护理级别。

第九条　交通费根据受害人及其必要的陪护人员因就医或者转院治疗实际发生的费用计算。交通费应当以正式票据为凭；有关凭据应当与就医地点、时间、人数、次数相符合。

第十条　住院伙食补助费可以参照当地国家机关一般工作人员的出差伙食补助标准予以确定。

受害人确有必要到外地治疗，因客观原因不能住院，受害人本人及其陪护人员实际发生的住宿费和伙食费，其合理部分应予赔偿。

第十一条　营养费根据受害人伤残情况参照医疗机构的意见确定。

第十二条　残疾赔偿金根据受害人丧失劳动能力程度或者伤残等级，按照受诉法院所在地上一年度城镇居民人均可支配收入标准，自定残之日起按二十年计算。但六十周岁以上的，年龄每增加一岁减少一年；七十五周岁以上的，按五年计算。

受害人因伤致残但实际收入没有减少，或者伤残等级较轻但造成职业妨害严重影响其劳动就业的，可以对残疾赔偿金作相应调整。

第十三条　残疾辅助器具费按照普通适用器具的合理费用标准计算。伤情有特殊需要的,可以参照辅助器具配制机构的意见确定相应的合理费用标准。

辅助器具的更换周期和赔偿期限参照配制机构的意见确定。

第十四条 丧葬费按照受诉法院所在地上一年度职工月平均工资标准,以六个月总额计算。

第十五条 死亡赔偿金按照受诉法院所在地上一年度城镇居民人均可支配收入标准,按二十年计算。但六十周岁以上的,年龄每增加一岁减少一年;七十五周岁以上的,按五年计算。

第十六条 被扶养人生活费计入残疾赔偿金或者死亡赔偿金。

第十七条 被扶养人生活费根据扶养人丧失劳动能力程度,按照受诉法院所在地上一年度城镇居民人均消费支出标准计算。被扶养人为未成年人的,计算至十八周岁;被扶养人无劳动能力又无其他生活来源的,计算二十年。但六十周岁以上的,年龄每增加一岁减少一年;七十五周岁以上的,按五年计算。

被扶养人是指受害人依法应当承担扶养义务的未成年人或者丧失劳动能力又无其他生活来源的成年近亲属。被扶养人还有其他扶养人的,赔偿义务人只赔偿受害人依法应当负担的部分。被扶养人有数人的,年赔偿总额累计不超过上一年度城镇居民人均消费支出额。

第十八条 赔偿权利人举证证明其住所地或者经常居住地城镇居民人均可支配收入高于受诉法院所在地标准的,残疾赔偿金或者死亡赔偿金可以按照其住所地或者经常居住地的相关标准计算。

被扶养人生活费的相关计算标准,依照前款原则确定。

第十九条 超过确定的护理期限、辅助器具费给付年限或者残疾赔偿金给付年限,赔偿权利人向人民法院起诉请求继续给付护理费、辅助器具费或者残疾赔偿金的,人民法院应予受理。赔偿权利人确需继续护理、配制辅助器具,或者没有劳动能力和生活来源的,人民法院应当判令赔偿义务人继续给付相关费用五至十年。

第二十条 赔偿义务人请求以定期金方式给付残疾赔偿金、辅助器具费的,应当提供相应的担保。人民法院可以根据赔偿义务人的给付能力和提供担保的情况,确定以定期金方式给付相关费用。但是,一审法庭辩论终结前已经发生的费用、死亡赔偿金以及精神损害抚慰金,应当一次性给付。

第二十一条 人民法院应当在法律文书中明确定期金的给付时间、方式以及每期给付标准。执行期间有关统计数据发生变化的，给付金额应当适时进行相应调整。

定期金按照赔偿权利人的实际生存年限给付，不受本解释有关赔偿期限的限制。

第二十二条　本解释所称“城镇居民人均可支配收入”“城镇居民人均消费支出”“职工平均工资”，按照政府统计部门公布的各省、自治区、直辖市以及经济特区和计划单列市上一年度相关统计数据确定。

“上一年度”，是指一审法庭辩论终结时的上一统计年度。

第二十三条　精神损害抚慰金适用《最高人民法院关于确定民事侵权精神损害赔偿责任若干问题的解释》予以确定。

第二十四条　本解释自2022年5月1日起施行。施行后发生的侵权行为引起的人身损害赔偿案件适用本解释。

本院以前发布的司法解释与本解释不一致的，以本解释为准。

最高人民法院关于确定民事侵权精神损害赔偿责任若干问题的解释

［2001年2月26日最高人民法院审判委员会第1161次会议通过、2001年3月8日公布、自2001年3月10日起施行（法释〔2001〕7号）　根据2020年12月23日最高人民法院审判委员会第1823次会议通过、2020年12月29日公布、自2021年1月1日起施行的《最高人民法院关于修改〈最高人民法院关于在民事审判工作中适用《中华人民共和国工会法》若干问题的解释〉等二十七件民事类司法解释的决定》（法释〔2020〕17号）修正］

为在审理民事侵权案件中正确确定精神损害赔偿责任，根据《中华人民共和国民法典》等有关法律规定，结合审判实践，制定本解释。

第一条　因人身权益或者具有人身意义的特定物受到侵害，自然人或者其近亲属向人民法院提起诉讼请求精神损害赔偿的，人民法院应当依法予以受理。

第二条　非法使被监护人脱离监护，导致亲子关系或者近亲属间的亲属关系遭受严重损害，监护人向人民法院起诉请求赔偿精神损害的，人民法院应当依法予以受理。

第三条　死者的姓名、肖像、名誉、荣誉、隐私、遗体、遗骨等受到侵害，其近亲属向人民法院提起诉讼请求精神损害赔偿的，人民法院应当依法予以支持。

第四条　法人或者非法人组织以名誉权、荣誉权、名称权遭受侵害为由，向人民法院起诉请求精神损害赔偿的，人民法院不予支持。

第五条　精神损害的赔偿数额根据以下因素确定：

（一）侵权人的过错程度，但是法律另有规定的除外；

（二）侵权行为的目的、方式、场合等具体情节；

（三）侵权行为所造成的后果；

（四）侵权人的获利情况；

（五）侵权人承担责任的经济能力；

（六）受理诉讼法院所在地的平均生活水平。

第六条　在本解释公布施行之前已经生效施行的司法解释，其内容有与本解释不一致的，以本解释为准。

最高人民法院关于审理消费民事公益诉讼案件适用法律若干问题的解释

［2016年2月1日最高人民法院审判委员会第1677次会议通过、2016年4月24日公布、自2016年5月1日起施行（法释〔2016〕10号）　根据2020年12月23日最高人民法院审判委员会第1823次会议通过、2020年12月29日公布、自2021年1月1日起施行的《最高人民法院关于修改〈最高人民法院关于人民法院民事调解工作若干问题的规定〉等十九件民事诉讼类司法解释的决定》（法释〔2020〕20号）修正］

为正确审理消费民事公益诉讼案件，根据《中华人民共和国民事诉讼法》《中华人民共和国民法典》《中华人民共和国消费者权益保护法》等法律规定，结合审判实践，制定本解释。

第一条　中国消费者协会以及在省、自治区、直辖市设立的消费者协会，对经营者侵害众多不特定消费者合法权益或者具有危及消费者人身、财产安全危险等损害社会公共利益的行为提起消费民事公益诉讼的，适用本解释。

法律规定或者全国人大及其常委会授权的机关和社会组织提起的消费民事公益诉讼，适用本解释。

第二条　经营者提供的商品或者服务具有下列情形之一的，适用消费者权益保护法第四十七条规定：

（一）提供的商品或者服务存在缺陷，侵害众多不特定消费者合法权益的；

（二）提供的商品或者服务可能危及消费者人身、财产安全，未作出真实的说明和明确的警示，未标明正确使用商品或者接受服务的方法以及防止危害发生方法的；对提供的商品或者服务质量、性能、用途、有效期限等信息作虚假或引人误解宣传的；

（三）宾馆、商场、餐馆、银行、机场、车站、港口、影剧院、景区、体育场馆、娱乐场所等经营场所存在危及消费者人身、财产安全危险的；

（四）以格式条款、通知、声明、店堂告示等方式，作出排除或者限制消费者权利、减轻或者免除经营者责任、加重消费者责任等对消费者不公平、不合理规定的；

（五）其他侵害众多不特定消费者合法权益或者具有危及消费者人身、财产安全危险等损害社会公共利益的行为。

第三条　消费民事公益诉讼案件管辖适用《最高人民法院关于适用〈中华人民共和国民事诉讼法〉的解释》第二百八十五条的有关规定。

经最高人民法院批准，高级人民法院可以根据本辖区实际情况，在辖区内确定部分中级人民法院受理第一审消费民事公益诉讼案件。

第四条　提起消费民事公益诉讼应当提交下列材料：

（一）符合民事诉讼法第一百二十一条规定的起诉状，并按照被告人数提交副本；

（二）被告的行为侵害众多不特定消费者合法权益或者具有危及消费者人身、财产安全危险等损害社会公共利益的初步证据；

（三）消费者组织就涉诉事项已按照消费者权益保护法第三十七条第四项或者第五项的规定履行公益性职责的证明材料。

第五条　人民法院认为原告提出的诉讼请求不足以保护社会公共利益的，可以向其释明变更或者增加停止侵害等诉讼请求。

第六条　人民法院受理消费民事公益诉讼案件后，应当公告案件受理情况，并在立案之日起十日内书面告知相关行政主管部门。

第七条　人民法院受理消费民事公益诉讼案件后，依法可以提起诉讼的其他机关或者社会组织，可以在一审开庭前向人民法院申请参加诉讼。

人民法院准许参加诉讼的，列为共同原告；逾期申请的，不予准许。

第八条　有权提起消费民事公益诉讼的机关或者社会组织，可以依据民事诉讼法第八十一条规定申请保全证据。

第九条　人民法院受理消费民事公益诉讼案件后，因同一侵权行为受到损害的消费者申请参加诉讼的，人民法院应当告知其根据民事诉讼法第一百一十九条规定主张权利。

第十条　消费民事公益诉讼案件受理后，因同一侵权行为受到损害的消费者请求对其根据民事诉讼法第一百一十九条规定提起的诉讼予以中止，人民法院可以准许。

第十一条　消费民事公益诉讼案件审理过程中，被告提出反诉的，人民法院不予受理。

第十二条　原告在诉讼中承认对己方不利的事实，人民法院认为损害社会公共利益的，不予确认。

第十三条　原告在消费民事公益诉讼案件中，请求被告承担停止侵害、排除妨碍、消除危险、赔礼道歉等民事责任的，人民法院可予支持。

经营者利用格式条款或者通知、声明、店堂告示等，排除或者限制消费者权利、减轻或者免除经营者责任、加重消费者责任，原告认为对消费者不公平、不合理主张无效的，人民法院应依法予以支持。

第十四条　消费民事公益诉讼案件裁判生效后，人民法院应当在十日内书面告知相关行政主管部门，并可发出司法建议。

第十五条　消费民事公益诉讼案件的裁判发生法律效力后，其他依法具有原告资格的机关或者社会组织就同一侵权行为另行提起消费民事公益诉讼的，人民法院不予受理。

第十六条　已为消费民事公益诉讼生效裁判认定的事实，因同一侵权行为受到损害的消费者根据民事诉讼法第一百一十九条规定提起的诉讼，原告、被告均无需举证证明，但当事人对该事实有异议并有相反证据足以推翻的除外。

消费民事公益诉讼生效裁判认定经营者存在不法行为，因同一侵权行为受到损害的消费者根据民事诉讼法第一百一十九条规定提起的诉讼，原告主张适用的，人民法院可予支持，但被告有相反证据足以推翻的除外。被告主张直接适用对其有利认定的，人民法院不予支持，被告仍应承担相应举证证明责任。

第十七条　原告为停止侵害、排除妨碍、消除危险采取合理预防、处置措施而发生的费用，请求被告承担的，人民法院应依法予以支持。

第十八条　原告及其诉讼代理人对侵权行为进行调查、取证的合理费用、鉴定费用、合理的律师代理费用，人民法院可根据实际情况予以相应支持。

第十九条　本解释自2016年5月1日起施行。

本解释施行后人民法院新受理的一审案件，适用本解释。

本解释施行前人民法院已经受理、施行后尚未审结的一审、二审案件，以及本解释施行前已经终审、施行后当事人申请再审或者按照审判监督程序决定再审的案件，不适用本解释。

最高人民法院关于审理道路交通事故损害赔偿案件适用法律若干问题的解释

[2012年9月17日最高人民法院审判委员会第1556次会议通过、2012年11月27日公布、自2012年12月21日起施行（法释〔2012〕19号）　根据2020年12月23日最高人民法院审判委员会第1823次会议通过、2020年12月29日公布、自2021年1月1日起施行的《最高人民法院关于修改〈最高人民法院关于在民事审判工作中适用《中华人民共和国工会法》若干问题的解释〉等二十七件民事类司法解释的决定》（法释〔2020〕17号）修正]

为正确审理道路交通事故损害赔偿案件，根据《中华人民共和国民法典》《中华人民共和国道路交通安全法》《中华人民共和国保险法》《中华人民共和国民事诉讼法》等法律的规定，结合审判实践，制定本解释。

一、关于主体责任的认定

第一条　机动车发生交通事故造成损害，机动车所有人或者管理人有下列情形之一，人民法院应当认定其对损害的发生有过错，并适用民法典第一千二百零九条的规定确定其相应的赔偿责任：

（一）知道或者应当知道机动车存在缺陷，且该缺陷是交通事故发生原因之一的；

（二）知道或者应当知道驾驶人无驾驶资格或者未取得相应驾驶资格的；

（三）知道或者应当知道驾驶人因饮酒、服用国家管制的精神药品或者麻醉药品，或者患有妨碍安全驾驶机动车的疾病等依法不能驾驶机动车的；

（四）其它应当认定机动车所有人或者管理人有过错的。

第二条　被多次转让但是未办理登记的机动车发生交通事故造成损害，属于该机动车一方责任，当事人请求由最后一次转让并交付的受让人承担赔偿责任的，人民法院应予支持。

第三条　套牌机动车发生交通事故造成损害，属于该机动车一方责任，当事人请求由套牌机动车的所有人或者管理人承担赔偿责任的，人民法院应予支持；被套牌机动车所有人或者管理人同意套牌的，应当与套牌机动车的所有人或者管理人承担连带责任。

第四条　拼装车、已达到报废标准的机动车或者依法禁止行驶的其他机动车被多次转让，并发生交通事故造成损害，当事人请求由所有的转让人和受让人承担连带责任的，人民法院应予支持。

第五条　接受机动车驾驶培训的人员，在培训活动中驾驶机动车发生交通事故造成损害，属于该机动车一方责任，当事人请求驾驶培训单位承担赔偿责任的，人民法院应予支持。

第六条　机动车试乘过程中发生交通事故造成试乘人损害，当事人请求提供试乘服务者承担赔偿责任的，人民法院应予支持。试乘人有过错的，应当减轻提供试乘服务者的赔偿责任。

第七条　因道路管理维护缺陷导致机动车发生交通事故造成损害，当事人请求道路管理者承担相应赔偿责任的，人民法院应予支持。但道路管理者能够证明已经依照法律、法规、规章的规定，或者按照国家标准、行业标准、地方标准的要求尽到安全防护、警示等管理维护义务的除外。

依法不得进入高速公路的车辆、行人，进入高速公路发生交通事故造成自身损害，当事人请求高速公路管理者承担赔偿责任的，适用民法典第一千二百四十三条的规定。

第八条　未按照法律、法规、规章或者国家标准、行业标准、地方标准的强制性规定设计、施工，致使道路存在缺陷并造成交通事故，当事人请求建设单位与施工单位承担相应赔偿责任的，人民法院应予支持。

第九条　机动车存在产品缺陷导致交通事故造成损害，当事人请求生产者或者销售者依照民法典第七编第四章的规定承担赔偿责任的，人民法院应予支持。

第十条　多辆机动车发生交通事故造成第三人损害，当事人请求多个侵权人承担赔偿责任的，人民法院应当区分不同情况，依照民法典第一千一百七十条、第一千一百七十一条、第一千一百七十二条的规定，确定侵权人承担连带责任或者按份责任。

二、关于赔偿范围的认定

第十一条　道路交通安全法第七十六条规定的“人身伤亡”，是指机动车发生交通事故侵害被侵权人的生命权、身体权、健康权等人身权益所造成的损害，包括民法典第一千一百七十九条和第一千一百八十三条规定的各项损害。

道路交通安全法第七十六条规定的“财产损失”，是指因机动车发生交通事故侵害被侵权人的财产权益所造成的损失。

第十二条　因道路交通事故造成下列财产损失，当事人请求侵权人赔偿的，人民法院应予支持：

（一）维修被损坏车辆所支出的费用、车辆所载物品的损失、车辆施救费用；

（二）因车辆灭失或者无法修复，为购买交通事故发生时与被损坏车辆价值相当的车辆重置费用；

（三）依法从事货物运输、旅客运输等经营性活动的车辆，因无法从事相应经营活动所产生的合理停运损失；

（四）非经营性车辆因无法继续使用，所产生的通常替代性交通工具的合理费用。

三、关于责任承担的认定

第十三条　同时投保机动车第三者责任强制保险（以下简称“交强险”）和第三者责任商业保险（以下简称“商业三者险”）的机动车发生交通事故造成损害，当事人同时起诉侵权人和保险公司的，人民法院应当依照民法典第一千二百一十三条的规定，确定赔偿责任。

被侵权人或者其近亲属请求承保交强险的保险公司优先赔偿精神损害的，人民法院应予支持。

第十四条　投保人允许的驾驶人驾驶机动车致使投保人遭受损害，当事人请求承保交强险的保险公司在责任限额范围内予以赔偿的，人民法院应予支持，但投保人为本车上人员的除外。

第十五条　有下列情形之一导致第三人人身损害，当事人请求保险公司在交强险责任限额范围内予以赔偿，人民法院应予支持：

（一）驾驶人未取得驾驶资格或者未取得相应驾驶资格的；

（二）醉酒、服用国家管制的精神药品或者麻醉药品后驾驶机动车发生交通事故的；

（三）驾驶人故意制造交通事故的。

保险公司在赔偿范围内向侵权人主张追偿权的，人民法院应予支持。追偿权的诉讼时效期间自保险公司实际赔偿之日起计算。

第十六条　未依法投保交强险的机动车发生交通事故造成损害，当事人请求投保义务人在交强险责任限额范围内予以赔偿的，人民法院应予支持。

投保义务人和侵权人不是同一人，当事人请求投保义务人和侵权人在交强险责任限额范围内承担相应责任的，人民法院应予支持。

第十七条　具有从事交强险业务资格的保险公司违法拒绝承保、拖延承保或者违法解除交强险合同，投保义务人在向第三人承担赔偿责任后，请求该保险公司在交强险责任限额范围内承担相应赔偿责任的，人民法院应予支持。

第十八条　多辆机动车发生交通事故造成第三人损害，损失超出各机动车交强险责任限额之和的，由各保险公司在各自责任限额范围内承担赔偿责任；损失未超出各机动车交强险责任限额之和，当事人请求由各保险公司按照其责任限额与责任限额之和的比例承担赔偿责任的，人民法院应予支持。

依法分别投保交强险的牵引车和挂车连接使用时发生交通事故造成第三人损害，当事人请求由各保险公司在各自的责任限额范围内平均赔偿的，人民法院应予支持。

多辆机动车发生交通事故造成第三人损害，其中部分机动车未投保交强险，当事人请求先由已承保交强险的保险公司在责任限额范围内予以赔偿的，人民法院应予支持。保险公司就超出其应承担的部分向未投保交强险的投保义务人或者侵权人行使追偿权的，人民法院应予支持。

第十九条 同一交通事故的多个被侵权人同时起诉的，人民法院应当按照各被侵权人的损失比例确定交强险的赔偿数额。

第二十条 机动车所有权在交强险合同有效期内发生变动，保险公司在交通事故发生后，以该机动车未办理交强险合同变更手续为由主张免除赔偿责任的，人民法院不予支持。

机动车在交强险合同有效期内发生改装、使用性质改变等导致危险程度增加的情形，发生交通事故后，当事人请求保险公司在责任限额范围内予以赔偿的，人民法院应予支持。

前款情形下，保险公司另行起诉请求投保义务人按照重新核定后的保险费标准补足当期保险费的，人民法院应予支持。

第二十一条 当事人主张交强险人身伤亡保险金请求权转让或者设定担保的行为无效的，人民法院应予支持。

四、关于诉讼程序的规定

第二十二条 人民法院审理道路交通事故损害赔偿案件，应当将承保交强险的保险公司列为共同被告。但该保险公司已经在交强险责任限额范围内予以赔偿且当事人无异议的除外。

人民法院审理道路交通事故损害赔偿案件，当事人请求将承保商业三者险的保险公司列为共同被告的，人民法院应予准许。

第二十三条 被侵权人因道路交通事故死亡，无近亲属或者近亲属不明，未经法律授权的机关或者有关组织向人民法院起诉主张死亡赔偿金的，人民法院不予受理。

侵权人以已向未经法律授权的机关或者有关组织支付死亡赔偿金为理由，请求保险公司在交强险责任限额范围内予以赔偿的，人民法院不予支持。

被侵权人因道路交通事故死亡，无近亲属或者近亲属不明，支付被侵权人医疗费、丧葬费等合理费用的单位或者个人，请求保险公司在交强险责任限额范围内予以赔偿的，人民法院应予支持。

第二十四条　公安机关交通管理部门制作的交通事故认定书，人民法院应依法审查并确认其相应的证明力，但有相反证据推翻的除外。

五、关于适用范围的规定

第二十五条　机动车在道路以外的地方通行时引发的损害赔偿案件，可以参照适用本解释的规定。

第二十六条　本解释施行后尚未终审的案件，适用本解释；本解释施行前已经终审，当事人申请再审或者按照审判监督程序决定再审的案件，不适用本解释。

最高人民法院关于审理铁路运输人身损害赔偿纠纷案件适用法律若干问题的解释

［2010年1月4日最高人民法院审判委员会第1482次会议通过、2010年3月3日公布、自2010年3月16日起施行（法释〔2010〕5号）　根据2020年12月23日最高人民法院审判委员会第1823次会议通过、2020年12月29日公布、自2021年1月1日起施行的《最高人民法院关于修改〈最高人民法院关于在民事审判工作中适用《中华人民共和国工会法》若干问题的解释〉等二十七件民事类

司法解释的决定》(法释〔2020〕17号)第一次修正　根据2021年11月24日最高人民法院审判委员会第1853次会议通过、2021年12月8日公布、自2022年1月1日起施行的《最高人民法院关于修改〈最高人民法院关于审理铁路运输人身损害赔偿纠纷案件适用法律若干问题的解释〉的决定》(法释〔2021〕19号)第二次修正]

为正确审理铁路运输人身损害赔偿纠纷案件,依法维护各方当事人的合法权益,根据《中华人民共和国民法典》《中华人民共和国铁路法》《中华人民共和国民事诉讼法》等法律的规定,结合审判实践,就有关适用法律问题作如下解释:

第一条　人民法院审理铁路行车事故及其他铁路运营事故造成的铁路运输人身损害赔偿纠纷案件,适用本解释。

铁路运输企业在客运合同履行过程中造成旅客人身损害的赔偿纠纷案件,不适用本解释;与铁路运输企业建立劳动合同关系或者形成劳动关系的铁路职工在执行职务中发生的人身损害,依照有关调整劳动关系的法律规定及其他相关法律规定处理。

第二条　铁路运输人身损害的受害人以及死亡受害人的近亲属为赔偿权利人,有权请求赔偿。

第三条　赔偿权利人要求对方当事人承担侵权责任的,由事故发生地、列车最先到达地或者被告住所地铁路运输法院管辖。

前款规定的地区没有铁路运输法院的,由高级人民法院指定的其他人民法院管辖。

第四条　铁路运输造成人身损害的,铁路运输企业应当承担赔偿责任;法律另有规定的,依照其规定。

第五条　铁路行车事故及其他铁路运营事故造成人身损害,有下列情形之一的,铁路运输企业不承担赔偿责任:

(一)不可抗力造成的;

(二)受害人故意以卧轨、碰撞等方式造成的;

(三)法律规定铁路运输企业不承担赔偿责任的其他情形造成的。

第六条　因受害人的过错行为造成人身损害,依照法律规定应当由铁路运输企业承担赔偿责任的，根据受害人的过错程度可以适当减轻铁路运输企业的赔偿责任，并按照以下情形分别处理：

（一）铁路运输企业未充分履行安全防护、警示等义务，铁路运输企业承担事故主要责任的，应当在全部损害的百分之九十至百分之六十之间承担赔偿责任；铁路运输企业承担事故同等责任的，应当在全部损害的百分之六十至百分之五十之间承担赔偿责任；铁路运输企业承担事故次要责任的，应当在全部损害的百分之四十至百分之十之间承担赔偿责任；

（二）铁路运输企业已充分履行安全防护、警示等义务，受害人仍施以过错行为的，铁路运输企业应当在全部损害的百分之十以内承担赔偿责任。

铁路运输企业已充分履行安全防护、警示等义务，受害人不听从值守人员劝阻强行通过铁路平交道口、人行过道，或者明知危险后果仍然无视警示规定沿铁路线路纵向行走、坐卧故意造成人身损害的，铁路运输企业不承担赔偿责任，但是有证据证明并非受害人故意造成损害的除外。

第七条　铁路运输造成无民事行为能力人人身损害的，铁路运输企业应当承担赔偿责任；监护人有过错的，按照过错程度减轻铁路运输企业的赔偿责任。

铁路运输造成限制民事行为能力人人身损害的，铁路运输企业应当承担赔偿责任；监护人或者受害人自身有过错的，按照过错程度减轻铁路运输企业的赔偿责任。

第八条　铁路机车车辆与机动车发生碰撞造成机动车驾驶人员以外的人人身损害的，由铁路运输企业与机动车一方对受害人承担连带赔偿责任。铁路运输企业与机动车一方之间的责任份额根据各自责任大小确定；难以确定责任大小的，平均承担责任。对受害人实际承担赔偿责任超出应当承担份额的一方，有权向另一方追偿。

铁路机车车辆与机动车发生碰撞造成机动车驾驶人员人身损害的，按照本解释第四条至第六条的规定处理。

第九条　在非铁路运输企业实行监护的铁路无人看守道口发生事故造成人身损害的，由铁路运输企业按照本解释的有关规定承担赔偿责任。道口管理单位有过错的，铁路运输企业对赔偿权利人承担赔偿责任后，有权向道口管理单位追偿。

第十条　对于铁路桥梁、涵洞等设施负有管理、维护等职责的单位，因未尽职责使该铁路桥梁、涵洞等设施不能正常使用,导致行人、车辆穿越铁路线路造成人身损害的,铁路运输企业按照本解释有关规定承担赔偿责任后,有权向该单位追偿。

第十一条　有权作出事故认定的组织依照《铁路交通事故应急救援和调查处理条例》等有关规定制作的事故认定书,经庭审质证,对于事故认定书所认定的事实,当事人没有相反证据和理由足以推翻的,人民法院应当作为认定事实的根据。

第十二条　在专用铁路及铁路专用线上因运输造成人身损害,依法应当由肇事工具或者设备的所有人、使用人或者管理人承担赔偿责任的,适用本解释。

第十三条　本院以前发布的司法解释与本解释不一致的,以本解释为准。

最高人民法院关于审理生态环境侵权责任纠纷案件适用法律若干问题的解释

(2023 年 6 月 5 日最高人民法院审判委员会第 1890 次会议通过　2023 年 8 月 14 日公布　法释〔2023〕5 号　自 2023 年 9 月 1 日起施行)

为正确审理生态环境侵权责任纠纷案件,依法保护当事人合法权益,根据《中华人民共和国民法典》《中华人民共和国民事诉讼法》《中华人民共和国环境保护法》等法律的规定,结合审判实践,制定本解释。

第一条　侵权人因实施下列污染环境、破坏生态行为造成他人人身、财产损害，被侵权人请求侵权人承担生态环境侵权责任的，人民法院应予支持：

（一）排放废气、废水、废渣、医疗废物、粉尘、恶臭气体、放射性物质等污染环境的；

（二）排放噪声、振动、光辐射、电磁辐射等污染环境的；

（三）不合理开发利用自然资源的；

（四）违反国家规定，未经批准，擅自引进、释放、丢弃外来物种的；

（五）其他污染环境、破坏生态的行为。

第二条 因下列污染环境、破坏生态引发的民事纠纷，不作为生态环境侵权案件处理：

（一）未经由大气、水、土壤等生态环境介质，直接造成损害的；

（二）在室内、车内等封闭空间内造成损害的；

（三）不动产权利人在日常生活中造成相邻不动产权利人损害的；

（四）劳动者在职业活动中受到损害的。

前款规定的情形，依照相关法律规定确定民事责任。

第三条 不动产权利人因经营活动污染环境、破坏生态造成相邻不动产权利人损害，被侵权人请求其承担生态环境侵权责任的，人民法院应予支持。

第四条 污染环境、破坏生态造成他人损害，行为人不论有无过错，都应当承担侵权责任。

行为人以外的其他责任人对损害发生有过错的，应当承担侵权责任。

第五条 两个以上侵权人分别污染环境、破坏生态造成同一损害，每一个侵权人的行为都足以造成全部损害，被侵权人根据民法典第一千一百七十一条的规定请求侵权人承担连带责任的，人民法院应予支持。

第六条 两个以上侵权人分别污染环境、破坏生态，每一个侵权人的行为都不足以造成全部损害，被侵权人根据民法典第一千一百七十二条的规定请求侵权人承担责任的，人民法院应予支持。

侵权人主张其污染环境、破坏生态行为不足以造成全部损害的，应当承担相应举证责任。

第七条 两个以上侵权人分别污染环境、破坏生态，部分侵权人的行为足以造成全部损害，部分侵权人的行为只造成部分损害，被侵权人请求足以造成全部损害的侵权人对全部损害承担责任，并与其他侵权人就共同造成的损害部分承担连带责任的，人民法院应予支持。

被侵权人依照前款规定请求足以造成全部损害的侵权人与其他侵权人承担责任的,受偿范围应以侵权行为造成的全部损害为限。

第八条 两个以上侵权人分别污染环境、破坏生态,部分侵权人能够证明其他侵权人的侵权行为已先行造成全部或者部分损害,并请求在相应范围内不承担责任或者减轻责任的,人民法院应予支持。

第九条 两个以上侵权人分别排放的物质相互作用产生污染物造成他人损害,被侵权人请求侵权人承担连带责任的,人民法院应予支持。

第十条 为侵权人污染环境、破坏生态提供场地或者储存、运输等帮助,被侵权人根据民法典第一千一百六十九条的规定请求行为人与侵权人承担连带责任的,人民法院应予支持。

第十一条 过失为侵权人污染环境、破坏生态提供场地或者储存、运输等便利条件,被侵权人请求行为人承担与过错相适应责任的,人民法院应予支持。

前款规定的行为人存在重大过失的,依照本解释第十条的规定处理。

第十二条 排污单位将所属的环保设施委托第三方治理机构运营,第三方治理机构在合同履行过程中污染环境造成他人损害,被侵权人请求排污单位承担侵权责任的,人民法院应予支持。

排污单位依照前款规定承担责任后向有过错的第三方治理机构追偿的,人民法院应予支持。

第十三条 排污单位将污染物交由第三方治理机构集中处置,第三方治理机构在合同履行过程中污染环境造成他人损害,被侵权人请求第三方治理机构承担侵权责任的,人民法院应予支持。

排污单位在选任、指示第三方治理机构中有过错,被侵权人请求排污单位承担相应责任的,人民法院应予支持。

第十四条 存在下列情形之一的,排污单位与第三方治理机构应当根据民法典第一千一百六十八条的规定承担连带责任:

(一)第三方治理机构按照排污单位的指示,违反污染防治相关规定排放污染物的;

(二)排污单位将明显存在缺陷的环保设施交由第三方治理机构运营,第三方治理机构利用该设施违反污染防治相关规定排放污染物的;

(三)排污单位以明显不合理的价格将污染物交由第三方治理机构处

置,第三方治理机构违反污染防治相关规定排放污染物的;

(四)其他应当承担连带责任的情形。

第十五条 公司污染环境、破坏生态,被侵权人请求股东承担责任,符合公司法第二十条规定情形的,人民法院应予支持。

第十六条 侵权人污染环境、破坏生态造成他人损害,被侵权人请求未尽到安全保障义务的经营场所、公共场所的经营者、管理者或者群众性活动的组织者承担相应补充责任的,人民法院应予支持。

第十七条 依照法律规定应当履行生态环境风险管控和修复义务的民事主体,未履行法定义务造成他人损害,被侵权人请求其承担相应责任的,人民法院应予支持。

第十八条 因第三人的过错污染环境、破坏生态造成他人损害,被侵权人请求侵权人或者第三人承担责任的,人民法院应予支持。

侵权人以损害是由第三人过错造成的为由,主张不承担责任或者减轻责任的,人民法院不予支持。

第十九条 因第三人的过错污染环境、破坏生态造成他人损害,被侵权人同时起诉侵权人和第三人承担责任,侵权人对损害的发生没有过错的,人民法院应当判令侵权人、第三人就全部损害承担责任。侵权人承担责任后有权向第三人追偿。

侵权人对损害的发生有过错的,人民法院应当判令侵权人就全部损害承担责任,第三人承担与其过错相适应的责任。侵权人承担责任后有权就第三人应当承担的责任份额向其追偿。

第二十条 被侵权人起诉第三人承担责任的,人民法院应当向被侵权人释明是否同时起诉侵权人。被侵权人不起诉侵权人的,人民法院应当根据民事诉讼法第五十九条的规定通知侵权人参加诉讼。

被侵权人仅请求第三人承担责任,侵权人对损害的发生也有过错的,人民法院应当判令第三人承担与其过错相适应的责任。

第二十一条 环境影响评价机构、环境监测机构以及从事环境监测设备和防治污染设施维护、运营的机构存在下列情形之一,被侵权人请求其与造成环境污染、生态破坏的其他责任人根据环境保护法第六十五条的规定承担连带责任的,人民法院应予支持:

(一)故意出具失实评价文件的;

（二）隐瞒委托人超过污染物排放标准或者超过重点污染物排放总量控制指标的事实的；

（三）故意不运行或者不正常运行环境监测设备或者防治污染设施的；

（四）其他根据法律规定应当承担连带责任的情形。

第二十二条 被侵权人请求侵权人赔偿因污染环境、破坏生态造成的人身、财产损害，以及为防止损害发生和扩大而采取必要措施所支出的合理费用的，人民法院应予支持。

被侵权人同时请求侵权人根据民法典第一千二百三十五条的规定承担生态环境损害赔偿责任的，人民法院不予支持。

第二十三条 因污染环境、破坏生态影响他人取水、捕捞、狩猎、采集等日常生活并造成经济损失，同时符合下列情形，请求人主张行为人承担责任的，人民法院应予支持：

（一）请求人的活动位于或者接近生态环境受损区域；

（二）请求人的活动依赖受损害生态环境；

（三）请求人的活动不具有可替代性或者替代成本过高；

（四）请求人的活动具有稳定性和公开性。

根据国家规定须经相关行政主管部门许可的活动，请求人在污染环境、破坏生态发生时未取得许可的，人民法院对其请求不予支持。

第二十四条 两个以上侵权人就污染环境、破坏生态造成的损害承担连带责任，实际承担责任超过自己责任份额的侵权人根据民法典第一百七十八条的规定向其他侵权人追偿的，人民法院应予支持。侵权人就惩罚性赔偿责任向其他侵权人追偿的，人民法院不予支持。

第二十五条 两个以上侵权人污染环境、破坏生态造成他人损害，人民法院应当根据行为有无许可，污染物的种类、浓度、排放量、危害性，破坏生态的方式、范围、程度，以及行为对损害后果所起的作用等因素确定各侵权人的责任份额。

两个以上侵权人污染环境、破坏生态承担连带责任，实际承担责任的侵权人向其他侵权人追偿的，依照前款规定处理。

第二十六条 被侵权人对同一污染环境、破坏生态行为造成损害的发生或者扩大有重大过失，侵权人请求减轻责任的，人民法院可以予以支持。

第二十七条 被侵权人请求侵权人承担生态环境侵权责任的诉讼时效

期间，以被侵权人知道或者应当知道权利受到损害以及侵权人、其他责任人之日起计算。

被侵权人知道或者应当知道权利受到损害以及侵权人、其他责任人之日，侵权行为仍持续的，诉讼时效期间自行为结束之日起计算。

第二十八条　被侵权人以向负有环境资源监管职能的行政机关请求处理因污染环境、破坏生态造成的损害为由，主张诉讼时效中断的，人民法院应予支持。

第二十九条　本解释自2023年9月1日起施行。

本解释公布施行后，《最高人民法院关于审理环境侵权责任纠纷案件适用法律若干问题的解释》（法释〔2015〕12号）同时废止。

最高人民法院关于审理生态环境损害赔偿案件的若干规定（试行）

［2019年5月20日最高人民法院审判委员会第1769次会议通过、2019年6月4日公布、自2019年6月5日起施行（法释〔2019〕8号）　根据2020年12月23日最高人民法院审判委员会第1823次会议通过、2020年12月29日公布、自2021年1月1日起施行的《最高人民法院关于修改〈最高人民法院关于在民事审判工作中适用《中华人民共和国工会法》若干问题的解释〉等二十七件民事类司法解释的决定》（法释〔2020〕17号）修正］

为正确审理生态环境损害赔偿案件，严格保护生态环境，依法追究损害生态环境责任者的赔偿责任，依据《中华人民共和国民法典》《中华人民共和国环境保护法》《中华人民共和国民事诉讼法》等法律的规定，结合审判工作实际，制定本规定。

第一条　具有下列情形之一，省级、市地级人民政府及其指定的相关部门、机构，或者受国务院委托行使全民所有自然资源资产所有权的部门，因与造成生态环境损害的自然人、法人或者其他组织经磋商未达成一致或者无法进行磋商的，可以作为原告提起生态环境损害赔偿诉讼：

（一）发生较大、重大、特别重大突发环境事件的；

（二）在国家和省级主体功能区规划中划定的重点生态功能区、禁止开发区发生环境污染、生态破坏事件的；

（三）发生其他严重影响生态环境后果的。

前款规定的市地级人民政府包括设区的市，自治州、盟、地区，不设区的地级市，直辖市的区、县人民政府。

第二条　下列情形不适用本规定：

（一）因污染环境、破坏生态造成人身损害、个人和集体财产损失要求赔偿的；

（二）因海洋生态环境损害要求赔偿的。

第三条　第一审生态环境损害赔偿诉讼案件由生态环境损害行为实施地、损害结果发生地或者被告住所地的中级以上人民法院管辖。

经最高人民法院批准，高级人民法院可以在辖区内确定部分中级人民法院集中管辖第一审生态环境损害赔偿诉讼案件。

中级人民法院认为确有必要的，可以在报请高级人民法院批准后，裁定将本院管辖的第一审生态环境损害赔偿诉讼案件交由具备审理条件的基层人民法院审理。

生态环境损害赔偿诉讼案件由人民法院环境资源审判庭或者指定的专门法庭审理。

第四条　人民法院审理第一审生态环境损害赔偿诉讼案件，应当由法官和人民陪审员组成合议庭进行。

第五条　原告提起生态环境损害赔偿诉讼，符合民事诉讼法和本规定并提交下列材料的，人民法院应当登记立案：

（一）证明具备提起生态环境损害赔偿诉讼原告资格的材料；

（二）符合本规定第一条规定情形之一的证明材料；

（三）与被告进行磋商但未达成一致或者因客观原因无法与被告进行磋商的说明；

（四）符合法律规定的起诉状，并按照被告人数提出副本。

第六条　原告主张被告承担生态环境损害赔偿责任的，应当就以下事实承担举证责任：

（一）被告实施了污染环境、破坏生态的行为或者具有其他应当依法承担责任的情形；

（二）生态环境受到损害，以及所需修复费用、损害赔偿等具体数额；

（三）被告污染环境、破坏生态的行为与生态环境损害之间具有关联性。

第七条　被告反驳原告主张的，应当提供证据加以证明。被告主张具有法律规定的不承担责任或者减轻责任情形的，应当承担举证责任。

第八条　已为发生法律效力的刑事裁判所确认的事实，当事人在生态环境损害赔偿诉讼案件中无须举证证明，但有相反证据足以推翻的除外。

对刑事裁判未予确认的事实，当事人提供的证据达到民事诉讼证明标准的，人民法院应当予以认定。

第九条　负有相关环境资源保护监督管理职责的部门或者其委托的机构在行政执法过程中形成的事件调查报告、检验报告、检测报告、评估报告、监测数据等，经当事人质证并符合证据标准的，可以作为认定案件事实的根据。

第十条　当事人在诉前委托具备环境司法鉴定资质的鉴定机构出具的鉴定意见，以及委托国务院环境资源保护监督管理相关主管部门推荐的机构出具的检验报告、检测报告、评估报告、监测数据等，经当事人质证并符合证据标准的，可以作为认定案件事实的根据。

第十一条　被告违反国家规定造成生态环境损害的，人民法院应当根据原告的诉讼请求以及具体案情，合理判决被告承担修复生态环境、赔偿损失、停止侵害、排除妨碍、消除危险、赔礼道歉等民事责任。

第十二条　受损生态环境能够修复的，人民法院应当依法判决被告承担修复责任，并同时确定被告不履行修复义务时应承担的生态环境修复费用。

生态环境修复费用包括制定、实施修复方案的费用，修复期间的监测、监管费用，以及修复完成后的验收费用、修复效果后评估费用等。

原告请求被告赔偿生态环境受到损害至修复完成期间服务功能损失的，

人民法院根据具体案情予以判决。

第十三条　受损生态环境无法修复或者无法完全修复，原告请求被告赔偿生态环境功能永久性损害造成的损失的，人民法院根据具体案情予以判决。

第十四条　原告请求被告承担下列费用的，人民法院根据具体案情予以判决：

（一）实施应急方案、清除污染以及为防止损害的发生和扩大所支出的合理费用；

（二）为生态环境损害赔偿磋商和诉讼支出的调查、检验、鉴定、评估等费用；

（三）合理的律师费以及其他为诉讼支出的合理费用。

第十五条　人民法院判决被告承担的生态环境服务功能损失赔偿资金、生态环境功能永久性损害造成的损失赔偿资金，以及被告不履行生态环境修复义务时所应承担的修复费用，应当依照法律、法规、规章予以缴纳、管理和使用。

第十六条　在生态环境损害赔偿诉讼案件审理过程中，同一损害生态环境行为又被提起民事公益诉讼，符合起诉条件的，应当由受理生态环境损害赔偿诉讼案件的人民法院受理并由同一审判组织审理。

第十七条　人民法院受理因同一损害生态环境行为提起的生态环境损害赔偿诉讼案件和民事公益诉讼案件，应先中止民事公益诉讼案件的审理，待生态环境损害赔偿诉讼案件审理完毕后，就民事公益诉讼案件未被涵盖的诉讼请求依法作出裁判。

第十八条　生态环境损害赔偿诉讼案件的裁判生效后，有权提起民事公益诉讼的国家规定的机关或者法律规定的组织就同一损害生态环境行为有证据证明存在前案审理时未发现的损害，并提起民事公益诉讼的，人民法院应予受理。

民事公益诉讼案件的裁判生效后，有权提起生态环境损害赔偿诉讼的主体就同一损害生态环境行为有证据证明存在前案审理时未发现的损害，并提起生态环境损害赔偿诉讼的，人民法院应予受理。

第十九条　实际支出应急处置费用的机关提起诉讼主张该费用的，人民法院应予受理，但人民法院已经受理就同一损害生态环境行为提起的生态环境损害赔偿诉讼案件且该案原告已经主张应急处置费用的除外。

生态环境损害赔偿诉讼案件原告未主张应急处置费用,因同一损害生态环境行为实际支出应急处置费用的机关提起诉讼主张该费用的,由受理生态环境损害赔偿诉讼案件的人民法院受理并由同一审判组织审理。

第二十条　经磋商达成生态环境损害赔偿协议的,当事人可以向人民法院申请司法确认。

人民法院受理申请后,应当公告协议内容,公告期间不少于三十日。公告期满后,人民法院经审查认为协议的内容不违反法律法规强制性规定且不损害国家利益、社会公共利益的,裁定确认协议有效。裁定书应当写明案件的基本事实和协议内容,并向社会公开。

第二十一条　一方当事人在期限内未履行或者未全部履行发生法律效力的生态环境损害赔偿诉讼案件裁判或者经司法确认的生态环境损害赔偿协议的,对方当事人可以向人民法院申请强制执行。需要修复生态环境的,依法由省级、市地级人民政府及其指定的相关部门、机构组织实施。

第二十二条　人民法院审理生态环境损害赔偿案件,本规定没有规定的,参照适用《最高人民法院关于审理环境民事公益诉讼案件适用法律若干问题的解释》《最高人民法院关于审理环境侵权责任纠纷案件适用法律若干问题的解释》等相关司法解释的规定。

第二十三条　本规定自2019年6月5日起施行。